LAURA LYNNE
JACKSON

SIGNS

ZEICHEN

LAURA LYNNE
JACKSON

SIGNS
ZEICHEN

Die geheime Sprache des
Universums verstehen

Aus dem amerikanischen Englisch übersetzt
von Juliane Molitor

Ansata

Die Originalausgabe erschien 2019 unter dem Titel:
SIGNS. The Secret Language of the Universe bei Spiegel & Grau,
an imprint of Random House,
a division of Penguin Random House LLC, New York.

MIX
Papier | Fördert gute Waldnutzung
FSC® C014496

Penguin Random House Verlagsgruppe FSC® N001967

Erste Auflage 2024

in der Penguin Random House Verlagsgruppe GmbH,
Neumarkter Straße 28, 81673 München

Redaktion: Ralf Lay, Mönchengladbach
Umschlaggestaltung: Guter Punkt, München
unter Verwendung der Motive von:
© sensationaldesign/iStock/Getty Images Plus,
© MorePics/iStock/Getty Images Plus,
© golden_SUN/iStock/Getty Images Plus
Satz: satz-bau Leingärtner, Nabburg
Druck und Bindung: GGP Media GmbH, Pößneck
ISBN: 978-3-7787-7602-5

Für
Mr. D.,
Ray Chambers
und Jennifer Rudolph Walsh,
Lichtarbeiter, die mich inspirieren und deren
Freundlichkeit und Liebe mich auf meiner Reise
vorangebracht haben.
Euch bin ich ewig dankbar für euer Licht.
Und dem Universum dafür, dass es mich
mit eurer Freundschaft gesegnet hat.

Und für Garrett, Ashley, Hayden und Juliet,
meine Polarsterne, die Lichter meines Lebens.
Ihr seid mir ans Herz gewachsen – für immer.

Und für meine erstaunliche Mutter, Linda Osvald,
meine großartigste Lehrerin, furchtlose Lichtführerin
und Quelle grenzenloser Liebe. Alles, was ich bin, hat mit
dem zu tun, was du mir über die Liebe beigebracht hast.

Und für dich, meine Leserin, mein Leser.
Du sollst wissen, was für ein Geschenk du
für diese Welt bist.
Du bist wichtiger und wirst mehr geliebt, als dein Herz
fassen kann … und das Universum versucht immer,
dir das deutlich zu machen …

Und vor allem, beobachte die ganze Welt um dich herum mit funkelnden Augen, denn die größten Geheimnisse sind immer an den unwahrscheinlichsten Orten verborgen. Wer nicht an Magie glaubt, wird sie niemals finden.

Roald Dahl

Inhalt

Einleitung 9

Der Tod ist nichts 20

TEIL EINS Immer mit uns 23

1 Orangen 27

2 Müsli im Auto 31

3 Lichtteams 36

4 Ich trage dein Herz 41

5 Libellen und Rehe 54

6 Kumpels auf der anderen Seite 62

7 Herzen und Spielkarten 65

8 Kolibris und Licht 74

9 Giraffen, Eiffeltürme und ein Lied über Katzen 84

10 Standardzeichen, Träume und Intuition – Einstimmung auf die Geheimsprache 93

TEIL ZWEI Deine eigene Sprache entwickeln 117

11 Klarheit gewinnen 121

12 1379 139

13 Geisteranrufe 149

14 Das Land am Eagle Lake 155

15 Straßenschilder 161

16 Tanzende Kerzen 168

17 Schildröten und Meerjungfrauen 174

18 Die Vermittler 182

19 Alle Lebewesen, die großen und die kleinen 191

20 Murmeltiere 202

21 Wie du deine eigene Sprache mitgestalten kannst 208

TEIL DREI Durchs Dunkel navigieren 221

22 Camouflage, ein Gewehr und eine neue Aufgabe 225

23 Babys und Bären 233

24 Flackernde Lichter und Funken 241

25 Schleifen und Kleeblätter 248

26 Regenbögen 256

27 Leises Flüstern 268

28 Ein Geschenk der Liebe und Vergebung 290

29 Hingabe 303

TEIL VIER Im Licht bleiben 323

30 Wie man hell leuchtet 327

31 Shine on 357

Dank 377

Über die Autorin 381

Einleitung

Marie saß im Wartezimmer des Krankenhauses. Es fiel ihr schwer zu atmen. Sie versuchte, nicht auf die Uhr an der Wand zu schauen, aber sie konnte nicht anders. Sie schaute hoch. Fünf Minuten waren vergangen. Sie sah noch einmal hin. Weitere fünf Minuten waren vergangen. Es fühlte sich an wie zwei Stunden und nicht wie zehn Minuten. Die Zeit kroch dahin. Nichts fühlte sich echt an. Das Warten und die Ungewissheit waren kaum zu ertragen.

Kurz zuvor war Maries Ehemann, mit dem sie seit 35 Jahren verheiratet war, für eine Notoperation am Herzen in den OP gerollt worden. Die Chirurgen hatten ihr Hoffnung gemacht, aber Marie wusste, dass es keine Garantie gab. Sie war verstört und fühlte sich verloren, und vor allem fühlte sie sich allein.

Gott, wenn du da bist, dachte sie, *dann pass bitte auf Pete auf. Bitte schick eine Legion von Engeln, die ihn behüten.*

Und dann dachte sie an den Sohn, den Pete und sie vor Jahren verloren hatten, als er noch ein Kind war. Der Junge hieß Kerry. Es war fast drei Jahrzehnte her, seit Kerry hinübergegangen war, aber Marie fühlte sich ihm immer noch sehr eng verbunden. Sie sprach gern in Gedanken mit ihm.

Kerry, dachte Marie, *wenn du da bist, gib mir bitte ein Zeichen. Gib mir ein Zeichen, dass es deinem Vater bald wieder gut gehen wird. Bitte, Kerry, ich habe solche Angst. Es wäre mir eine so große Hilfe zu wissen, dass du da bist und auf deinen Vater aufpasst.*

Dreißig Minuten später betrat eine Krankenschwester das Wartezimmer. Sie sah Marie nervös auf ihrem Stuhl sitzen und ging auf sie zu. Die Krankenschwester fragte sehr freundlich, ob sie Marie irgendetwas bringen könne. Vielleicht etwas aus der Cafeteria?

»Ich hätte gern einen Kaffee«, sagte Marie. »Ein wenig Milch, keinen Zucker, aber ich bestehe darauf, ihn zu bezahlen.« Sie nahm einen Fünfdollarschein aus ihrer Brieftasche, gab ihn der Krankenschwester und sagte: »Vielen Dank.«

Ein paar Minuten später war die Krankenschwester mit dem Kaffee zurück. Sie gab Marie die Tasse und das Wechselgeld. Dann berührte sie ganz leicht ihre Schulter.

»Bleiben Sie tapfer«, sagte sie zu Marie. »Ich weiß, dass das Warten schwer sein kann. Gott hat einen Plan. Keiner von uns ist jemals allein.«

Tief berührt vom Mitgefühl der Krankenschwester, schaute Marie hinunter auf ihre Hände.

Dort, in der oberen linken Ecke eines der Dollarscheine, die die Krankenschwester ihr gegeben hatte, stand mit schwarzem Filzstift ein Name geschrieben:

KERRY

Marie starrte ihn an und kämpfte mit den Tränen. Sie spürte, wie eine große Woge der Erleichterung über sie schwappte. Erleichterung und Liebe. In diesem Moment wusste sie, dass Kerry bei ihr war und ihr sagte, dass mit seinem Vater alles in Ordnung sei.

Plötzlich hatte Marie das Gefühl, wieder aufatmen zu können. Sie dankte Kerry dafür, dass er ihr eine so kraftvolle Botschaft geschickt hatte, und steckte den Dollarschein in ein besonderes Fach ihrer Brieftasche.

Zwei Stunden später kamen die Chirurgen in den Warteraum und teilten Marie mit, dass die Operation erfolgreich verlaufen war. Marie lächelte.

Sie wusste es. Sie hatte es bereits erfahren.

Mein Name ist Laura Lynne Jackson, und ich bin ein Medium mit übersinnlichen Fähigkeiten. Ich helfe Menschen, sich mit der anderen Seite zu verbinden.

Und das Erste, was ich dir unbedingt mitteilen möchte, ist Folgendes:

Du brauchst kein hellsichtiges Medium, um Verbindung zur anderen Seite aufzunehmen. Versteh mich nicht falsch. Ich weiß, dass das, was ich tue, enorm hilfreich sein kann, und zwar für jeden, der dafür offen ist. Die Botschaften von der anderen Seite, die ich übermitteln kann, können uns sehr glücklich machen und unserem Leben mehr Sinn und Klarheit geben. Sie können uns auf unseren höchsten Lebensweg führen – den Weg, für den wir bestimmt sind.

Ich kann Menschen mit ihren verstorbenen Lieben verbinden und mit einer gemeinsamen Energiequelle – einer großen Tapisserie aus Liebe und Licht –, was ihr Leben auf eine Weise bewegt, wie es nichts anderes kann.

All diese Dinge sind wunderbare Segnungen, und wenn ich sie mit jemandem teilen kann, gibt mir das eine unvergleichliche Freude.

Aber die Wahrheit ist: Du brauchst mich nicht, um an diesen Segnungen teilzuhaben. Du brauchst mich nicht, um aus dieser unglaublichen Kraft zu schöpfen. Du brauchst kein hellsichtiges Medium, um die Zeichen zu erkennen und abzurufen, die für mich die Geheimsprache des Universums sind – eine Form der Kommunikation, die uns täglich umgibt und uns allen zur Verfügung steht.

Meine Hoffnung ist, dass dieses Buch dir hilft, dich auf diese Sprache einzustimmen, dass es dir hilft, Licht zu sehen, wo vorher nur Dunkelheit war, und Sinn zu erkennen, wo vorher Verwirrung herrschte. Dieses Wissen kann dich dazu bringen, neue Wege zu gehen. Es kann dir einen Schub in Richtung Liebe geben, dir helfen, wieder Freude zu finden, und vielleicht sogar dein Leben retten.

Ich möchte, dass du verstehst, dass dieses Buch aus gutem Grund in dein Leben gekommen ist. Es ist kein Zufall, dass du diese Worte gerade jetzt liest. Es ist vielmehr eine Einladung des Universums. Wie auch immer dieses Buch und diese Worte ihren Weg zu dir gefunden haben, du sollst wissen, dass es kein Zufall war.

Du *sollst* diese Worte lesen.

Der zentrale Leitgedanke dieses Buches ist, dass das Universum die Menschen, Informationen und Ereignisse auf unseren Weg bringt, die wir am meisten brauchen. Es gibt starke, lenkende Kräfte, die uns zu einem glücklicheren und authentischeren Leben führen.

Eine weitere Wahrheit, die ich erfahren habe: Jeder von uns hat ein Lichtteam – eine Gruppe unsichtbarer Helfer, die zusammenarbeiten, um uns auf unseren höchsten Weg zu führen. Dieses Team besteht aus unseren Lieben, die hinübergegangen sind, unseren Geistführern (allgemein als Schutzengel bekannt), einem höheren Engelreich und der göttlichen Energie, die auf der stärksten Kraft basiert, die es gibt und immer geben wird: Liebe.

Wenn du deinen Geist und dein Herz für die geheime Sprache öffnest, die dein Lichtteam spricht, wird sich dein ganzes Leben verändern. Deine Beziehung zur Welt und zum Universum wird anders sein: besser, strahlender, kraftvoller.

Wenn wir lernen, die vielen Wege, auf denen das Universum mit uns kommuniziert, zu erkennen und ihnen zu vertrauen, erleben wir das, was ich eine große Veränderung nenne. Dieser Perspektivwechsel führt zu mehr Engagement, Verbundenheit, Lebendigkeit und Leidenschaft. Er macht es uns leichter, den wahren Sinn unseres Daseins zu verstehen. Und er macht die Reise um so vieles schöner und sinnvoller.

Wenn du einmal gelernt hast, diese Zeichen und Botschaften zu sehen, wirst du sie nie wieder *über*sehen können. Sie werden für immer die Kraft haben, deiner Vergangenheit, deiner Gegenwart und deiner Zukunft eine neue und tiefe Bedeutung zu geben und so dein Leben zu verändern.

Und hier ist eine weitere Wahrheit: Das Universum hat sich verschworen, um uns zu helfen, noch bevor unsere Seelen auf die Erde kamen. Unsere Teams waren schon lange da. Unsere Aufgabe ist es einfach, offen zu bleiben und diese Botschaften der Liebe und Führung zu empfangen. Wenn wir das tun, werden wir die kraftvollste Wahrheit von allen verstehen: dass das Universum uns immer liebt, unterstützt und führt, selbst in unseren dunkelsten Tagen.

Und nun hältst du dieses Buch in deinen Händen. Das hat seinen Grund. Dieses Buch ist die Einladung des Universums, dich mit deinem Lichtteam zu verbinden und dein wahrhaftigstes, mutigstes und hellstes Selbst zu entdecken.

Bevor wir beginnen, möchte ich dir ein paar Informationen zu meiner Person geben. Ich bin verheiratet und Mutter von drei Kindern. Fast zwanzig Jahre lang habe ich Englisch an einer Highschool auf Long Island, New York, unterrichtet. Ich habe Shakespeare in Oxford studiert und hatte Angebote von zwei führenden juristischen Fakultäten, aber ich beschloss, meiner Leidenschaft für den Lehrerberuf zu folgen. Zur gleichen Zeit fing ich allmählich an, meine Fähigkeiten als übersinnliches Medium zu akzeptieren – als jemand, der Informationen über

Menschen und Ereignisse auf andere Weise als mit seinen eigenen fünf Sinnen sammelt und mit Menschen kommunizieren kann, die nicht mehr auf dieser Erde sind.

Zu meinen übersinnlichen Fähigkeiten gehören das Hellsehen (visuelle Informationen empfangen, die nicht mit den Augen aufgenommen werden), das Hellhören (Geräusche über andere Wege als mit den Ohren wahrnehmen), Hellwissen (etwas wissen, was man eigentlich nicht wissen kann) und das Hellfühlen (Dinge mit nichtmenschlichen Sinnen spüren).

Ein Medium zu sein, bedeutet, dass ich diese Gaben als Mittel nutze, um mit Menschen zu kommunizieren, die diese Erde verlassen haben. Ich übermittle die Informationen in einem Reading – einer »Lesung« –, in dem ich zum Kanal zwischen der anderen Seite und der Person (also dem Klienten oder der Klientin) werde, für die ich »lese«. Ich werde zu einer Botschafterin, zu einem Instrument – zu einem Weg, auf dem Energie und Informationen von einer Seite zur anderen fließen können.

Am Anfang war ich über meine Fähigkeiten besorgt, ja sogar skeptisch. Deshalb wollte ich sie verifizieren lassen. Ich bewarb mich für eine Prüfung, um ehrenamtlich als Medium für die Forever Family Foundation arbeiten zu können, eine gemeinnützige Organisation, die trauernden Menschen hilft, vor allem Eltern, die Kinder verloren haben. Die Forever Family Foundation ist sehr darauf bedacht, die Menschen, die bei ihr Hilfe suchen, zu unterstützen, da sie sehr verletzlich sind. Das Auswahlverfahren ist daher ziemlich streng. Ich habe ihre Tests bestanden und arbeite seit 2005 ehrenamtlich als Medium für die Stiftung. 2011 nahm ich an einer achtstufigen Fünffach-Blindstudie teil, die von Wissenschaftlern am Windbridge Research Centre in Arizona durchgeführt wurde. Ich wurde eines der wenigen zertifizierten Forschungsmedien im ganzen Land. Seitdem arbeite ich mit Wissenschaftlern zusammen, um das Geheimnis unserer

Verbundenheit zu erforschen und wie das Bewusstsein den Tod des Körpers überlebt.

Wie ich schließlich dazu kam, meine Fähigkeiten zu akzeptieren und zu nutzen, habe ich in meinem ersten Buch *Das Licht zwischen uns* erzählt. Darin ging es um die Geschichten von Menschen, die mit meiner Hilfe die vielen Möglichkeiten entdeckten, sich mit der anderen Seite zu verbinden – der riesigen Tapisserie aus Licht, Liebe und Energie, die jenseits unserer fünf Sinne existiert. Aber ein großer Teil jenes Buches handelte von mir und meiner Geschichte. Ich werde auf den dir nun vorliegenden Seiten zwar auch einige Geschichten über persönliche Kontakte erzählen, die ich miterlebt habe, aber dieses Buch ist anders.

Dieses Buch handelt von dir.

Es handelt von dem Weg, der vor dir liegt.

Es geht darum, wie du mit einer sehr einfachen, aber kraftvollen Idee in Kontakt kommen kannst, nämlich dass das Universum dir *immer* Zeichen und Botschaften sendet, um mit dir zu kommunizieren und dich auf einen höheren Lebensweg zu führen. Es geht darum, wie viele wunderbare und schöne Wahrheiten in unserem Leben unerkannt bleiben und wie wir durch eine subtile, aber bedeutsame Veränderung unserer Wahrnehmung beginnen können, sie zu sehen.

EINE ANMERKUNG ZU DEN BEGRIFFEN

Bevor du beginnst, die Geschichten in diesem Buch zu lesen, möchte ich einige der von mir verwendeten Begriffe klären.

Ein **Zeichen** ist eine Botschaft, die das Universum dir sendet.

Universum ist der Begriff, den ich verwende, um die göttliche Energie zu beschreiben – die allumfassende Macht der Liebe, die uns alle verbindet und von der wir alle ein Teil sind.

Zum Universum gehören auch die Reiche der Engel, die geistigen Führer und unsere geliebten Menschen, die auf die andere Seite gegangen sind.

Die andere Seite ist, einfach ausgedrückt, der Ort, an den unsere Lieben gehen, wenn sie sterben, und der Ort, an dem unsere geistigen Führer leben, während sie über uns wachen. Es ist der Himmel, von dem viele sprechen. Das Jenseits ist unser wahres Zuhause. Es ist der Ort, an den wir eines Tages zurückkehren werden. Es ist der Ort, an dem Liebe und nichts als Liebe herrscht.

Zeichen sind eine Art der Kommunikation mit der anderen Seite. Zeichen können aus verschiedenen Quellen kommen: von unseren verstorbenen Lieben, von unseren Geistführern und von der göttlichen Energie. Sie alle sind Teil des universalen Lichtteams, das Tag für Tag für jeden von uns arbeitet.

Zuerst wird die andere Seite das benutzen, was ich **Standardzeichen** nenne, um mit uns zu kommunizieren: Objekte, Tiere oder Ereignisse, die uns aufrütteln und uns dazu bringen, eine Bedeutung in etwas zu sehen, die uns sonst entgehen würde. Standardzeichen können Münzen, Vögel, Schmetterlinge, Rehe, Zahlen oder elektr(on)ische Störungen sein. Du findest ein auf der Kante stehendes Zehn-Cent-Stück im Trockner, und zwar genau in dem Moment, in dem du an jemanden denkst oder jemanden vermisst (genau das ist mir passiert). An deinem Geburtstag landet ein Schmetterling auf deinem Arm und bleibt kurz sitzen. Ein Auto fährt vorbei, dessen Nummernschild den Geburtstag eines lieben Verstorbenen zeigt, an den du gerade gedacht hast. Am Todestag eines geliebten Menschen bekommst du eine leere Handynachricht.

Ein anderes Standardzeichen ist das, was wir als »bedeutungsvollen Zufall« oder **»Synchronizität«** bezeichnen könnten. Synchronizität macht deutlich, dass wir eine angeborene und aktive

Verbindung zueinander und zu unserer Umwelt haben. Du denkst an jemanden, und plötzlich ist er oder sie direkt vor dir. Du summst dein Lieblingslied, und dann läuft genau dieses Lied im Autoradio. Du machst ein Kreuzworträtsel, und der Begriff, nach dem du suchst, kommt in den Fernsehnachrichten. All das kann passieren, ohne dass wir darum bitten oder damit rechnen.

Im Gegensatz zu Standardzeichen sind Zeichen, um die wir ausdrücklich bitten, Objekte, Bilder, Wörter oder Sätze, wie ungewöhnlich oder obskur sie auch sein mögen. Das ist die Geheimsprache, die wir zusammen mit der anderen Seite schaffen können.

Ich habe diese Sprache auf verschiedene Weise mitgestaltet. Meine geistigen Führer bitte ich gewöhnlich um Orangen. Meine verstorbenen Lieben bitte ich um Gürteltiere, Erdferkel und Ameisenbären, die ich ausgewählt habe, weil sie selten genug und schwer zu übersehen sind. Eines der Zeichen, die ich mit meinem erst kürzlich verstorbenen Vater vereinbart habe, ist Elvis Presley. Dieses Buch wird dir zeigen, wie du zusammen mit der anderen Seite deine eigene Sprache erschaffen kannst. Dann wirst du deine Zeichen nicht nur erkennen, wenn sie auftauchen, sondern auch die außergewöhnliche Kraft spüren, die sie mit sich bringen!

Du fragst dich vielleicht, wie wir darauf vertrauen können, dass ein Zeichen wirklich ein Zeichen ist und nicht nur einfach ein glücklicher, aber beliebiger Zufall.

Der Schweizer Psychiater C. G. Jung (1875–1961) prägte den Begriff »Synchronizität«, um eine scheinbar sinnvolle, dennoch akausale Koinzidenz zu beschreiben. Jung war fasziniert von der Idee, dass das, was in unserem Leben geschieht, kein Zufall ist, sondern Ausdruck der Tatsache, dass wir Teil einer allem zugrunde liegenden Ordnung sind – einer universalen, einigenden Kraft, die er *unus mundus* nannte, »die Eine Welt«.

Im Laufe der Jahre wurde viel über die Bedeutung von Zufällen geforscht und diskutiert. Einige Wissenschaftler, wie der Psychologe Dr. Kirby Surprise, haben das, was er »synchronistische Ereignisse« (SE) nennt, untersucht und sind zu dem Schluss gekommen, dass sie keine Bedeutung haben, außer der, die wir ihnen geben.

Andere Wissenschaftler, Forscher und Philosophen sind sich da nicht so sicher. Dr. Bernard D. Beitmann, Professor für Psychiatrie an der University of Virginia, wollte sogar einen neuen, interdisziplinären Studiengang namens »Coincidence Studies« (Zufallsstudien) ins Leben rufen, um herauszufinden, was hinter synchronistischen Ereignissen steckt. Wenn man einfach schlussfolgert, dass Zufälle willkürlich sind, geht man davon aus, dass sie von Natur aus bedeutungslos sind. Dr. Beitmann sagte: »Ohne stützende Beweise ist diese Annahme kaum wissenschaftlich.«

Während wir so durchs Leben gehen, entscheiden wir selbst, was diese synchronistischen Ereignisse, diese magischen Zufälle, für uns bedeuten. Geschehen sie zufällig? Oder sind es Zeichen? Das ist letztlich eine Frage des persönlichen Glaubens.

Glennon Doyle, eine Schriftstellerin und Lichtarbeiterin, deren Arbeit mich sehr inspiriert, sagte, Glaube heiße, an die unsichtbare Ordnung der Dinge zu glauben.

Ich weiß, woran ich glaube. Ich habe mein ganzes Leben daran gearbeitet, meine Fähigkeiten zu verstehen, und ich habe Readings für viele hundert Menschen gemacht. Ich habe genug gesehen und gelernt, um zu dem Schluss zu kommen, dass Zeichen sehr reale Ereignisse sind. Mein Glaube an diese Sprache der Verbundenheit ist unerschütterlich.

Ich kann nicht auf eine maßgebliche wissenschaftliche Studie verweisen, die dies zweifelsfrei belegt. Aber ich kann dir die Beweise zeigen, die mich überzeugt haben: die bemerkenswerten, kraftvollen Geschichten von Menschen, die ihr Herz und ihren Geist für eine neue Sicht der Welt geöffnet und einen großen Wandel vollzogen haben, der ihr ganzes Leben verändert hat. Ich habe gesehen, wie sich Menschen auf einen höheren und dynamischeren Lebensweg begeben haben – und wie sie ihr wunderschönes Licht mit der Welt um sie herum teilten. Ich habe miterlebt, wie Menschen Verbindung zu ihren Lichtteams auf der anderen Seite aufgenommen und letztlich die wunderschöne Wahrheit des Universums verstanden haben.

Wir sind alle Blätter an verschiedenen Ästen desselben Baumes.

Wir sind nie allein.

Jedes unserer Leben spielt eine bedeutende Rolle.

Wir sind für immer miteinander und mit dem Licht und der Liebe des Universums verbunden.

Die Erde ist eine Schule, in der wir alle eine kollektive Lektion in Liebe lernen. Wir sind spirituelle Wesen, die hier sind, um etwas über Verbundenheit und Güte zu erfahren. Wenn wir auf die Realität der Zeichen vertrauen, lernen wir diese Lektion schneller und auf die schönste und erfüllendste Weise. Wir fangen tatsächlich an, die Verbundenheit zu *erkennen*. Wir verstehen, dass es ein großes Geschenk ist, genau jetzt, in diesem Moment auf der Erde zu leben – und dass sich unsere Entscheidungen nicht nur auf unser eigenes Leben auswirken, sondern auch auf die große Tapisserie aus Licht und Energie, die unsere Welt ist.

Deshalb habe ich dieses Buch geschrieben. Es liegt nun in deinen Händen, denn ich glaube, dass wir unsere Reise zu einer achtsameren, bedachteren und sinnvolleren Lebensweise gemeinsam antreten sollen. Wir müssen unser wahres Licht in vollem Umfang und mutig in dieser Welt leuchten lassen.

Der Tod ist nichts

Der Tod bedeutet gar nichts.
Er zählt nicht.
Ich bin nur nach nebenan verschwunden.
Nichts ist passiert.

Alles bleibt genau, wie es war.
Ich bin ich, und ihr seid ihr,
und das alte Leben, das wir so liebevoll miteinander
geführt haben,
bleibt unberührt und unverändert.
Was wir füreinander waren, sind wir immer noch.

Gebt mir die alten vertrauten Namen.
Sprecht über mich auf die gleiche einfache Weise
wie immer.
Gebt eurer Stimme kein anderes Timbre.
Seid nicht bemüht feierlich oder traurig.

Lacht auch weiterhin über die Späßchen, an denen wir
uns gemeinsam erfreut haben.
Spielt, lächelt, denkt an mich, betet für mich.
Lasst meinen Namen stets so alltäglich sein, wie er
immer war.
Sprecht ihn ohne Anstrengung aus, ohne den Anflug
eines Schattens.

Leben bedeutet alles, was es immer bedeutet hat.
Es ist so, wie es immer war.
Absolute und nicht unterbrochene Kontinuität.
Was ist dieser Tod anderes als ein geringfügiger Unfall?

Warum sollte ich aus dem Sinn sein, nur weil ihr mich
nicht mehr sehen könnt?
Ich warte nur auf euch, eine Weile,
irgendwo in der Nähe,
gleich um die Ecke.

Alles ist gut.
Nichts wurde verletzt. Nichts ist verloren.
Ein kurzer Moment, und alles wird wieder so sein, wie es war.
Wie wir lachen werden über die Probleme, die wir mit dem
Abschied hatten, wenn wir uns wieder begegnen!

Henry Scott-Holland

TEIL EINS

Immer mit uns

Zum ersten Mal in meinem Leben wurde mir klar: Es gibt nichts als Geheimnisse auf dieser Welt, die sich hinter dem Gewebe unserer armseligen, niederdrückenden Tage verstecken und hell leuchten. Und wir wissen es nicht einmal.

Sue Monk Kidd

Mach einen Spaziergang im Freien und schau dir die Welt ringsumher an: die Bäume und die Häuser, den Himmel und die Wolken, die Autos, die Straßenschilder und die Passanten. Wenn wir unser Leben für einen Moment verlangsamen und die Schönheit und das Schauspiel der Welt um uns herum wirklich in uns aufnehmen – wenn wir achtsamer werden –, können wir besser erkennen und würdigen, wie gesegnet wir sind.

Was aber, wenn wir einen langen, achtsamen Blick auf alles werfen, was uns umgibt, und doch nicht wirklich alles sehen? Was, wenn wir nur einen Teil dessen wahrnehmen, was wirklich da ist? Was, wenn uns eine ganze Schicht der Wirklichkeit entgeht?

Und was wäre, wenn wir einfach dadurch, dass wir unser Herz und unseren Geist für ein neues Vokabular des Sehens und Verstehens öffnen, ein viel größeres Bild zu sehen beginnen? Was, wenn die Welt plötzlich zu einer wundervollen Tapisserie aus Beziehungen und Zeichen und Licht und Liebe wird, eng verwoben mit dem üblichen Gewebe des Lebens, an das wir uns so gewöhnt haben?

Die folgenden Geschichten erzählen von Menschen, die genau das getan haben, von Menschen, die ihr Herz und ihren Geist öffneten und so eine wunderbare neue Art entdeckten, die sie umgebende Welt wahrzunehmen.

Nachdem sie all diese Dinge gesehen hatten, konnten sie sie nicht mehr übersehen. Sie waren für immer verändert.

Und das stellte sich als etwas Wunderbares heraus.

Etwas Wunderbares, das auch du erfahren kannst.

1

Orangen

Hast du auch schon mal einen dieser Momente erlebt, in denen du kurz davor bist, etwas Wichtiges zu tun, und du dich weit außerhalb deiner Komfortzone befindest? Es steht viel auf dem Spiel, der Druck ist groß, und bei all den positiven Dingen, an die du denken könntest, denkst du stattdessen: *Was zum Teufel mache ich hier?*

Ich habe solche Momente erlebt, viel öfter, als ich zugeben möchte. Kurz nach der Veröffentlichung von *Das Licht zwischen uns* wurde ich gebeten, auf einem großen Firmen-Event in Kalifornien einen Vortrag zu halten. Mir war sofort klar, dass mich das Universum aufforderte, die Botschaft der anderen Seite weiterzugeben, und ich fühlte mich demütig und geehrt zugleich.

Ich würde vor sechshundert Hollywood-Machern auf die Bühne treten und ihnen etwas erzählen müssen, das sie bewegen, herausfordern und inspirieren würde. Und damit nicht genug, sollte ich mir die Bühne mit erfahrenen und eindrucksvollen Rednern teilen, darunter sogar ein ehemaliger US-Präsident! Ich war noch nie zuvor gebeten worden, eine solche Rede zu halten. Und da mich das Universum für diese Aufgabe auserwählt hatte, stand ich auch unter dem Druck, seine Botschaft entsprechend kraftvoll zu vermitteln. Ich wollte die andere Seite nicht enttäuschen.

Seltsamerweise hatte ich keine Angst. Klar, ich war nervös, aber ich war auch begeistert. Ich *wollte* auf diese Bühne. Ich *wollte* die Botschaft würdigen, die mir von der anderen Seite geschickt worden war. Also ging ich dort raus und hielt meine Rede. Und erst danach, als ich die Bühne wieder verließ, kam mir in den Sinn, mich zu fragen: *Habe ich die Botschaft der anderen Seite so vollständig gewürdigt, wie ich es hätte tun sollen? Habe ich es gut genug gemacht?*

Ich wusste, dass ich auf diesen Weg geführt wurde, aber ich sehnte mich dennoch nach irgendeiner Art von Bestätigung. Während ich hinter der Bühne saß, richtete ich meine Gedanken also auf die andere Seite und bat um ein Zeichen – eine Bestätigung, dass ich ihre Botschaft verstanden hatte.

Ich bat das Universum, mir eine einzelne Orange zu schicken.

Das ist es, worum ich gebeten habe: eine Orange.

Wenn das Universum mir irgendwie eine Orange in den Weg legen würde, wüsste ich, dass ich genau da war, wo ich sein musste, und genau das getan hatte, was ich tun musste. Ich würde wissen, dass ich seine Botschaft vollständig überbracht hatte.

Als der Vortragsteil der Veranstaltung beendet war, wurden alle Referenten und Teilnehmern nach draußen auf eine große Freifläche geführt, wo das Mittagessen serviert wurde. Ich bog um eine Ecke und sah große Holztische, die zum Haupt-Cateringbereich führten. Sie waren zu Dekorationszwecken aufgestellt worden, um eine gewisse Atmosphäre zu schaffen, und meistens waren sie mit frischen Blumen oder anderen schönen Arrangements geschmückt.

Aber nicht an diesem Tag.

An diesem Tag waren sie mit Orangen bedeckt. Und nicht nur ein paar. *Tausende und Abertausende von Orangen.*

Ich meine, sie waren überall. Aufgetürmt im Eingangsbereich, aufgestapelt neben den Servierstationen, auf jedem einzelnen

Tisch. Es war überwältigend. Natürlich sagt der rationale Verstand jetzt vielleicht: *Ja, aber lange bevor du um dieses Zeichen gebeten hast, hat jemand beschlossen, Orangen als Dekorationselement zu verwenden.*

Aber so sind die Orangen nicht bei mir angekommen. Für mich waren sie eine wunderbare Bestätigung. Mein Gebet an die andere Seite war immer: »Setze mich so ein, wie ich in dieser Welt am besten dienen kann, als Instrument der Liebe und der Heilung. Und bitte führe mich auf diesem Weg.« Und genau das waren diese Tausende von Orangen: ein Zeichen. Das Universum sagte mir: »Du gehörst zu diesem Team und hast deinen Beitrag geleistet. Du hast deine Arbeit gut gemacht. Danke.«

Als ich die Orangen sah, blieb mir die Luft weg. Dann lächelte ich, und schließlich fing ich an zu weinen. Siehst du, ich hatte um eine einzige Orange gebeten, und das Universum hat mir Tausende geschickt. *So sehr* werden wir geliebt und unterstützt und umsorgt.

Für mich bestätigten die Orangen vier Wahrheiten:

1. Wir alle werden ständig von einem Lichtteam bewacht.
2. Wir werden geliebt.
3. Wir sind alle miteinander verbunden und nehmen an den Reisen der anderen teil.
4. Wenn du das Universum um Zeichen bittest, antwortet es.

Die Orangen waren für mich ein erstaunlich klarer Austausch: Ich habe um etwas gebeten, und das Universum hat geantwortet. Und doch ist dieser Austausch von Bitte und Antwort nicht immer leicht zu erkennen. Das Durcheinander und der Zweifel, die Angst und der Lärm, also das, was der Alltag so mit sich bringt, können unsere Fähigkeit überschatten, das weniger Offensichtliche wahrzunehmen.

Die folgenden Geschichten erzählen von Menschen, die sich dessen, was sie gesehen haben, keineswegs sicher waren. Manche von ihnen glaubten noch nicht einmal, dass es möglich sei, mit der anderen Seite zu kommunizieren. Aber die Erfahrungen, von denen hier berichtet wird, haben ihre Überzeugungen und ihr Weltbild für immer verändert. Die Reise eines jeden Menschen ist anders. Manche sind skeptischer als andere und brauchen mehr Bestätigungen. Andere spüren sofort die Liebe und Unterstützung und lernen schnell, die geheimnisvolle Kraft der Zeichen »anzuzapfen« und zu nutzen, um Veränderung und Sinn in ihr Leben zu bringen.

Wahr an all diesen Geschichten ist auch, dass es sich bei den Zeichen selbst oft um ganz einfache oder alltägliche Dinge handelt, denen wir normalerweise keinen zweiten Blick schenken würden. Eine einfache Orange zum Beispiel. Aber indem wir ein gewöhnliches Objekt oder einen Satz, ein Lied oder eine Zahl als unser Zeichen wählen, schaffen wir ein Kommunikationsmittel.

Die Zeichen sind da. Die Bestätigungen sind da. Die *Liebe* ist da. Wir müssen nur eines tun: lernen, wie man sie annimmt.

2

Müsli im Auto

Im Jahr 2015 wurde ich gebeten, auf einer Veranstaltung meines Verlags Penguin Random House zu sprechen. Ein Auto wurde zu meinem Haus auf Long Island geschickt, um mich abzuholen und nach Manhattan zu bringen. Während der Fahrt war ich ganz still. Ich dachte über den Vortrag nach und darüber, was ich den Leuten erzählen wollte. Ich sollte noch sagen, dass ich zwei Modi habe: einen normalen und einen Reading-Modus. Wenn ich offen für die andere Seite bin, bin ich wirklich offen. Aber wenn ich im Normalmodus bin, bin ich sehr verschlossen. Ich habe herausgefunden, dass es für mich körperlich und emotional erschöpfend sein kann, wenn ich zu offen bin und zu viele Readings mache. Es kann sein, dass es mich regelrecht auslaugt.

Außerdem ist es übergriffig, die Energie eines Menschen ohne seine Erlaubnis zu lesen – etwa so, als würde man einen Blick auf seine Unterwäsche werfen. Das ist einfach nicht richtig. Also schaltete ich auf dem Weg in die Stadt, weil ich im Normalmodus war, jenen Teil meiner selbst aus, der für die andere Seite offen ist.

Und dennoch … hat sich jemand eingeschlichen.

Jemand, der etwas mit dem Fahrer zu tun hatte.

Ich sagte zunächst nichts. Es war in der Tat der Fahrer, ein angenehmer Mann mittleren Alters namens Maximo, der zuerst sprach.

»Darf ich fragen, worum es in Ihrem Buch geht?«, fragte er höflich.

Ich erzählte ihm, wer ich war und wovon mein Buch handelte.

»Tja«, sagte Maximo, »das könnte ein gutes Buch für mich sein.«

Mehr war nicht nötig. Das war die Erlaubnis, die die andere Seite brauchte. Jetzt *stürzte* sich, wer auch immer da drängelte, durch.

Ich hielt inne und versuchte zu entscheiden, ob ich über das, was ich gerade empfing, sprechen sollte. Doch da Maximo das Gespräch eröffnet hatte, fand ich, es sei in Ordnung.

»Sie haben einen Sohn auf der anderen Seite, nicht wahr?«, fragte ich ihn, obwohl die Verbindung so klar war, dass es eher eine Feststellung als eine Frage war.

»Ja«, sagte Maximo. »Mein Stiefsohn. Er heißt Rodrigo.«

Das war nicht der Name, den ich hörte.

»Hm«, sagte ich. »Der Name, den ich höre, beginnt mit V. Er klingt ein bisschen wie das Wort ›Version‹.«

»Oh mein Gott«, sagte Maximo. »Vergil. Wir haben ihn ›Vergil‹ genannt.«

Dann zeigte mir Vergil etwas, was mir absolut beliebig vorkam.

»Warum gibt er mir eine Schale mit Müsli?«, fragte ich den Fahrer. »Warum möchte er, dass ich mit Ihnen über Müsli spreche?«

Maximo atmete tief durch.

»Er war dafür bekannt, dass er gern Müsli aß«, sagte er lachend. »Zum Frühstück, als Mittagessen, zum Abendessen, jeden Tag. Ich hatte Angst, dass er nicht genügend Nährstoffe bekam. Er aß einfach gern Müsli.«

Dann sagte Maximo, er glaube, kürzlich ein Zeichen von Vergil bekommen zu haben.

»Wissen Sie, wir haben uns mal aus heiterem Himmel darüber unterhalten, welche Zeichen wir einander schicken würden, wenn einer von uns sterben würde«, erklärte er. »Und sein Zeichen waren Ninja Turtles. Er liebte Ninja Turtles.«

Maximo erzählte mir, dass er dieses Gespräch schon ganz vergessen hatte, als Vergil mit Anfang zwanzig verstarb. Doch eines Tages kam Maximos jüngere Tochter nach Hause und sprach über ihren neuesten Fimmel.

»Sie ist ganz verrückt nach Ninja Turtles«, berichtete Maximo. »Plötzlich will sie, dass auf allem ein Ninja Turtle drauf ist. Das kam wie aus dem Nichts. Ich wusste, dass es etwas mit Vergil zu tun hat, der vorbeikommt, und dass er auf sie aufpasst. Ich weiß, dass es auch ein Zeichen für mich war.«

Vergil zeigte mir dann noch etwas, nämlich einen älteren Mann, dessen Name mit M anfing. Er zeigte mir, dass dieser Mann sein Großvater war und dass sie auf der anderen Seite zusammen waren. Ich gab das an Maximo weiter.

»Oh mein Gott«, sagte Maximo. »Vergil ist in einem Traum zu mir gekommen, und ich habe ihn mit meinem Vater gesehen, der auch Maximo hieß. Sie waren zusammen.«

In diesem Moment wurde mir klar, dass es sich bei jeder Botschaft, die Vergil mir schickte, um eine Botschaft handelte, die Maximo *bereits empfangen* hatte.

»Sie brauchen mich nicht«, sagte ich zu ihm. »Sie kommunizieren bereits mit Ihrem Sohn. Er ist nur durchgekommen, um Ihre Erlebnisse zu bestätigen. Aber Sie sind schon die ganze Zeit mit ihm in Kontakt.«

Das Gespräch mit Maximo bestätigte nur, was er schon wusste, nämlich dass sein Sohn immer noch bei ihm war und den sehnlichen Wunsch hatte, sich mit ihm zu verbinden. Maximo wusste bereits, dass Vergil den Kontakt zu ihm suchte – aus seinen

Träumen, von seiner Tochter und auf andere Weise. Die Zeichen, die Sprache, ja sogar Maximos Akzeptanz dieser Verbindung, all das war bereits da. Falls er irgendwelche Zweifel am Wahrheitsgehalt dieser Form von Kommunikation gehabt haben sollte, so wurden sie von Vergil ausgeräumt, der sie durch mich bestätigte.

Es ist sehr unwahrscheinlich, dass du und ich eines Tages zusammen in einem Auto sitzen. Vielleicht ist es möglich, aber es ist nichts, womit wir rechnen sollten. Lass mich deshalb hier und jetzt die Gelegenheit nutzen, dir das zu geben, was Vergil Maximo über mich gegeben hat: Bestätigung.

Du empfängst *wirklich* Zeichen. Das Universum, die göttliche Energie, deine Lieben auf der anderen Seite und deine geistigen Führer senden sie dir, indem sie sich dir mitteilen und versuchen, mit dir in Kontakt zu treten. Es passiert. Es passiert oft. Und tief in dir weißt du bereits, dass es so ist.

• • •

Na gut, denkst du womöglich, *aber wie ist das möglich?* Wie manifestiert sich ein Zeichen? Was ist der »Motor«, der sie »antreibt« und sie sichtbar macht? Was ist ihre »Batterie«, ihre Energiequelle?

Das sind wir.

Wenn wir uns unseres Körpers entledigen, werden wir alle ein Teil derselben universalen Lebenskraft, ein gewaltiger Wirbel aus Licht und Liebe und Energie. Mit anderen Worten, unsere Energie – unser Licht und unsere Liebe, unser Bewusstsein – endet nicht mit unserem physischen Tod. Sie bleibt bestehen und verbindet sich mit der Lichtenergie aller anderen in der Geschichte der Existenz, indem sie sich mit der einen großen, universalen Lebenskraft verbindet. Das ist die Energie hinter den starken Lichtschnüren, die uns mit der anderen Seite verbinden, und die Energie hinter den Zeichen, die uns die andere Seite sendet.

Die Energie sind wir. Die Batterie ist Licht und Liebe. Die Energiequelle ist das ewige Universum selbst.

Und das Ergebnis ist eine Kraft, die uns eine Orange schicken kann – oder tausend Orangen –, und zwar genau dann, wenn wir sie wirklich brauchen.

3

Lichtteams

Wir haben alle ein Lichtteam auf der anderen Seite. Die Teams senden uns Zeichen. Und diese Zeichen kommen von drei verschiedenen Kräften:

1. Wir bekommen Zeichen von der göttlichen Energie. Das meine ich, wenn ich »Zeichen vom Universum« sage. Es ist die höchste und mächtigste Quelle der Liebe, und wir sind alle direkt mit ihr und durch sie auch miteinander verbunden.
2. Wir empfangen Zeichen von unseren geistigen Führern beziehungsweise aus dem Reich der Engel.
3. Wir erhalten Zeichen von unseren Lieben, die hinübergegangen sind.

Obwohl wir sehr vertraut sind mit der Vorstellung, dass die göttliche Energie und das Universum mit uns interagieren, fragst du dich vielleicht, wer oder was unsere geistigen Führer sind.

Meine Erfahrung hat mich gelehrt, dass wir alle auf der anderen Seite Lehrer, Mentoren und Beschützer haben, deren Aufgabe es ist, über uns zu wachen und uns auf unseren besten und höchsten Lebensweg zu führen. Manche nennen sie »Schutzengel«. Ich nenne sie »Geistführer« beziehungsweise »geistige Führer«. Bei ihnen handelt es sich nicht um irgendwelche Menschen, die wir in diesem Leben gekannt haben, zum Beispiel um verstorbene Freunde oder Verwandte – obwohl diese Freunde und Verwandten sicher auch etwas zu unserer Führung beitragen können. Bevor wir geboren werden, schließen die Geistführer das ab, was ich »Seelenverträge« nenne, um in unserem Leben eine Rolle zu spielen.

Unser Verhältnis zu ihnen ist unkompliziert. Sie sind einfach da, um uns zu helfen. Das ist alles. Sie erwarten keine Gegenleistung. Sie haben keine andere Aufgabe. Sie sind ein Teil der gewaltigen, liebenden Energie des Universums und wurden uns eigens zugewiesen. Sie stehen in Verbindung mit der reinsten und höchsten Form von Liebe und Energie, die das Universum begründet und sowohl diese als auch die andere Seite umspannt. Es ist ihre Aufgabe, in der sie völlig aufgehen, dafür zu sorgen, dass alles, was in unserem Leben geschieht, auf die Entwicklung unserer Seele ausgerichtet ist.

Wie ich bereits erwähnt habe, bilden unsere Geistführer zusammen mit der göttlichen Energie und unseren verstorbenen Lieben unser Lichtteam auf der anderen Seite.

Wenn du die Vorstellung, dass es geistige Führer gibt, ein wenig befremdlich findest, solltest du wissen, dass sie nicht neu ist. Es gibt sie schon seit Anbeginn der Menschheit. Verschiedene Kulturen haben unterschiedliche Namen für die Geistführer, aber sie waren immer Teil in der Tapisserie der menschlichen Existenz.

Im Christentum heißen sie »Engel« oder »Schutzengel« und spielen in der Bibel eine wichtige Rolle. Im Hinduismus werden sie als »Devas« oder »Devis« bezeichnet und gelten als himmlische Wesen, die zwar für menschliche Augen unsichtbar sind, aber von jenen entdeckt werden können, die ihr »göttliches Auge« geöffnet haben und erwacht sind. Im Islam ist der Glaube an Engel, die aus Licht bestehen und als Boten Allahs fungieren, eine der sechs Säulen des Glaubens. Auch die alten

Griechen glaubten an Engel. Das Wort »Engel« stammt vom griechischen *ággelos* (sprich »ángelos«), was »Bote, Engel« bedeutet.

Können wir wissen, wer unsere geistigen Führer sind? Ja, das können wir. Eine meiner Geistführerinnen erschien mir in einer Blitzvision, als ich gerade unter der Dusche stand. Ich konnte ihren Namen hören und die Verbindung zu ihr spüren. Aber das passiert nicht immer. Ich denke, damit diese Art von Interaktion stattfinden kann, müssen wir in einem sehr empfänglichen und offenen Bewusstseinszustand sein – viel mehr, als wir es normalerweise in unserem geschäftigen und chaotischen Leben sind.

Aber wir brauchen gar nicht zu wissen, wer unsere geistigen Führer sind, denn sie wissen, wer wir sind. Letzten Endes brauchen wir immer ein gewisses Maß an Vertrauen, um unsere Geistführer oder Geistführerinnen voll und ganz zu akzeptieren und wertzuschätzen, auch wenn wir, wie ich, ihre Namen kennen. Wichtig ist zu wissen, dass du sie jederzeit rufen kannst, wenn du Hilfe brauchst (ja, sogar wenn es darum geht, einen Parkplatz zu finden).

Ich war die meiste Zeit meines Lebens offen für die andere Seite, und ich habe gesehen, welchen Einfluss Geistführer auf das Leben Hunderter von Menschen hatten. Meine Erfahrungen haben mir geholfen, die intensive Hingabe und die Macht unserer Lichtteams auf der anderen Seite zu schätzen.

Wir sind mit der göttlichen Energie verbunden. Wir stehen in Verbindung mit den Engelreichen und mit unseren Geistführern auf der anderen Seite. Und wir sind verbunden mit unseren verstorbenen Lieben. Zusammen bilden diese Liebeskräfte unser Lichtteam. Und unser Lichtteam schickt uns die ganze Zeit Zeichen und Botschaften.

Bei Veranstaltungen kommen Menschen auf mich zu und erzählen mir ihre Geschichten über diese Verbindung, weil sie wissen, dass ich »ein sicherer Ort« bin, dass ich nicht lache oder mich über sie lustig mache, dass ich ihre Geschichten ernst nehme. Das passiert mir nicht nur bei Veranstaltungen. Einer meiner Ärzte hat mir kürzlich mitten in einer Untersuchung etwas anvertraut.

Dr. G. war schon seit Jahren mein Arzt. Er hat sogar eine meiner Töchter entbunden, aber er wusste nicht, dass ich ein übersinnliches Medium bin. Als er hörte, dass ich ein Buch schreibe, fragte er mich, worum es darin geht. So erfuhr er, was ich mache. Er hielt inne, wurde ein wenig nachdenklich und erzählte dann beinah unwillig die Geschichte von etwas »Merkwürdigem«, was ihm passiert war.

Er erzählte mir, er sei vor einigen Jahren vor der Küste Floridas auf einem Boot zum Fischen gewesen, als er ganz plötzlich spürte, wie ein überwältigender Energiestrom durch seinen Körper rauschte. Eine elektrische Flut, die ihn durchströmte. In diesem Moment spürte er plötzlich die Energie und Gegenwart seines Vaters. Er spürte, wie ihn ein tiefes Gefühl der Liebe zu seinem Vater durchströmte, genau dort, mitten im Wasser. Nichts davon ergab für ihn einen Sinn.

Sein erster Gedanke war: *Bin ich verrückt, oder war das gerade mein Vater, der gekommen ist, um sich von mir zu verabschieden?* Sein Vater war zwar krank gewesen, aber niemand hatte das Gefühl gehabt, dass sein Tod unmittelbar bevorstand. Dann schaute er auf die Uhr und merkte sich die Zeit. Er versuchte, seine Mutter anzurufen, aber draußen auf dem Wasser hatte er keinen Empfang. Etwa eineinhalb Stunden später erreichte er das Ufer und rief seine Mutter noch einmal an. Bevor er etwas sagen konnte, teilte sie ihm leise mit, dass sein Vater gerade gestorben sei. Er fragte nach dem Todeszeitpunkt und erfuhr, dass es genau in dem Moment war, als er den energetischen Schub auf dem Boot gespürt hatte.

»Ich habe diese Geschichte noch nie jemandem erzählt«, sagte er. »Nicht einer Menschenseele. Ich dachte nicht, dass mir irgendjemand glauben würde, dass es wirklich passiert war. Und es fiel mir ja selbst schwer, es zu glauben. Aber es war so beeindruckend, dass es genau in dem Moment geschah, als mein Vater starb. Ich glaube, es war mein Vater, der sich von mir verabschiedete.«

»Glauben Sie mir«, sagte ich. »Es war wirklich so. Wie schön hat sich Ihr Vater von Ihnen verabschiedet!« Ich ermutigte ihn, diese Geschichte auch anderen zu erzählen, vor allem seiner Mutter. Es war ein Geschenk, das zum Teilen *bestimmt* war.

Wenn wir Zeichen von der anderen Seite erhalten, ignorieren wir sie manchmal oder lassen uns von unserem logischen Verstand davon abbringen. Wir sprechen nicht mit anderen darüber, weil wir Angst haben, dass sie uns für verrückt halten.

Aber tief im Inneren wissen wir, dass sie wahr sind. Das sind die Geschichten, die weitergegeben, geschätzt und gefeiert werden müssen. Sobald du diese Geschichten als deine Wahrheit akzeptierst, verändert sich dein Leben.

4

Ich trage dein Herz

Kurz bevor ein kleiner Junge namens Caleb sechs Jahre alt wurde, stellte er seiner Mutter eine seltsame Frage. »Mama«, fragte er, »wie viel Leben habe ich noch übrig?«

Seine Mutter Eliza atmete tief durch. Sie wusste, dass ihr Sohn eine regelrechte Obsession in Zusammenhang mit seinem sechsten Geburtstag hatte. Sie wusste, dass er nicht sechs Jahre alt werden wollte. Irgendetwas daran machte ihm Angst. Er hatte schon früher davon gesprochen. Eliza schob den rechten Ärmel ihrer Bluse hoch und streckte den Arm in voller Länge aus.

»Das ist dein Leben«, sagte sie zu Caleb und zeigte auf ihren ganzen Arm. Dann deutete sie auf einen Punkt neben ihrer Schulter. »Und hier bist du jetzt«, sagte sie. »Dein Leben fängt gerade erst an.«

Caleb fragte sie, was mit den Menschen passiert, wenn sie sterben.

Eliza erzählte ihm, dass die Menschen darüber unterschiedliche Ansichten haben. Sie hatte sich entschieden zu glauben, dass Menschen, die sterben, in einer anderen Form wiederkommen.

»Wie würdest du gern wiederkommen?«, fragte sie Caleb. »Würdest du als Salami wiederkommen?« Salami war die Katze der Familie.

Caleb dachte einen Moment nach.

»Ich möchte nicht als Katze zurückkommen«, sagte er schließlich. »Dann müsste ich mir den Hintern lecken.«

Eliza und Caleb trafen eine Vereinbarung: Wenn sie zurückkäme, dann als seine Mutter. Und wenn er zurückkäme, dann als ihr Sohn.

»Wir haben es mit einem Handschlag besiegelt«, sagt Eliza. »Das war wie ein Vertrag.«

»Caleb ist ein ganz besonderes Kind«, beschreibt Eliza ihren Sohn. »Von klein auf war er sehr anhänglich. Er war sehr schüchtern und ein bisschen ängstlich und die ganze Zeit entweder auf der Schulter seines Vaters oder in meinen Armen, verschmust, sehr anschmiegsam, sehr körperlich, sehr süß und liebevoll. Bei anderen Menschen konnte er sehr still und zurückhaltend sein, aber wenn er bei uns war, redete er wie ein Wasserfall. Er war so voller Ideen. Er *sprudelte über* vor Ideen. Und er konnte Geschichten erzählen, erfundene Geschichten, wirklich ausführlich. Und er baute kleine Welten aus seinen Bauklötzen, aus irgendwelchen Baumaterialien. Und er baute diese großen Feuerwachen und Kinos mit Sitzen und beweglichen Teilen. Und er hatte immer eine Erklärung für alles, was er gebaut hat: warum der Hubschrauber herunterkommen muss, wenn die Brücke einstürzt, und weshalb der Hubschrauber hier landet und so. Er erzählte einfach gern Geschichten und baute gern Sachen. Ein wirklich bemerkenswerter Junge.«

Mit fünf Jahren lernte Caleb gerade erst schreiben. Aber er hatte eine große Geschichte zu erzählen. Also kauften ihm seine Eltern ein Notizbuch mit Leineneinband, setzten sich mit ihm hin, und er diktierte ihnen die ganze Geschichte. Sie hieß »Llama und die Dominina« und entfaltete sich über viele Tage und Nächte. Sie handelte von der Familienkatze Salami und Calebs Badezimmer-Gummitieren, die zusammen einen Campingausflug machten. Eliza und Tim schrieben die Geschichte genau so auf, wie Caleb sie erzählte. Jedes Wort stammte von ihm. Am Ende hatten sie alle neunzig Seiten des Notizbuchs vollgeschrieben.

Als Caleb sechseinhalb Jahre alt war, gingen seine Eltern mit ihm zum Zahnarzt. Er hatte einen zusätzlichen Zahn unter seinen bleibenden Zähnen, der entfernt werden musste. Als der Zahnarzt ihnen sagte, dass er Calebs Kieferknochen anbohren müsse, um den Zahn zu entfernen, beschlossen Tim und Eliza, ihn für diesen Eingriff betäuben zu lassen. Der Zahnarzt setzte Caleb unter Vollnarkose.

Aber irgendetwas lief schief. Plötzlich hörte Calebs Herz auf zu schlagen.

»Schließlich erkannte der Zahnarzt zwar, was vor sich ging, aber er versagte bei sämtlichen lebensrettenden Maßnahmen wie Herz-Lungen-Reanimation und Intubation«, sagt Eliza. »Sie konnten Caleb zwar wiederbeleben, aber einige seiner Organe versagten.«

Die nächsten zwei Tage verbrachte Caleb im Krankenhaus. Sein Herz setzte wiederholt aus, und die Ärzte mussten ihn mehrmals reanimieren. Auch andere Organe versagten, darunter seine Lunge. »Er bestand keinen der neurologischen Tests«, sagt Eliza. »Am Morgen des dritten Tages sagten die Ärzte, wir müssten ihn gehen lassen.«

Das war, als Eliza mich anrief. Wir hatten eine gemeinsame Freundin, die sie dringend gebeten hatte, mit mir zu sprechen. Schließlich rief sie mich aus dem Krankenhaus an. Kaum hatte ich sie am Telefon, sah ich Caleb und auch, wo er war.

»Er ist schon auf der anderen Seite«, sagte ich. »Ich versuche, ihn in seinen Körper zurückzubringen, aber ich werde daran gehindert. Liegt sein Körper auf Eis?«

In der Tat hatten die Ärzte Caleb in Eis gewickelt und so versucht, seine Körpertemperatur zu senken. Während des Telefongesprächs versuchte ich, Caleb zu überreden zurückzukommen, aber nichts funktionierte.

»Was kann ich für dich tun, Caleb?«, fragte ich ihn. »Was brauchst du, was ich für dich tun kann?«

Einen Moment lang dachte ich, Caleb käme vielleicht zurück. In seinem Zimmer im Krankenhaus fiel Eliza auf, dass Calebs Pupillen, die ungleich groß geworden waren, sich plötzlich wieder zusammenzogen. Es war ein Moment der Hoffnung – ein winziger Hinweis darauf, dass Caleb vielleicht doch wiederkommen würde. Aber er währte nicht lange. Caleb glitt davon.

»Es war ganz klar, dass Caleb es nicht schaffen würde«, sagt Eliza. »Kurz darauf haben wir ihn verloren.«

Der Verlust war verheerend. Das Einzige, was sie weitermachen ließ, war die Notwendigkeit, sich um ihre Tochter und ihre Familie zu kümmern. Ich sagte Eliza, sie könne mich jederzeit anrufen, aber ich hörte lange nichts von ihr. Ich hoffte, sie würde sich vielleicht melden, wenn sie bereit war. »Ich steckte im schwarzen Schlamm fest«, erzählte mir Eliza später. »Ich hatte das Gefühl, sterben zu wollen. Alles, woran ich denken konnte, war Calebs Welt, die schwarz wurde. War er irgendwo gefangen? Hört das alles einfach auf? Wo ist er? Ich durchlebte Wochen intensiver, verzweifelter Traurigkeit und Depression. Ich suchte Caleb in all dieser Dunkelheit und konnte ihn einfach nicht finden.«

Was Eliza nicht wusste, war, dass Caleb auch nach ihr suchte.

Er kam durch. Er versuchte, seiner Mutter eine Botschaft zu schicken. Ich bat unsere gemeinsame Freundin, eine Nachricht von mir an Eliza weiterzuleiten. Ich hatte geschrieben: »Caleb ist nicht tot. Seelen gehen weiter. Sie wachsen auf der anderen Seite weiter. Caleb ging hinüber, von Liebe umgeben. Er war nicht allein. Es geht ihm gut, und er liebt dich. Und er versucht, dir eine Botschaft zu schicken.«

Als Eliza meinen Text las, hielt sie abrupt inne: »Es war, als ginge mitten in dieser ganzen Dunkelheit plötzlich ein Licht an.«

Kurze Zeit später sprachen wir miteinander. Eliza erklärte, sie habe bereits vermutet, dass Caleb ihr Botschaften sende. Sie konnte aber nicht glauben, dass sie echt waren. Caleb hatte sich zum Beispiel immer sehr für bestimmte Zahlenfolgen interessiert, besonders für 1111 – vier Einsen in einer Reihe. Jedes Mal, wenn er eine Uhr entdeckte, die 11:11 anzeigte, wollte er, dass seine Eltern ein Foto davon machten. Zwei Wochen nach Calebs Tod traf Eliza eine Freundin im Park. Nachdem sie sich eine Weile unterhalten hatten, ging die Freundin etwas essen. Sie schickte Eliza ein Foto ihrer Quittung: »$11.11«. Am nächsten Tag ging dieselbe Freundin in ein neues Restaurant. Sie schickte Eliza ein weiteres Foto, diesmal mit der Adresse des Restaurants: »1111«.

»Überall tauchte die 1111 auf«, erzählt Eliza. »Und dann hatte ich diese sehr lebhaften Träume von Caleb, der auf Tims Schulter saß – so, so … lebendig. Ich hatte das Gefühl, dass Caleb wirklich glücklich war, als sei es das, was er mir sagen wollte. Aber ich wusste nicht, was ich glauben sollte.«

Unser Reading war sehr stark. Caleb kam so entschlossen durch. All die Energie und Leidenschaft, die kennzeichnend für sein Leben auf der Erde gewesen waren, existierten immer noch, nur verstärkt. Er war übervoll von Liebe und Begeisterung.

»Er möchte, dass ich dir erkläre, wie es auf der anderen Seite ist«, erzählte ich Eliza. »Er sagt, es ist wie die größte Liebe, die man sich vorstellen kann, mal acht Milliarden Prozent.«

Da war noch so viel mehr – ein nicht enden wollender Strom von Eindrücken und Ideen.

»Mom, Dad, es ist unglaublich hier«, sagte Caleb. »Es ist wie im Weltall, nur besser. Ich kann in einem Augenblick überall sein. Ich kann gleichzeitig dunkel und hell sein. Ihr glaubt nicht, wie unvorstellbar es ist … Ich bin jetzt zu Hause«, wandte Caleb sich zu seiner Mutter. »Und es ist auch dein Zuhause. Du erinnerst dich einfach nur nicht daran.«

Caleb hatte eine besondere Botschaft. Er wollte seine Eltern wissen lassen, dass es ihre Aufgabe gewesen war, ihm bedingungslose Liebe zu geben, und dass sie diese Aufgabe wunderbar und vollständig erfüllt hatten. Er sagte, seine Zeit auf Erden habe kurz sein sollen und es sei ihm nicht bestimmt gewesen zu leiden, was er auch nicht getan habe. Er sagte immer wieder, Sterben sei wie einzuschlafen und dann im schönsten Traum von allen aufzuwachen. Vor allem aber wollte er seine Eltern wissen lassen, dass es ihm gut gehe und dass es ihnen auch gut gehen werde, denn schließlich hätten sie ihn nicht verloren. Er war immer noch bei ihnen und würde auch bei ihnen bleiben.

»Nach dem Reading verschwand ein Teil der Trauer und des Schreckens, weil ich wirklich glaubte, dass Caleb an diesem wunderschönen Ort war«, sagt Eliza. »Der Verlust war immer noch so verheerend, dass man es nicht in Worte fassen kann, aber jetzt verstand ich, dass wir alle ein Teil dieses tiefen karmischen Geschehens sind – dieses Plans für uns und für Caleb. Die Erkenntnis, dass wir alle miteinander verbunden sind und dass wir, weil das so ist, nie wirklich sterben können. Was geschehen ist, musste geschehen, und es geschah ohne Schmerz oder Leiden. Und das hat es mir ermöglicht, meinen Groll loszulassen.«

Dennoch war Eliza, wie sie selbst zugibt, »immer noch unentschlossen«. Noch nicht bereit, voll und ganz an ihre dauerhafte Verbindung mit Caleb zu glauben. Und Caleb wusste das. Er wusste, dass er mehr tun musste.

Also beschloss Caleb, mehr Zeichen zu senden.

Sie kamen in meinen Readings mit Liza durch. Besondere Zeichen, die seine Eltern davon überzeugen sollten, dass er noch da war. Bei seiner Beerdigung ließen Calebs Eltern sechshundert

Luftballons steigen. Eliza hatte dieses Detail nie erwähnt, aber während der Lesung sorgte Caleb dafür, dass ich Eliza erzählte, er habe alle Ballons bekommen – und werde sie als Zeichen zu ihr zurückschicken.

»Er sagt, er hat sogar den roten Ballon bekommen«, sagte ich zu Eliza. »War ein roter Ballon dabei?«

Eliza verstand nicht so recht. Die Luftballons hatten alle möglichen Farben gehabt. Warum sollte Caleb ausgerechnet einen roten erwähnen? Und dann schoss es ihr wie ein Blitz durch den Kopf – die Erinnerung an einen jüngeren Caleb: Er hatte von einem Verkäufer in einem Autohaus einen roten Luftballon bekommen, der ihm aus der Hand geglitten war, und er weinte, als er den Ballon davonfliegen sah. Er weinte noch stundenlang, weil er ihn verloren hatte.

»Jetzt habe ich ihn wieder«, sagte Caleb.

In den Tagen und Wochen nach dem Reading schickte Caleb seine Ballons zurück. Eines Abends saßen Eliza und Tim auf ihrer Terrasse im Hinterhof, dachten an Caleb und weinten beide, als ein Ballon langsam vorbeiflog.

»Das ist Caleb«, sagte Tim.

Ein paar Tage später machten Tim und Eliza bei einem Wochenendausflug einen Abstecher in eine Straße, in der sie noch nie zuvor gefahren waren. Als sie um die Ecke bogen, sahen sie an der Fassade eines Gebäudes ein riesiges Wandbild mit bunten Ballons. In der darauffolgenden Woche glitt ein weiterer Ballon in ihren Hof, schwebte dort eine ganze Weile in der Luft und flog dann langsam davon.

»Wohin wir auch gehen, wir sehen immer Ballonbouquets oder einzelne Ballons, die direkt an uns vorbeifliegen«, sagt Eliza. »Sie sind überall.«

Ich habe Eliza auch erzählt, dass Caleb ihr ein Gedicht schicken wird. Ich konnte nicht herausfinden, um welches Gedicht es ging, aber es war klar, dass es ein Gedicht sein würde. Eliza erzählte mir, sie hätten in den Wochen nach Calebs Tod viele Geschenke von Freunden und Familienmitgliedern erhalten, aber ein Gedichtband oder auch nur ein einzelnes Gedicht sei nicht darunter gewesen. Ein paar Tage nach diesem Reading kam Caleb wieder zu mir durch und bat mich, seiner Mutter zum bevorstehenden Muttertag ein Armband zu schenken. Er wünschte sich eine Zeile aus einem ganz bestimmten Gedicht auf dem Armband.

Die Zeile lautete: »Ich trage dein Herz bei mir.«

Ich besorgte das Armband und schickte es Eliza zusammen mit einer Karte, auf der ich erklärte, was passiert war. »Vielleicht hast du dieses Gedicht schon von Caleb bekommen«, schrieb ich. »Er hat gesagt, er hätte es dir bereits geschickt.« Eliza dachte lange und angestrengt nach, aber sie wusste immer noch nicht, wie Caleb ihr das Gedicht geschickt hatte.

Dann schwante ihr etwas.

Eliza rannte zu einem Bücherregal im Eingangsbereich ihres Hauses. Sie überflog die Regalbretter und zog schließlich ein Buch heraus. Eine Freundin hatte es ihr in den Tagen nach Calebs Tod geschenkt. Es war ein illustriertes Kinderbuch über ein sehr bekanntes Gedicht von E. E. Cummings mit dem Titel »Ich trage dein Herz bei mir«:

Ich trage dein Herz bei mir (ich trage es in meinem Herzen).
Nie bin ich ohne es (wohin ich auch gehe, gehst du, mein Schatz;
und was immer ich allein mache, ist dein Werk, mein Liebling).
Ich fürchte kein Schicksal (denn du bist mein Schicksal,
meine süßes).
Ich will keine Welt (denn schön bist du, meine Welt, meine
wahre).
Du bist das, wofür ein Mond jemals stand.

Und was immer eine Sonne stets singen wird, bist du.
Hier ist das tiefste Geheimnis, das keiner kennt
(hier ist die Wurzel der Wurzel und die Knospe
der Knospe und der
Himmel des Himmels, eines Baumes namens Leben,
der höher wächst,
als die Seele hoffen oder der Geist verborgen halten kann),
und das ist das Wunder, das die Sterne auseinanderhält.
Ich trage dein Herz (ich trage es in meinem Herzen).

Es gab noch ein weiteres Zeichen, das Caleb unbedingt senden wollte. Er hatte eine ganz besondere Botschaft für seinen Vater Tim, der während des Readings neben Eliza auf Calebs Bett lag und zuhörte.

»Caleb sagt: ›Dad, du hast etwas sehr Wichtiges in deiner Tasche oder in deiner Brieftasche‹«, teilte ich ihm mit. Tim hatte zu diesem Zeitpunkt seinen Schlafanzug an und seine Brieftasche nicht dabei, aber er trug eine Halskette und fragte, ob Caleb wohl die meine.

»Es ist nicht die Kette«, antwortete ich. »Es ist eine Art kleines Kunstwerk. Und Caleb möchte euch wissen lassen, dass er euch so nah ist wie dieses kleine Kunstwerk in Tims Brieftasche.«

Aber Tim wusste, was in seiner Brieftasche war und dass sich kein Kunstwerk darin befand. Er war sich so sicher, da war nichts, dass er sich nicht einmal die Mühe machte nachzuschauen.

Erst später an diesem Tag setzte sich Tim hin und leerte seine Brieftasche, um genau nachzusehen. Und er fand etwas, was aussah wie eine kleine Quittung. Es war ein winziges zusammengefaltetes Stück Papier. Tim entfaltete es vorsichtig und schnappte nach Luft. Es war eine Zeichnung von Caleb mit drei gelben Blumen neben einem Baum.

Ich hatte ihnen gesagt, dass drei gelbe Blumen und ein Baum ein weiteres Zeichen seien, das Caleb ihnen schicken würde.

Am nächsten Morgen saß Eliza in ihrem Esszimmer und schaute aus dem Fenster. Überall waren Bäume und gelbe Blumen. Woher sollte sie wissen, welche davon Caleb geschickt hatte?

Ein kleiner Aufkleber an einem der drei Panoramafenster in ihrer Küche erregte ihre Aufmerksamkeit, und sie stand auf, um ihn zu entfernen. Caleb hatte Dutzende von Aufklebern mit Blumen, Schmetterlingen und Blättern auf die Fenster geklebt. Mit der Zeit waren einige abgefallen, andere abgekratzt worden. Fast alle Aufkleber waren verschwunden. Tatsächlich waren nur noch drei übrig.

Plötzlich blieb Eliza wie angewurzelt stehen. Sie ging zurück und schaute sich die letzten drei Aufkleber an.

Auf jedem war eine gelbe Blume.

Eliza setzte sich wieder auf ihren Stuhl. Sie rief Tim aus dem Wohnzimmer und zeigte ihm die drei gelben Blumen.

»Das ist ziemlich nah dran«, sagte Eliza. »Jetzt fehlt nur noch der Baum.«

Tim lachte. Dann setzte er sich neben Eliza und deutete mit dem Finger.

»Schau *aus* dem Fenster«, sagte er.

Und da stand in ihrem Vorgarten, perfekt eingerahmt von den Fenstern und den drei Aufklebern mit den gelben Blumen, ein großer Baum, schön grün und mit überhängenden Zweigen.

• • •

Es ging weiter mit den Zeichen. Kürzlich gab Calebs dreijährige Schwester Jenna ihrer Mutter auf einem Campingausflug einen kleinen Blumenstrauß, den sie gerade gepflückt hatte. Genau drei gelbe Narzissen.

»Warum gibst du mir die?«, fragte Eliza.

»Ich weiß nicht«, antwortete Jenna. »Jemand hat mir gesagt, ich soll sie dir geben.«

Und Luftballons – *immer wieder* Luftballons. Und fortlaufende Zahlen auch. »Erst gestern hat mein Elektroauto eine Reichweite von 111 Meilen angezeigt«, sagte Eliza. »Ich dachte: *Ach, das ist nett*, aber mein logischer Verstand sagte mir, dies sei kein Zeichen von Caleb. Am nächsten Tag, als ich ganz woanders hingefahren war, kam ich nach Hause, schloss das Auto an die Ladestation an, und es zeigte wieder eine Reichweite von 111 Meilen an. Die Zeichen kommen einfach immer wieder, und wenn ich jemals Zweifel habe, passiert etwas Unglaubliches, was mich regelrecht umhaut.«

Tim, der immer der Skeptischere von beiden gewesen war, beschloss, Caleb um ein eigenes Geheimzeichen zu bitten. Er erzählte niemandem davon. Am Morgen, nachdem er um das Zeichen gebeten hatte, schickte Eliza ihn nach draußen, um die Katzen der Familie zu holen.

»Warum?«, fragte Tim.

»Weil ich ein Stinktier rieche.«

Tim setzte sich wieder auf das Bett.

»Stimmt was nicht?«, fragte Eliza.

»Das Stinktier«, sagte er. »Ich rieche es auch. Ich habe Caleb gebeten, mir ein Stinktier zu schicken. Und hier ist es – ein Stinktier.«

Caleb erzählte mir noch etwas in meinem Reading mit Eliza. Er sagte, dass seine Eltern für ein Gesetz kämpfen würden, das seinen Namen trägt. Heute steht Caleb's Law in Calebs Heimatbundesstaat kurz vor der Verabschiedung. Es verlangt, dass bei allen kieferchirurgischen Eingriffen ein Anästhesist anwesend sein muss und der Zahnarzt die Anästhesie nicht selbst verabreichen darf.

»Die Dentallobby ist sehr einflussreich. Es war ein harter Kampf«, sagte Eliza. »Aber Caleb kämpft mit uns. Die erste E-Mail zur Gesetzesvorlage, die Tims Schwester, die selbst Ärztin ist, an unseren örtlichen Abgeordneten schickte, ging genau um 11:11 Uhr raus.«

Trotz aller Zeichen und Botschaften von Caleb gibt es Momente, in denen seine Angehörigen den Schmerz seines Verlustes noch spüren. An manchen Abenden sitzen Eliza und Tim zusammen und lesen sich aus *Llama und die Dominina* vor, damit Calebs Stimme, die so voller Liebe und Leidenschaft, Enthusiasmus und Ideen war, in ihrem Haus wieder lebendig wird.

»Ich vermisse ihn jede Sekunde eines jeden Tages«, sagt Eliza. »Aber es ist auch eine große Freude zu wissen, dass er immer noch hier bei uns ist. Wenn meine Freundinnen und Freunde nach Caleb fragen, sagen sie immer: ›Wie geht's ihm?‹, als ob er noch da wäre.«

… selbst unsäglicher Schmerz
kann Wunderschönes beflügeln.

A. R. Torres: »The Lessons of Love«

5

Libellen und Rehe

Sie nannten sich selbst »Die vier C«: Carla, Chris und ihre beiden kleinen Söhne Calder und Caleb. Sie waren ein Team – immer zusammen, immer lachend, und sie hatten immer Spaß miteinander. »Calders Lebenselixier ist das Herumalbern«, sagt Carla, die Chris 2003 geheiratet und mit ihm eine Fernsehproduktionsfirma gegründet hatte. »Caleb ist so ein Witzbold. Calder und Caleb teilten sich ein Zimmer und brachten sich gegenseitig zum Lachen.«

Ihr Glück war wie ein Traum, schön und vollkommen. Bis der Traum auf unvorstellbare Weise endete. Calder war erst sieben Jahre alt, als ihn eine defekte Lampe in einem Swimmingpool durch einen Stromschlag tötete.

Es war undenkbar, unmöglich. Warum hatte all das Lachen ein so abruptes Ende gefunden? Carla und Chris suchten nach Antworten, nach Trost, aber nichts schien zu helfen.

Und doch wurde Carla in den Tagen und Wochen nach dem Tod ihres Sohnes das Gefühl nicht los, dass Calder immer noch irgendwie da war.

»Ich hatte das Gefühl, dass er mir Botschaften schickte«, erzählte mir Carla. »Aber das ergab keinen Sinn. Also dachte ich, die wahre Erklärung müsse sein, dass ich verrückt geworden war.«

Eines Nachmittags fuhr Carla in ihrem Auto, als eine winzige Babylibelle ihren Kopf umkreiste und in der Nähe des Fensters auf der Fahrerseite landete. Sie hatte keine Ahnung, wie oder wann sie in das Auto gekommen war. Carla fuhr weiter, aber die Libelle blieb, wo sie war. Sie hielt an einer roten Ampel und öffnete das Fenster, doch die Libelle bewegte sich nicht vom Fleck. »Als ich endlich am Ziel war, stieg ich aus dem Auto, und die Libelle flog mit mir raus, umkreiste mich eine Weile und flog dann einfach weg.«

Da kam Carla ein Gedanke.

»Ich fragte mich: *War das Calder?*«, sagt sie. »Der Schmerz war noch ganz frisch. Mir wurde klar, dass ich die ganze Fahrt über geweint hatte, und dann stand ich da und versuchte herauszufinden, was gerade passiert war. Es fühlte sich an, als würde Calder versuchen, mir eine Botschaft zu schicken, aber ich konnte einfach nicht glauben, dass das tatsächlich so war.«

Den Rest des Sommers sah Carla überall Libellen. Auf der Türklinke. An der Wand. Im Badezimmer. »Ich war im Schwimmbad, und meine Schwägerin fragte: ›Weißt du, dass eine ganze Weile eine Libelle auf deinem Kopf saß?‹«, sagt Carla. »Und all diese Kinder waren um mich herum, spritzten mit Wasser und machten so viel Lärm, aber die Libelle saß einfach auf meinem Kopf. Sie wollte nicht weg.«

Aber wie konnte eine Libelle eine Botschaft von irgendjemandem sein?

Carla hatte mich über eine gemeinsame Freundin kennengelernt und war für unser Reading in mein Haus auf Long Island gekommen. Ich sorgte dafür, dass meine Mutter unseren Hund Roscoe mit in ihr Haus nahm, damit er uns nicht störte, ließ aber unsere Katze frei herumlaufen. Dann setzte ich mich mit Carla an den Küchentisch. Ein wenig später drängte sich Calder durch. Er zeigte mir etwas, was mich veranlasste, Carla eine Frage zu stellen.

»Bist du vielleicht allergisch gegen Katzen?«

Carla bejahte.

»Gut. Nun, ich habe eine Katze, die immer bei mir hier in der Küche sitzt, und Calder sagt zu mir: ›Du hättest nicht den Hund wegschicken sollen, sondern die Katze‹, und jetzt hält er für dich die Katze aus der Küche raus.«

Und tatsächlich war unsere Katze – die immer bei jedem sitzt, der in die Küche kommt – während des Readings nicht zu finden.

Calder kam auch weiterhin auf höchst bemerkenswerte Weise durch – voller Energie, Enthusiasmus und Liebe.

Wenn ich mit jemandem auf der anderen Seite in Kontakt trete, bitte ich normalerweise um den Namen als Bestätigung. Aber nicht immer erhalte ich den vollständigen Namen. Vielleicht empfange ich ein lautes Geräusch oder das Bild eines einzelnen Buchstabens. Im Fall von Carla griff ich ein großes C auf, das auf jemanden auf der anderen Seite hinwies. Dann nahm ich wahr, dass da noch ein C war – und noch eins und noch eins, alle auf der Erde, also insgesamt vier C. Ich erzählte Carla von den vier C, und sie erzählte mir, was sie bedeuteten: eben sie und Chris sowie ihre Söhne Caleb und Calder. Das Herzstück, die Einheit, das Team.

Dann nahm das Reading eine überraschende Wendung. Calder zeigte mir, dass eine Familie einen Ausflug machen wollte, und Carla bestätigte dies. Dann zeigte mir Calder ganz genau, wie er Carla während dieses Ausflugs eine Nachricht zukommen lassen wollte, damit sie wusste, dass er die ganze Zeit bei ihnen war. Es ist sehr ungewöhnlich, dass jemand, der hinübergegangen ist, so genaue Angaben über die Botschaft macht, die er senden will, aber Calder war in dieser Hinsicht sehr klar.

»Calder wird dir ein Reh schicken«, sagte ich. »Ich sehe es ganz deutlich. Und er möchte dich wissen lassen, dass du eine direkte Begegnung mit dem Reh haben wirst. Carla, er sagt, dies sei für dich, damit du weißt, dass er die ganze Zeit bei dir und um dich ist. Er möchte dir eine direkte Botschaft senden. Daher wird die Begegnung zwischen dir und dem Reh eine direkte sein.«

Calder hatte noch eine andere wichtige Botschaft für seine Mutter: »Er schickt dir ständig Botschaften und sieht, dass du sie empfängst, aber auch, dass du sie sofort infrage stellst«, sagte ich. »Calder sagt dir: ›Hör auf damit. Hör auf, sie in Zweifel zu ziehen.‹«

• • •

Nach dem Reading behielt Carla die Botschaft vom Reh für sich. Sie wusste nicht so recht, was sie damit anfangen sollte. Eine direkte Begegnung? Was sollte das bedeuten?

Ein paar Wochen bevor die Familie nach England aufbrach, beschlossen Chris und Carla, übers Wochenende auf die Florida-Keys zu fahren. Auf dem langen Weg dorthin schlief Carla ein. Sie wurde von Chris geweckt, der »Oh wow!« rief.

»Was ist denn los?«, fragte Carla.

»Wir sind gerade daran vorbeigefahren«, sagte er. »Am Straßenrand. Ich habe die noch nie gesehen!«

»Was war das denn? Was hast du gesehen?«

»Vier Key Deer«, sagte Chris.

Key Deer, auch »Key-Weißwedelhirsche« genannt, sind eine seltene und gefährdete Unterart der Weißwedelhirsche, die nur auf den Floria-Keys leben. Sie sind deutlich kleiner als normale Rehe und sehr flüchtig. Chris war schon oft auf den Keys gewesen, hatte aber nie ein Key Deer gesehen. Und jetzt standen plötzlich vier von ihnen am Straßenrand.

»Ist das zu fassen?«, rief Chris. »Vier Key Deer!«

Carlas Reaktion überraschte ihn. Sie begann zu weinen. Tränen liefen ihr über die Wangen, und sie war am Boden zerstört, weil sie die Botschaft, die eigentlich für sie bestimmt war, verpasst hatte.

»Ich war völlig fertig«, sagte sie. »Ich habe sie nicht gesehen. Chris hat mich eine Sekunde zu spät geweckt. Ich erzählte ihm, warum ich so aufgebracht war, nämlich weil Laura gesagt hatte, die Botschaft mit den Rehen sei für mich bestimmt. Chris bot an, noch einmal zurückzufahren und nach den Rehen zu suchen, aber ich dachte mir: *Okay, sei nicht so pingelig.* Wie wahrscheinlich ist es, nicht nur eines, sondern gleich vier Key Deer am Straßenrand zu sehen? Wir waren die vier C, und da waren vier Rehe. Ich ließ es also gut sein, und wir hatten ein ganz wunderbares Wochenende. Aber tief im Innern war ich immer noch am Boden zerstört.«

Am Sonntagmorgen verließen sie Key West und machten sich auf den langen Heimweg. Schon nach wenigen Minuten hielt Chris vor einer Bar namens »No Name Pub«. Er sagte Carla, er müsse auf die Toilette, und ging hinein.

Aber Chris war nicht ganz ehrlich gewesen. Er ging zwar auf die Toilette, aber nicht aus dem offensichtlichen Grund. Chris hatte von der Bar und einer ihrer Traditionen gehört: Stammgäste schrieben den Namen einer Person auf eine Dollarnote und klebten sie an die Wand oder an die Decke, um diese Person zu ehren. Mit einem Filzstift schrieb Chris CALDER auf einen Geldschein und klebte ihn an eine Stelle seiner Wahl an der Wand. Er verließ die Bar und ging zu seinem Auto, blieb aber plötzlich wie angewurzelt stehen. Er konnte nicht glauben, was er sah.

Während Chris in der Bar war, saß Carla mit Caleb im Auto. Sie starrte gedankenverloren durch die Windschutzscheibe und dachte an Calder. Es nieselte, und bis auf ein paar andere Autos und ein paar Klapptische war der Parkplatz leer. Dann bemerkte sie eine Bewegung und drehte sich zum Rand des Parkplatzes. Dort stand ein Reh. Es war aus einer kleinen Reihe von Büschen aufgetaucht.

Carla blieb die Luft weg. Ganz langsam und vorsichtig stieg sie aus dem Auto, um das Reh nicht zu verscheuchen. Aber es schien überhaupt keine Angst zu haben. Es schaute Carla direkt an und kam dann langsam auf sie zu. Es war unglaublich. In dem Moment kam Chris aus der Bar.

»Bleib stehen«, sagte Carla zu ihm. »Mach nur ein Foto.«

Das Reh kam bis auf etwa drei Meter an sie heran, nah genug, dass Carla in seine klaren, schönen Augen schauen konnte. Dann näherte es sich noch etwa 70 Zentimeter weiter an. Und dann noch näher. Carla hielt den Atem an und bewegte sich nicht. Das Reh kam immer näher.

Am Ende trennten Carla und das Reh nur noch 70 Zentimeter. Langsam streckte sie ihre Hand mit der Handfläche nach oben aus. Das Reh kam näher und legte seine Nase sanft in ihre Hand. Dort blieb es eine Weile und ließ Carla seinen Kopf wiegen. Dann legte das Reh den Kopf zurück und schaute zu Carla auf. Sie sahen sich in die Augen. Nach einer gefühlten Ewigkeit drehte sich das Reh um und ging fort. Carla, Chris und Caleb blieben bewegungslos stehen und sahen zu, wie es wieder in die Büsche ging, wo es sich noch einmal umdrehte, ihnen einen letzten Blick zuwarf und dann im Gebüsch verschwand und nicht mehr zu sehen war.

Carla stand da wie unter Schock. Abgesehen von Katzen oder Hunden war sie noch nie einem Tier so nah gekommen, geschweige denn einem wilden. Als das Tier auf sie zukam, war sie nervös gewesen, aber als es seinen Kopf in ihre Hand legte, fühlte sie nur noch Anmut und Freude.

»Was ist da gerade passiert?«, fragte sie Chris. »War das echt?«

»Das war echt«, sagte Chris. »Sehr echt.«

Carla machte eine Bestandsaufnahme ihrer Gefühle. Sie dachte, sie würde vielleicht weinen, aber sie weinte nicht. »Es gab nichts Trauriges an dem, was da passiert war«, sagt sie. »Ehrfurchtsvolles Staunen war alles, was ich in diesem Moment empfand, und Chris fühlte dasselbe. Pure Ehrfurcht.«

Als sie so auf dem Parkplatz standen, war Chris der Erste, der etwas sagte: »Wenn das keine Botschaft von Calder war, dann weiß ich es auch nicht.«

Als sie wieder im Auto saßen, weinte Carla. »Es war nicht Traurigkeit oder Schmerz oder so was«, sagte sie. »Es war eher Erleichterung. Erleichterung darüber, dass ich meinen großen Moment mit Calder nicht verpasst hatte. Ich war so wütend gewesen, weil ich die vier Key Deer nicht gesehen hatte. Ich hatte versucht, mir nichts anmerken zu lassen, aber ich hatte mich das ganze Wochenende so geärgert. Doch Calder – Calder hätte mich diesen Moment niemals verpassen lassen.«

Seitdem sind Rehe eines der Zeichen, mit denen Calder seine Eltern wissen lässt, dass er immer noch da ist, immer noch bei ihnen, immer noch ein Teil der Familie.

»Wir sehen sie überall, auch auf ungewöhnliche Weise«, sagt Carla. »Einmal waren wir mit Caleb im Wasserpark und sind die große Wasserrutsche heruntergerutscht. Als wir in der Schlange vor der Rutsche standen, dachte ich an Calder, denn es war immer eine seiner Lieblingsbeschäftigungen gewesen, zusammen mit seinem Bruder hier hinunterzurutschen. Genau in diesem Moment blickte ich auf. Der Mann, der vor uns in der Schlange stand, trug ein Muscleshirt, das den Blick auf ein großes Tattoo auf seinem Bizeps freigab. Es war die Tätowierung eines wunderschönen großen Rehs.«

»In dem Moment«, sagt Carla, »wusste ich, dass Calder da war, an der Rutsche, zusammen mit Caleb und mir.«

Dieses bemerkenswerte Zeichen zu erhalten und als eine Botschaft von Calder zu akzeptieren, hat Carlas Leben verändert.

»Es hat mir Kraft gegeben und mein Herz und meinen Geist für Zeichen von Calder geöffnet«, sagt sie. »Es hat mich davon überzeugt, dass Calder wirklich immer bei uns ist. Ich kann gar nicht beschreiben, wie schwer es ist, ein so junges Kind so plötzlich zu verlieren. Und ich habe wirklich das Gefühl, dass Calders Botschaft mir sehr geholfen hat, das durchzustehen. Sie war so ein Segen. ›Die vier C‹ sind immer noch zusammen und werden es immer sein.«

6

Kumpels auf der anderen Seite

Noch etwas anderes Bemerkenswertes geschah während meines Readings für Carla. Schon sehr früh, als Calder durchkam und noch bevor ich den Namen seines Bruders wusste, bestand er darauf, einen anderen Jungen ins Spiel zu bringen, der kürzlich verstorben war. Er gab mir viele Informationen über diesen Jungen – seinen Namen, wie er gestorben war und wie es ihm jetzt ging. Und ich gab alles an Carla weiter.

»Er bringt mir auf der anderen Seite einen Jungen namens Caleb«, sagte ich. »Ein Junge, der zum Zahnarzt ging, eine Narkose bekam und starb. Calder sagt mir, dass er und Caleb zusammen sind und auf der anderen Seite als Team arbeiten.« Ich wusste sofort, wer Caleb war. Calder hatte den Sohn von Eliza und Tim zu mir gebracht.

Carla und Eliza kannten sich nicht, aber ihre Söhne mittlerweile schon. Ihre Söhne, die zu unterschiedlichen Zeiten und auf verschiedene Weise gestorben waren, waren ein Herz und eine Seele. Carla wusste nicht so recht, was sie damit anfangen sollte. Dann kam Calder mit weiteren Informationen durch.

»Moment mal, gibt es hier auch einen Jungen namens Caleb?«, fragte ich.

»Ja,« sagte Carla. »Calders jüngerer Bruder heißt so.«

»Das sagt Calder auch«, fuhr ich fort. »Er macht sich einen Spaß daraus und sagt, er habe einen Caleb hier und einen Caleb da.«

Für Carla war es eine schöne Bestätigung dafür, dass ihr Sohn immer noch bei ihr war und sie nicht die Einzige war, die Trauer und Schmerz erlebte. Die Freundschaft zwischen Calder und Caleb war der Beweis, dass wir *alle* miteinander verbunden sind und uns alle gegenseitig helfen müssen, hier auf der Erde zu heilen und zu wachsen. Und dass diejenigen, die auf der anderen Seite stehen, zusammenarbeiten, um dies möglich zu machen.

Calder erzählte seiner Mutter von dem Plan, den er und sein neuer Freund Caleb hatten: Ihre Mütter sollten sich kennenlernen.

Nach dem Reading nahm Carla Kontakt zu Calebs Mutter Eliza auf, und die beiden wurden tatsächlich gute Freundinnen, die etwas gemeinsam hatten, was nicht viele andere Menschen so nachempfinden können. Sie hatten beide einen kleinen Sohn verloren. Calder und Caleb waren wenige Monate nacheinander gestorben. Carla und Eliza konnten über ihre Gefühle sprechen und sich gegenseitig helfen, mit ihrer Trauer umzugehen. In gewisser Weise war Eliza einer der wenigen Menschen, die Carla diese Art von Trost spenden konnten. Und Calder erkannte das, kam durch und lenkte sie seiner Mutter direkt über den Weg. Und natürlich tat Caleb genau das Gleiche für seine Mutter Eliza.

Man stelle sich das vor! Diese beiden verstorbenen Jungen kamen auf der anderen Seite zusammen und führten ihre Mütter zueinander, um ihnen bei ihrer Heilung zu helfen. Was für eine kraftvolle Demonstration der fortdauernden Gegenwart und Führung durch unsere Lieben, die hinübergegangen sind! Und was für ein eindrucksvoller Beleg für die Vernetzung unserer Wege hier auf der Erde.

Das habe ich schon oft erlebt: Seelen, die sich auf der anderen Seite zu einem Team zusammenschließen, um wichtige Ereignisse hier auf der Erde zu organisieren. Sie arbeiten in Gruppen zusammen, die ich »erweiterte Lichtteams« nenne, und sie drängen uns, Verbindungen zu anderen Menschen zu knüpfen und zu schätzen – zu Menschen, die unser Leben bereichern und uns helfen können zu wachsen.

Calder konnte durch mich den Kontakt zwischen seiner Mutter und Eliza herstellen. Aber wie ich schon sagte: Du brauchst gar kein übersinnliches Medium, um diese Zeichen und Botschaften zu empfangen und entsprechend zu handeln. Wahrscheinlich empfängst du sie bereits, denn unsere Lichtteams sind unerbittlich, wenn es darum geht, unsere Aufmerksamkeit zu erlangen.

Doch wie ich auch schon angemerkt habe, gehen diese Zeichen und Botschaften oft im Chaos unseres geschäftigen Lebens unter. Wir sehen sie nicht. Oder wir sehen sie, nehmen sie aber nicht wahr oder ignorieren sie einfach. Deshalb ist es so wichtig, dass wir aktiv danach suchen, dass wir in einem Zustand erhöhter Aufmerksamkeit für die liebevollen Beziehungen sind, die uns hier auf Erden zur Verfügung stehen. Wir müssen offen sein für die Menschen, die uns auf unserem Weg begegnen, weil sie uns vielleicht geschickt wurden, um uns in unserer Heilung und unserem Wachstum zu unterstützen.

Wir werden später noch darüber sprechen, wie wir in diesen Zustand erhöhter Aufmerksamkeit gelangen können. Doch zunächst hoffe ich, dass die vernetzten Geschichten von Caleb und Calder die unglaubliche Kraft unserer Arbeiter auf der anderen Seite und ihre lebensbejahenden und lebensverändernden Botschaften an uns alle verdeutlichen.

7

Herzen und Spielkarten

Nancy Miller ging mit einer Reisegruppe durch ein kleines Fischerdorf in einer abgelegenen ländlichen Gegend Vietnams, als sie etwas Ungewöhnliches auf dem Boden entdeckte. Mitten im Nirgendwo, wo es nichts gab außer Hügeln und Seen und dichten Wäldern, und keine Dorfbewohner in Sichtweite waren, lagen mehrere Spielkarten, verstreut auf einem kleinen Stück Feldweg. Nancy fragte den Guide, warum die Karten dort lägen und ob sie möglicherweise irgendeine kulturelle Bedeutung hatten.

»Nein, überhaupt keine«, antwortete er. »Ich weiß nicht, was sie hier zu suchen haben. Für mich ergibt das keinen Sinn.«

Und dann dachte Nancy aus irgendeinem Grund an ihre Mutter, die auch Nancy hieß.

»Der Gedanke kam mir einfach«, sagt sie heute. »Ich dachte: *Wenn meine Mutter eine Spielkarte wäre, dann wäre sie die Königin der Herzen, weil sie so ein liebevoller Mensch ist.*«

Die Gruppe zog weiter, und Nancy vergaß die Spielkarten.

• • •

Nancys Eltern verliebten sich in der Highschool ineinander und heirateten mit Anfang zwanzig. Sie waren 65 Jahre lang verheiratet. Sie hatten vier Kinder – Nancy und ihre drei jüngeren

Schwestern Linda, Kim und Meg – und sieben Enkelkinder. Sie waren eine außergewöhnlich eng verbundene Familie.

»Für meine Mutter war die Familie *alles*«, sagt Nancy. »Das Wichtigste in ihrem Leben war, uns alle um sich zu haben. Sie liebte es, für uns zu kochen, alles für die Feiertage zu dekorieren und mit der Familie in den Urlaub zu fahren. Und wenn sie ohne uns Urlaub machte, war sie hauptsächlich damit beschäftigt, Geschenke für jeden von uns zu kaufen. Wir hatten alle ein sehr enges Verhältnis zu ihr.«

Vor einigen Jahren begann sich der Gesundheitszustand von Nancys Mutter zu verschlechtern. Da sie auf einen Rollstuhl angewiesen war, musste sie in ihrem Haus auf Long Island von ihrem Ehemann Kenny und Pflegepersonal betreut werden. Nancy, die in New York lebt, rief jeden Tag an, um sich nach ihrem Befinden zu erkundigen.

»An dem Morgen, als mein Mann und ich in den Urlaub nach Vietnam aufbrechen wollten, rief ich meinen Vater an und fragte, wie es ihr gehe«, erinnert sich Nancy. »Er sagte: ›Nicht so gut, aber keine Sorge. Es wird schon.‹ Also flogen wir zwölf Stunden nach Hongkong.«

Während des Fluges – es war mitten in der Nacht – stand Nancy auf und ging zur Toilette. Kaum hatte sie die Tür hinter sich geschlossen, brach sie in Tränen aus. »Ich hatte diese schrecklichen Schmerzen in der Schulter, die mich aufgeweckt hatten, und plötzlich fing ich einfach an zu weinen. Ich wusste nicht, warum ich so emotional war.«

Als sie ein paar Stunden später in Hongkong landeten, schaute sie auf ihr Handy und sah eine SMS von ihrer Schwester Meg. »Ruf mich an«, stand da.

Meg erzählte ihrer Schwester, dass ihre Mutter gestorben sei. »Sie starb genau zu der Zeit, als ich diese Schmerzen in der Schulter hatte. Mein Vater hat mir erzählt, eines der letzten Dinge, die meine Mutter getan hat, sei gewesen, ›Kenny, ich liebe dich‹ zu rufen, während er gerade in einem anderen Zimmer war.«

Schweren Herzens setzte Nancy ihre Reise durch Vietnam fort. Als sie das Fischerdorf erreichten und sie die Spielkarten im Dreck liegen sah, dachte sie an ihre Mutter und daran, wie sehr sie sie jetzt schon vermisste.

Am nächsten Tag stapfte die Touristengruppe einen Feldweg entlang, der zu einem alten buddhistischen Tempel führte, etwa vier Stunden von dem Fischerdorf entfernt. Und dort, irgendwo auf diesem Weg, lag wieder ein Stapel Spielkarten verstreut. *Was für ein merkwürdiger Zufall*, dachte Nancy.

Am nächsten Tag fuhr die Gruppe in eine abgelegene Stadt, mehrere Kilometer entfernt, und ging einen Weg entlang zu einem Reismuseum. Und dort, nur etwa einen Meter von dem Feldweg entfernt, lag ein weiterer verstreuter Stapel Spielkarten.

»Dieses Mal blieb ich stehen, um sie mir genauer anzuschauen«, sagt Nancy. »Der Lieblingsspruch meiner Mutter war ›Aller guten Dinge sind drei‹. Und das war das dritte Mal, dass ich Spielkarten auf dem Boden liegen sah.«

Nancy ging einen einzelnen Schritt auf die Karten zu und blieb dann stehen.

»Eine der Karten hatte sich selbstständig gemacht«, sagt sie. »Alle anderen Karten lagen mit der Vorderseite nach unten. Nur diese nicht.«

Nancy bückte sich, um sie aufzuheben. Es war die Königin der Herzen.

Die statistische Wahrscheinlichkeit, eine ganz bestimmte Spielkarte aus einem Standarddeck zu ziehen, liegt bei 52 zu 1. Mit anderen Worten: Die Chance, eine Karte nennen und dann genau diese Karte aus dem Deck zu ziehen, liegt bei weniger als 2 Prozent. Für einen Spieler sind das keine guten Gewinnchancen.

Aber es *ist* möglich. Es könnte passieren. Manche würden sagen, es sei reiner Zufall, dass Nancy die Königin der Herzen ausgerechnet in diesem Umfeld entdeckt hat.

»Für mich war es ganz klar meine Mutter, die mir eine Nachricht geschickt hat«, sagt sie.

»Als ich die Karte sah, sagte ich: ›Okay, Mom, ich weiß, dass es dir gut geht. Danke, dass du mich das wissen lässt.‹« Nancy machte ein Foto von der Karte, schickte es an ihre Schwester Meg und schrieb: »Du glaubst nicht, was passiert ist.«

»Und Meg antwortete nur: ›Okay, ich werde Mom bitten, auch mir eine Königin der Herzen zu schicken.‹«

Zurück in New York, blieb Meg wachsam und wartete auf ein Zeichen der Königin der Herzen. Aber eine Woche verging, ohne dass sich die Glückskarte zeigte. Meg hatte ihre Bitte schon fast vergessen, als sie eines Morgens sehr früh in ihr Büro kam – früher als sonst. Sie saß an ihrem Schreibtisch und bereitete sich auf den Tag vor, als sie in einem anderen Büro jemanden drei Wörter rufen hörte.

Die drei Wörter lauteten: »Königin der Herzen.«

Meg sprang auf und lief in das Büro ein paar Türen weiter. Dort saßen zwei Frauen, und Meg fragte, welche von ihnen gerade »Königin der Herzen« gerufen habe. Die Frau hinter dem Schreibtisch sagte, sie sei es gewesen.

»Warum hast du das gesagt?«, fragte Meg.

»Oh, ich habe gerade versucht, mich für meine Freundin Nancy hier an den Namen dieses Modegeschäfts zu erinnern. Ich konnte ihn mir einfach nicht merken, und dann fiel er mir endlich ein«, sagte sie. »Er hieß ›Königin der Herzen‹.«

Und ihre Freundin hieß auch noch Nancy!

Danach wollten auch andere Familienmitglieder ihr Zeichen von Nancy haben. Die Königin der Herzen wurde ihre gemeinsame Sprache, um mit ihr in Kontakt zu treten.

»Meine Schwester Kim kaufte in einem Antiquitätenladen ein – etwas, was unsere Mutter sehr gern mit uns tat«, erzählt Nancy. »Sie wollte gerade den Laden verlassen, als sie auf einem Sekretär eine einzelne Spielkarte entdeckte: die Königin der Herzen.«

Kim schickte sofort eine SMS an Nancy: »Ich habe mein Herz!« Kurz darauf fuhr Kims Tochter Ali zu ihrer Klientin und wurde dort einer Frau vorgestellt, die ein großes, strahlendes Tattoo der Königin der Herzen auf ihrer linken Schulter trug.

»Ich habe mein Herz!«, textete sie an ihre Tanten. Dann besuchte Nancys Tante Sue eine Broadway-Show. Sie saß nah an der Bühne. Und während sie darauf wartete, dass sich der Vorhang hob, bemerkte Sue eine Spielkarte, die in die untere Ecke des Vorhangs eingenäht war. Es war der einzige eingenähte Gegenstand und schien völlig zufällig gewählt. Es war die Königin der Herzen. »Ich habe mein Herz!«, sagte sie zu allen. Das wiederholte sich mehrmals. Auf dem Weg zur Beerdigung ihrer Mutter entdeckte Nancy in einem Hinterhof am Straßenrand ein Rennboot. Sein Name: Königin der Herzen. Dann sah sie ihr Zeichen auf einer Glückwunschkarte. Anschließend auf einem Gemälde. Als Anzeige in einer Zeitschrift. Immer die Königin der Herzen.

»Ich kann nachvollziehen, dass manche Menschen sagen, dies sei alles Zufall«, sagt Nancy. »Ich würde sagen: Das sind ganz schön viele Zufälle, oder?«

Zwei Monate nach dem Tod ihrer Mutter kontaktierte mich Nancy und bat mich, für sie, ihren Vater und ihre Schwester Meg an Megs Geburtstag ein Reading zu halten. Ursprünglich wollte ich an diesem Tag an einer Veranstaltung teilnehmen, aber in letzter Minute wurde die Veranstaltung abgesagt, und ich konnte die Lesung machen. Ich hatte sogar das Gefühl, dazu hingezogen worden zu sein. Als ich mit Meg, Nancy und ihrem Vater zusammensaß, erzählte ich ihnen, wie stark und mächtig Nancys Mutter auf der anderen Seite war.

»Sie bewirkt dort wirklich etwas«, sagte ich. »Ich kann gar nicht glauben, wie stark sie ist.«

Obwohl Nancys Mutter erst vor zwei Monaten gestorben war, war sie bereits ein Profi im Senden von Zeichen und Botschaften. Sie teilte mir sofort mit, was sie benutzt hatte, um mit ihren Lieben auf der Erde in Kontakt zu treten.

»Ich sehe, dass sie euch allen ein großes Herz schickt«, sagte ich. »Herzen, Herzen, Herzen.«

»Als ich das hörte, sagte ich nur: ›Wow!‹«, erinnert sich Nancy. »Wir wussten ja schon, dass wir Herzen von meiner Mutter bekommen. Deshalb war es toll, dass sie es bestätigte. Sogar mein Vater war beeindruckt.«

Nancys Vater war der Skeptiker im Bunde. Kenny war Internist und dachte eher wissenschaftlich. Er glaubte nicht, dass die Familie mit seiner Frau in Kontakt treten konnte. Doch je mehr er davon hörte, dass seine Töchter »ihre Herzen bekamen«, desto faszinierter war er. Als Nancy ihn fragte, ob er an Megs Lesung teilnehmen wolle, erwartete sie, dass er Nein sagen würde. Und war freudig überrascht, als er zusagte. »Jedes Mal, wenn wir ihm von all den Königinnen der Herzen erzählten, sagte er so etwas wie ›Ihr wollt mich wohl zum Narren halten‹«, sagt Nancy. »Allmählich gab er aber nach.«

Nancy war der Meinung, dass ihr Vater ein Zeichen nur für sich brauchte.

Kennys 86. Geburtstag fiel auf den St. Patrick's Day, wenige Wochen nach dem Tod seiner Frau. Die ganze Familie kam zusammen, um ihn mit Kuchen, Karten und Geschenken zu feiern. Am nächsten Morgen kam Nancy in die Küche und sah ihren Vater am Tisch sitzen und lesen. In der Küche war nichts zu hören außer einer leisen Musik. Sie versuchte herauszufinden, woher er kam, aber irgendwie konnte sie ihn nicht orten. Es klang, als würde jemand »Happy Birthday« singen – fast wie eine dieser Grußkarten mit Musikchip.

»Dad, hörst du das?«, fragte sie.

»Was höre ich?«, fragte er. Nancy wusste, dass das Gehör ihres Vaters nicht das beste war. Also überging sie das Thema. Ein paar Minuten später kam Stu, ihr Mann, in die Küche. »Was ist das für ein Lied?«, fragte er.

Kim kam herein und hörte es auch, aber niemand konnte herausfinden, woher es kam, noch konnte Nancys Vater es hören.

Schließlich beschlossen sie, die Quelle des leisen, mysteriösen »Happy-Birthday«-Gesangs ausfindig zu machen. Sie zogen jede Schublade auf und öffneten jeden Schrank. Sie öffneten den Backofen und den Kühlschrank. Am Ende machte jemand den Schrank unter der Spüle auf.

»Plötzlich wurde der Gesang lauter«, erzählt Nancy. »Und mein Vater sagte: ›Oh, *jetzt* kann ich es hören.‹ Und kurz darauf hörte die Musik auf.«

Nancy und ihre Schwester zogen den Mülleimer heraus und suchten nach der Grußkarte. Aber sie war nicht im Müll. Sie war auch sonst nirgendwo im Unterschrank. »Wir haben jeden Briefumschlag im Müll durchsucht, jedes Stück Einwickelpapier, alles«, sagt Nancy. »Schließlich gaben wir auf. Wir haben nie herausgefunden, wo die Musik herkam.«

Das heißt aber nicht, dass sie nicht wussten, *warum* sie das gehört hatten …

»Sobald mein Vater sie endlich vernommen hatte, hörte sie auf, und da wusste ich«, sagt Nancy, »dass es meine Mutter war, die ihm ›Happy Birthday‹ gesungen hatte. Sie wollte, dass er es hört, und schließlich hat er es gehört. Es war ihr besonderes Zeichen für ihn.«

Die Familie sieht immer noch überall Herzen. Das Herz im Milchschaum auf einer Tasse Cappuccino. Der herzförmige Klöppel in einer Deckenglocke. Die herzförmige Gravur über dem Eingang einer alten Kirche in Barcelona, wo Nancy und ihr Mann kürzlich waren. Die herzförmigen Heliumballons, von denen jeder der zwölf Touristen einen an Nancys Tisch im Straßencafé vorbeibrachte.

»In letzter Minute haben wir uns entschieden, auf unserer Reise nach Barcelona in einem ganz bestimmten Hotel zu übernachten«, erzählt Nancy. »Es war das Hotel, in dem meine Mutter und mein Vater 2008 übernachtet hatten. Und als wir dort ankamen, fiel mir sofort etwas im Fenster an der Fassade auf.« Dort war unübersehbar eine Sammlung von bunten Metallherzen rund um den Namen des Hotels aufgereiht. »Ich fragte den Portier: ›Was haben all diese Herzen zu bedeuten?‹ Und er sagte: ›Ich habe keine Ahnung. Sie sind gestern gekommen, und jemand hat sie dort aufgehängt.‹ All diese Herzen kamen also gerade rechtzeitig für meinen Besuch.«

Für Nancy sind die Herzen Teil des wunderbaren Vokabulars, das ihre Mutter benutzt, um in Kontakt mit der Familie zu bleiben, die sie so sehr liebt. Sie sind ihre gemeinsame Geheimsprache.

»Ich habe keinen Zweifel daran, dass meine Mutter immer bei uns ist«, sagt Nancy. »Immer, *immer* da. Und wenn ich einen schlechten Tag habe, wenn ich sie wirklich vermisse und denke, ich brauche sie ein bisschen mehr um mich herum, dann sage ich: ›Mom, ich brauche ein weiteres Zeichen von dir.‹ Und dann sehe ich irgendwo ein Herz. Sie fehlt mir immer noch jeden Tag. Aber zu wissen, dass sie nach wie vor bei uns ist, ist ein großer Trost für mich.«

Auch ihr Vater ist inzwischen voll an Bord und sucht weiter nach Zeichen von der Frau, mit der er sein Leben verbracht hat. Und er weiß diese Zeichen zu schätzen.

»Das größte Geschenk, das meine Mutter ihm gemacht hat, war, ihm zu sagen, dass der Tod nicht das Ende ist«, sagt Nancy. »Jetzt glaubt er daran. Er hat verstanden, dass auf der anderen Seite etwas sehr, sehr Schönes auf uns wartet.«

8

Kolibris und Licht

Wer findet es nicht schön, wenn er die Gelegenheit hat, Kolibris zu beobachten? Für mich sind sie erstaunliche Geschöpfe, auch wenn ich sie nicht sehr oft zu Gesicht bekomme. Fast nie, wenn ich darüber nachdenke. Aber falls ich einen sehe, bewundere ich ihn einfach. Ich frage mich, wie etwas so Winziges so viel Glück und Freude bringen kann. Die größten Kolibris wiegen 24 Gramm, die kleinsten zirka 1,6 Gramm.

Aber in diesen winzigen »Paketen« steckt ein großer Zauber. Wusstest du, dass es Kolibris schon seit über vierzig Millionen Jahren gibt? Und dass das Herz eines Kolibris mehr als 1200-mal pro Minute schlägt? Das sind ungefähr zwanzig Herzschläge pro *Sekunde*! Die winzigen Flügel eines Kolibris können bis zu neunzigmal in der Sekunde schlagen! Diese vielen Flügelschläge machen den Kolibri zum einzigen Vogel, der sich sehr lange an einem Punkt in der Luft aufhalten kann. Deshalb haben wir, wenn wir einen Kolibri entdecken, oft einen guten Blick auf ihn – und weil Kolibris gern anhalten, Hallo sagen und eine Weile bleiben.

Vielleicht spielen Kolibris deshalb in der Symbolik vieler Kulturen eine so wichtige Rolle. Für die Ureinwohner Nordamerikas zum Beispiel sind sie Heiler und Helfer, die denen, die sie besuchen, Glück und Liebe bringen. Die Azteken glaubten, dass Kolibris im Auftrag der Götter Aufgaben erledigen, die außergewöhnliche Leichtigkeit erfordern, beispielsweise Segen von einer Person zur anderen zu übermitteln. »Kolibris tragen die Gedanken der Menschen von hier nach da«, heißt es in einem alten aztekischen Sprichwort. »Wenn jemand Gutes für dich im Sinn hat, trägt der Kolibri diesen Wunsch bis zu dir.«

Meiner Erfahrung nach haben Kolibris all diese Rollen gespielt – Helfer, Heiler, Boten, Liebesüberbringer –, aber mit einer Wendung: Diese besonderen Geschöpfe sind oft Boten von der anderen Seite.

Priya Khokhar war eine von vier Töchtern des Mannes, den sie liebevoll »Abba« nannte – Urdu für »Vater«. Shahid, ihr Vater, hatte einen großen Einfluss auf alle seine Kinder. »Er war einfach eine ernst zu nehmende Größe«, sagt Priya über Shahid, der als Landschaftsgestalter arbeitete. »Eine sehr starke Persönlichkeit, immer federführend. Er war auch sehr kreativ und unterstützend. In Pakistan möchten viele Väter ihre Töchter mit 21 oder 22 Jahren verheiratet sehen, aber mein Vater hat uns nie als minderwertig betrachtet oder ungleich behandelt. Er hat uns zu offenem Denken und Unabhängigkeit erzogen. Er hat nie gesagt: ›Du kannst das nicht‹, sondern immer: ›Du kannst das und noch viel mehr.‹«

Nach dem College zog Priya in die USA, um in der Technologiebranche zu arbeiten. Ihre Schwester Natasha lebte in der Nähe an der Ostküste, und die beiden sprachen fast jeden Tag miteinander. Eines Tages bekam Priya unerwarteten Besuch von Natasha und ihrem Mann John.

»John schaute mich an und sagte: ›Auf Abba wurde geschossen‹«, erinnert sich Priya. »Ich konnte kaum verstehen, was er meinte.«

»Geht es ihm gut?«, fragte Priya.

»Nein«, sagte John. »Es geht ihm nicht gut.«

Shahid war außerhalb seines Hauses in Pakistan vor den Augen seiner Frau erschossen worden.

»Pakistan ist ein sehr gewalttätiges Land«, sagt Priya. »Es gibt viel Kriminalität, Familienstreitigkeiten, Politik, böses Blut. In unserer Familie gab es im Laufe der Jahre immer wieder Rechtsstreitigkeiten und alle möglichen Dramen, daher trug mein Vater immer eine Schusswaffe bei sich. Aber an diesem Morgen ging er zum ersten Mal seit vierzig Jahren unbewaffnet aus dem Haus. Ein schwarz gekleideter Mann kam einfach auf ihn zu und erschoss ihn.«

Die Schwestern waren geschockt. Das schien unmöglich.

»Ich wollte nur eines: zurück nach Pakistan fliegen, um ihn noch vor der Beerdigung zu sehen«, sagt Priya. »Aber nach muslimischem Glauben finden Beerdigungen sehr schnell statt. Das ging also nicht. Ich flog trotzdem nach Hause und blieb zwei Monate. Ich habe nicht geweint und es nicht wirklich verarbeitet. Zurück in den USA, hatte ich einen Zusammenbruch. Ich ließ mich beurlauben und kam einen Monat lang nicht aus dem Bett.«

An Shahids Geburtstag kamen Priya und ihre Familie zusammen, um mit einem Glas Johnnie Walker Black, ein Eiswürfel – dem Lieblingsdrink ihres Vaters –, in Erinnerung an ihn anzustoßen. »Wir gingen auch zu Costco, um Blumen zu kaufen, die er geliebt hatte, und einen von diesen Ein-Dollar-Costco-Hotdogs zu essen, die er auch so mochte«, sagte Priya. »Das war unser Ritual, und so hielten wir ihn lebendig: indem wir uns an ihn erinnerten, Geschichten erzählten und lachten.«

Dennoch lastete die Abwesenheit ihres Vaters schwer auf ihr, vor allem als sie sich mit Dave, einen Kollegen, zu verabreden begann und die beiden schließlich heiraten wollten. »Ich hatte einfach all diese Momente, in denen ich dachte: *Was würde Abba dazu sagen?*«, sagt Priya. »Was ich wollte, war die Bestätigung meines Vaters, so wie er sie mir immer gegeben hatte.«

Ich bin weitläufig mit Priya verwandt. Ihre Schwester Natasha ist mit meinem Bruder John verheiratet. Als Priyas Mutter zu Besuch kam, bot ich ihr an, ein Reading für sie zu machen. Am Morgen vor der Lesung schreckte mich um fünf Uhr etwas aus dem Schlaf. Etwas *Starkes*. Es war Shahid, der es kaum erwarten konnte, seine Familie zu treffen. »Dein Mann hat eine wirklich starke Persönlichkeit«, sagte ich zu Priyas Mutter, als wir später an diesem Tag unser Reading machten. »Er hat mich den ganzen Morgen bedrängt.«

Shahid war sehr deutlich in dem, was er seiner Familie übermitteln wollte. Er wolle sie wissen lassen, dass er keinen Schmerz empfunden habe, als er gestorben sei, dass alles sehr schnell gegangen sei, dass er sehr müde gewesen sei und dass er – obwohl es ihm von ganzem Herzen leidtue, seine Familie verlassen zu müssen – an einem guten Ort sei, umgeben von Menschen, die ihn liebten. Er war *glücklich*. Shahids Nichte war früh verstorben, und Shahid war nun mit ihr auf der anderen Seite vereint.

Das zu hören, war ein großer Trost für seine Frau. Priya selbst war skeptischer. »Ich schätze, ich bin nicht so ein spiritueller Mensch«, sagt sie. »Ich dachte nicht, dass wir mit der anderen Seite in Kontakt treten könnten.«

Priya hat mich nie um ein Reading gebeten, und ich habe ihr auch nie eins gegeben, aber ihre Familie war so nett, mich zu ihrer Hochzeit einzuladen. Sie wurde im verwunschenen Rosengarten eines wunderschönen alten Herrenhauses in Fremont, Kalifornien, gefeiert – an einem Tag, an dem der Mond besonders blutrot schien.

Kurz vor Beginn der Zeremonie kam Priyas Mutter zu mir. Sie sei sehr glücklich für Priya, sagte sie, aber sie fühle auch eine gewisse Schwere, weil Priyas Vater nicht da sei.

»Ich vermisse ihn so sehr«, sagte sie. »Es ist einfach so traurig.«

Dann senkte sie ihre Stimme und fragte mich: »Ist er da?«

Und *wumms* – drückte sich seine Energie mit aller Macht auf meinen »Bildschirm«.

Ich teilte ihr mit, dass Shahid definitiv da sei. Und nicht nur das, er sagte mir auch, dass er seine Anwesenheit während der Zeremonie bekanntgeben würde. »Er lässt mich nicht wissen, wie«, sagte ich, »doch er ist so aufgeregt, denn er sagt, er werde eine Show abziehen. Aber es soll eine Überraschung sein.«

Priyas Mutter war die freudige Erwartung anzusehen. Um ehrlich zu sein, auch ich war gespannt, was Shahid für uns geplant hatte. Einige Gäste hatten mein Gespräch mit Priyas Mutter mitbekommen, und bald sprach es sich herum: Shahid hatte eine Hochzeitsüberraschung für uns. Atemlos warteten wir auf den Beginn der Show.

Die Zeremonie selbst fand bei bedecktem Himmel statt. Ein Imam leitete sie. In seiner Predigt sprach er über die islamische Vorstellung vom Leben nach dem Tod und verglich es mit einem Kegel. Wenn man viele Verbindungen geknüpft und Licht in viele Leben gebracht habe, werde man im Jenseits an der Spitze des Kegels sein, wo das meiste Licht ankommt. Er sprach über die intensive Verbindung zwischen Priya und Dave. Er sagte, sie seien Lichtstrahlen, die vor diesem Leben eine Verbindung eingegangen seien, es in diesem Leben wieder taten und im Leben nach dem Tod erneut zusammen sein würden.

Als ich den Imam sprechen hörte, war ich tief beeindruckt davon, wie sehr seine Worte mit den Lektionen übereinstimmten, die ich von der anderen Seite gelernt hatte: das, was ich »das Licht zwischen uns« nenne, die strahlenden Lichtschnüre, die uns verbinden. Die Überzeugung, dass wir alle Lichtkörper sind, die durch Zeit und Raum reisen, die Welten umspannen, die auf ewig miteinander und mit einer riesigen höheren Energiequelle verbunden sind.

Während der Imam sprach, standen sich Priya und Dave gegenüber und hielten sich an den Händen. Plötzlich rissen die Wolken am Himmel auf, und die Sonnenstrahlen brachen durch. »Ich habe es gespürt, bevor ich es gesehen habe. Ich fühlte die Wärme auf meiner Haut«, erinnert sich Dave. »Ich schaute nach oben und sah einen einzelnen Lichtstrahl, der direkt auf Priya schien. Alles an ihr funkelte, während die ganze Umgebung dunkel war.«

Das stimmt. Der Sonnenstrahl landete auf Priya und sonst niemandem. Fotos, die von diesem Teil der Zeremonie gemacht wurden, beweisen es. Alles war dunkel und im Schatten, außer Priya. Sie strahlte. »Ich spürte, wie sich die Sonne veränderte, und dann wurde mir klar, dass sie genau auf mich schien«, sagt Priya. »Zuerst habe ich dem keine Bedeutung beigemessen. Aber das war nur das erste Erstaunliche, das geschah.«

Nur wenige Augenblicke später – Priya und Dave sahen sich immer noch in die Augen – stockte einigen Gästen der Atem. Zunächst hatte ich keine Ahnung, was los war, aber dann sah ich es auch: In der Luft über Priyas und Daves Standort, vielleicht 15 Zentimeter über ihren Köpfen, tanzte und flatterte ein wunderschöner Kolibri, der schließlich stehen blieb und in der warmen Luft zu schweben schien – als bliebe dies so für die Ewigkeit.

Das Auftauchen des Kolibris während der Zeremonie, genau in dem Moment, als Priya und Dave verheiratet wurden, und die Art und Weise, wie er dort in der Luft stand – beobachtend, wartend, das Paar segnend. Wie konnte das kein Zeichen sein?

»Ich fing an zu weinen«, erinnert sich Priya. »In diesem Moment traf es mich wie ein Blitz: Mein Vater ist hier. Ich konnte ihn spüren. Er ist jetzt hier bei mir. Und der Kolibri, der genau in diesem Moment auftauchte? Das kann man ›Zufall‹ nennen. Aber für mich war das kein Zufall. Es war mein Vater, der mir sagte: ›Ich liebe dich. Ich bin hier.‹«

Seit diesem bemerkenswerten Tag haben Priya und Dave – vor allem Dave – überall Kolibris gesehen. »Es vergehen keine zwei Tage, ohne dass ich einen sehe«, sagt Dave. »Am Tag nach der Hochzeit habe ich bemerkt, dass ein Kolibri direkt auf mich zugeflogen kam und mich zwei oder drei Sekunden lang ansah. Dann flog er wieder weg. Ich kann mich nicht erinnern, dass mir so etwas schon mal passiert ist.«

So wurden Kolibris zu Zeichen Shahids für seine Tochter und ihren Mann. Es ist seine Art, sie wissen zu lassen, dass er auf sie aufpasst. »Ich sehe sie die ganze Zeit«, sagt Dave, »auf Bäumen, in Büschen, auf Bänken, auf dem Gang hinter meinem Apartment, überall. Sie sind ein wichtiger Teil meines Lebens geworden. Die Leute haben schon genug von meinen Geschichten über sie.«

»Es ist schon fast zum Running Gag zwischen uns geworden«, sagt Priya. »Wenn wir Kolibris sahen, wussten wir, dass mein Vater Dave überprüfte, um sicherzugehen, dass er ihn gutheißen könne.« Und Dave ist nicht der Einzige, der sie sieht. Eines Tages ging Dave Arm in Arm mit Priyas Mutter spazieren, als ein Kolibri direkt vor ihnen aufflog und für einige Augenblicke dort in der Luft stand.

»Das ist er«, sagte Priyas Mutter. »Das ist Shahid, er zeigt uns, dass er bei uns ist.«

Als Dave und Priya nach einem neuen Zuhause suchten, schauten sie sich ein Haus an, das neben dem von Natasha und John zum Verkauf stand. Die Nachbarschaft war gut, aber Priya und Dave mochten das Haus nicht. Dann ging Dave auf den Balkon, und ein Kolibri flog direkt vor sein Gesicht und blieb dort fünf Sekunden lang.

Zähle fünf Sekunden ab. Das ist länger, als du denkst. Dave rannte hinein und sagte zu Priya: »Das ist ein Zeichen. Wir müssen dieses Haus kaufen.«

Sie mussten den Makler wechseln, mit Finanzen jonglieren und alle möglichen Hindernisse überwinden, aber am Ende haben sie das Haus gekauft und sind sehr glücklich darüber.

»Wir sind so nah bei meiner Schwester und ihrer Familie«, sagt Priya. »Mein Vater hätte gewollt, dass wir zusammen sind. Familie war das Wichtigste für ihn. Er hat immer gesagt: ›Eine Familie hält zusammen.‹ Deshalb hat er dafür gesorgt, dass wir dieses Haus bekommen.«

Vor Kurzem waren Priya und Dave beim Burning Man, dem jährlichen neuntägigen Festival in der Black-Rock-Wüste in Nevada. Sie saßen mit etwa zehn Freunden auf ihrem Campingplatz, als das Gespräch auf ihre Hochzeit kam. »Wir erzählten ihnen von dem Kolibri, dass wir überall Kolibris sehen würden, und jemand meinte, wie schön es wäre, an diesem Tag einen Kolibri zu sehen.«

Aber sie waren mitten in der Wüste. »Es gab weder Bäume noch Sträucher. Wir hatten keine Chance, einem Kolibri zu begegnen.«

Die Gruppe schwang sich auf ihre Fahrräder und fuhr die kurze Strecke zu einem nahe gelegenen Zeltlager, dem Skinny Kitty Teahouse. »Ich ging zum Tresen und bat um etwas Tee«, sagt Priya. »Dann schaute ich mich um und schrie laut auf.« Der Rest der Gruppe kam und wollte wissen, warum Priya so schrie.

»Ich konnte es nicht glauben«, sagt Dave. »Überall im Camp gab es diese Tierpräparate, und genau dort auf dem Tresen stand ein kleiner ausgestopfter Kolibri. Alle dachten: *Wow, das ist irre.* Und es war irre. Immerhin hatten wir mitten in der Wüste einen Kolibri gefunden.«

Dave kann verstehen, dass der ein oder andere von all diesen Kolibris nicht so beeindruckt ist wie er. »Ich bin es gewohnt, dass die Leute manchmal die Augen verdrehen, wenn ich ihnen meine Geschichten erzähle«, sagt er. Aber diese Skepsis stört ihn nicht.

»Ich kann nicht mit Leuten streiten, die sagen, das sei Zufall. Ich weiß nur, dass mir die Kolibris so viel bedeuten. Wenn mir Leute sagen, dass sie nicht an so etwas glauben, dann denke ich immer: *Okay, aber wenn du nicht mal ein bisschen offen dafür bist, könnte es sein, dass du etwas wirklich Erstaunliches verpasst.*«

Für Priya sind die winzigen flatternden Geschöpfe zu einem wichtigen Teil ihres Lebens geworden. »Du magst sagen, dass es Zufall ist, aber für mich ist es kein Zufall«, sagt sie. »Es ist mein Vater, der mich wissen lässt, dass er bei mir ist und auf mich aufpasst. Und das gibt mir so viel Trost. Menschen, die sich nicht so sicher sind, würde ich sagen: ›Bleibt offen für die Möglichkeit. Bleibt offen für eure Lieben. Im Universum passiert viel mehr, als wir wissen.‹«

Der Tod beendet ein Leben,
nicht eine Beziehung.

Mitch Albom: »Tuesdays with Morrie«

9

Giraffen, Eiffeltürme und ein Lied über Katzen

Als kleiner Junge war Alexander seltsam neugierig auf das, was nach unserem Tod passieren würde. »Es war eine eigentümliche Beschäftigung für einen Achtjährigen, beim Basketballspielen darüber nachzudenken, wohin man kommt, wenn man stirbt«, sagt er. »Und doch habe ich genau das getan. Ich habe viel darüber nachgedacht. Ich bin mit der Angst vor dem Tod aufgewachsen – mit der Angst, meine Eltern zu verlieren, und mit der Angst, nicht mehr mit meinem Vater Basketball spielen zu können.«

Über die Jahre trug er diese eigentümliche Obsession mit sich herum. Er las Bücher über das Leben nach dem Tod und über Nahtoderfahrungen. Er verstand nie wirklich, warum er sich so intensiv für den Tod und das Sterben interessierte, doch dann, im Jahr 2013, wurde es plötzlich klar.

»Wenn man sich den Bogen meines Lebens anschaut, war es, als hätte mich das Universum von Kindheit an auf das vorbereitet, was 2013 geschah«, sagt Alexander. »Es war das dunkelste Jahr meines Lebens.«

Alexander ist bei den liebevollsten und fürsorglichsten Eltern aufgewachsen, die man sich nur wünschen kann. »Meine Mutter war mein Herz«, sagt er. »Sie war eine außergewöhnliche, selbstlose Person, und sie hatte eine unglaubliche Lust auf das Leben und eine Leidenschaft fürs Lernen.« Sein Vater, ein sehr erfolgreicher Geschäftsmann, war sein Mentor und sein bester Freund. »Ich habe jeden Tag viel mit ihm gesprochen«, sagt Alexander. »Er war ein großer Teil meines Lebens.«

Alexander studierte Jura, wusste aber schon damals, dass er seinem Vater in die Wirtschaft folgen wollte. So wurde auch Alexander ein erfolgreicher Geschäftsmann – auf Schritt und Tritt von seinen Eltern inspiriert. Als er Anfang 2013 heiratete, führten ihn seine Mutter und sein Vater zum Altar.

Ein paar Monate später rief Alexander seine Mutter an, um ihr gute Nacht zu sagen. »Wir hatten uns für den nächsten Tag verabredet«, sagt er. »Ich erinnere mich, dass sie nicht gut klang, aber ich dachte nicht, dass es etwas Ernstes sein könnte. Am nächsten Tag erlitt sie einen schweren Schlaganfall und fiel ins Koma.«

Zehn Tage nach ihrer Einlieferung ins Krankenhaus erwachte seine Mutter immer nur für wenige Stunden aus dem Koma, um dann wieder in einen minimalen Bewusstseinszustand zu verfallen. Sie starb fünf Monate später.

In den folgenden Monaten versuchten Alexander und seine Frau vergeblich, schwanger zu werden. Nach ein paar Monaten begannen sie eine Fruchtbarkeitsbehandlung. An dem Tag, an dem sie eigentlich zum Flughafen fahren wollten, um das Wochenende mit Alexanders Vater am Strand zu verbringen, mussten sie wegen des Ablaufplans der In-vitro-Fertilisation (IVF) alles absagen. »Ich rief ihn an und sagte ihm, es täte mir leid, aber wir würden nicht kommen, weil wir versuchen wollten, ihm ein Enkelkind zu schenken«, sagt Alexander.

An diesem Abend klingelte um 22:30 Uhr das Telefon. Es war der Assistent seines Vaters, der anrief, um ihm mitzuteilen, dass das Flugzeug, mit dem sein Vater geflogen war, abgestürzt war. Sein Vater war tot.

»Meine Frau und ich wären auch in diesem Flugzeug gewesen«, sagt er. »Und jetzt war mein Vater tot.«

Die Nachricht zwang ihn in die Knie. »Es war niederschmetternd«, sagt er. »Es hat mich zerstört. Es hat jede Faser meines Seins zerstört. Nichts ergab mehr einen Sinn, und ich weinte mich jede Nacht in den Schlaf. Es war ein unglaublicher Schmerz.«

Ein enger Freund stellte den Kontakt zwischen mir und ihm her – in der Hoffnung, ein Reading würde ihm ein wenig Trost spenden. Der Freund hielt alle Informationen über Alexander zurück und gab mir nur den *falschen* Anfangsbuchstaben seines Vornamens. Ich vermute, das war ein Test, den ich bestehen musste, um Alexanders Skepsis zu überwinden.

Meine Lesung mit Alexander war außergewöhnlich. Seine Lieben auf der anderen Seite müssen gewusst haben, dass er sehr viel Bestätigung brauchte, bevor er davon überzeugt war, mit seinen Eltern in Kontakt zu sein.

Sein Vater kam zuerst. Er erzählte mir, wie er auf die andere Seite gekommen war, und nannte mir die Vornamen der Menschen, die mit ihm im Flugzeug umgekommen waren. Sein Vater ließ mich wissen, dass er nicht nur eine Beerdigung gehabt hatte, sondern zwei. Er nannte mir sogar den Namen eines politischen Würdenträgers, der bei der Beerdigung eine Rede gehalten hatte. Doch Alexander brauchte noch etwas mehr Bestätigung.

In den folgenden Monaten sprachen wir immer wieder untereinander und schrieben uns Textnachrichten. In einem unserer Gespräche bat mich Alexander um ein ganz bestimmtes Zeichen von seinem Vater.

»Wir hatten ein Lied«, sagt Alexander. »Es war unser Song. Vielleicht fünf Menschen auf der Welt wussten, dass wir dieses Lied gemeinsam hatten: meine Frau, meine Schwester, zwei Menschen, die verstorben sind, und ich. Noch nicht einmal mein bester Freund wusste es. Ich bat also meinen Vater, Laura den

Text dieses Songs zu schicken. Das wäre ein Zeichen, dass er bei mir war.«

Alexander bat mich, mich wieder zu melden, wenn ich den Text erhalten hätte.

Wochen vergingen, Monate, und nichts geschah. Kein Song kam zu mir. Alexanders Vater kam mehrmals durch, auch in Readings, die ich mit anderen Klienten machte, von denen ich nicht einmal wusste, dass er sie gekannt hatte, zumindest bis er in ihren Readings auftauchte. Er brach immer direkt durch, als hätte er einen VIP-Status. Meine geistigen Führer – oder, ich schätze mal, meine Geist-»Türsteher« – konnten ihn anscheinend nicht draußen halten.

Er kam zu mir, wann immer er wollte. Er war eine so kraftvolle, schöne Präsenz. Es war, als wäre er ein Teil meines Lebens geworden. Ich erzählte Alexander davon, wenn sein Vater mich besucht hatte, und er freute sich, von diesem willkommenen Eindringling zu hören, aber dennoch: kein Song.

Eines Abends gingen Alexander und seine Frau nach einem anstrengenden Tag zum Essen in ein mexikanisches Restaurant. Zufällig schickte ich ihnen, während sie beim Essen saßen, eine SMS, denn ich hatte eine ermutigende Nachricht von seinem Vater erhalten, die ich an seinen Sohn weiterleiten sollte. Alexander las den Text, lächelte und reichte das Handy seiner Frau.

Sie las den Text und fing an zu weinen: »Hast du das gesehen?«, fragte sie.

»Was gesehen?«

Als Alexander den Text zum ersten Mal sah, hatte er nur die ersten Zeilen gelesen. Es war ein langer Text. Der Teil, den er sehen konnte, endete mit einem Pfeil, der den Rest des Textes auf seinem Handy sichtbar machen sollte. Er hatte also nur den oberen Teil des Textes gelesen und den Pfeil übersehen. Seine Frau aber hatte alles gelesen. Es war der Text von »Cat's in the Cradle«

von Harry Chapin – der gemeinsame Song von Alexander und seinem Vater!

In dieser Nacht hatte ich kurz vor dem Einschlafen Alexanders Vater um mich gespürt, und der Text des Songs ging mir durch den Kopf. Ich googelte ihn und kopierte ihn in eine SMS an Alexander. Seitdem ist der Song für Alexander ein Zeichen, dass sein Vater da ist.

Eines Tages, als Alexander ein wichtiges geschäftliches Meeting hatte, traf er in einem Coffeeshop drei Leute, die er noch nie zuvor gesehen hatte. Auf dem Weg dorthin war er angespannt. Als er den Shop betrat, kam ihm der Gedanke, dass er vor dem Meeting gern mit seinem Vater gesprochen hätte.

Genau in diesem Moment ertönte »Cat's in the Cradle« aus den Lautsprechern des Coffeeshops. Der Song kam genau dann, als er ihn hören musste. Alexander senkte den Kopf, weil ihm die Tränen in die Augen stiegen. Er entschuldigte sich, ging auf die Toilette und weinte.

»Es war einfach ein so schöner Moment der Verbundenheit mit meinem Vater«, sagt er. »Es war mein Vater, der mich wissen lassen wollte, dass ich das Richtige tat, dass ich einen großartigen Job machte und dass er da war, um über mich zu wachen.«

Alexanders Projektion seines Bedürfnisses nach väterlicher Unterstützung und die sofortige Reaktion seines Vaters – genau den richtigen Song zu genau der richtigen Zeit zu spielen – ist *exakt* die Art und Weise, wie die geheime Sprache des Universums funktioniert.

Nach dem Tod seiner Mutter hatte Alexander auch für sie ein ganz besonderes Zeichen geschaffen.

»Das Lieblingstier meiner Mutter war die Giraffe«, sagt er. »Sie liebte Giraffen, und wir machten immer Witze über Giraffen. Und die Stadt, die sie auf der ganzen Welt am liebsten mochte, war Paris. Sie sprach fließend Französisch.« Um welches Zeichen bat er also? Eine Giraffe und ein Eiffelturm zusammen. Nicht einzeln, sondern zusammen, gleichzeitig.

Als Alexander mir das erzählte, musste ich lachen. Ich erinnere mich, dass ich dachte, dies sei ein ganz spezielles Zeichen, aber ich wusste auch, dass unsere Lieben auf der anderen Seite zuhören, wenn wir über sie sprechen. Und das Universum hat magische Wege, unsere Zeichen zu uns zu bringen.

Wenig später sollte ich bei jemandem, den ich noch nie zuvor getroffen hatte, ein Gruppen-Reading halten. Kurz vor der Lesung bat ich darum, ins Badezimmer gehen zu dürfen, um mich frisch zu machen. Als ich das Bad betrat, zog etwas an der Wand meine Aufmerksamkeit auf sich. Und in genau diesem Moment spürte ich, wie sich die Energie von Alexanders Mutter auf meinen Bildschirm schob. Ich blickte auf das, was meine Aufmerksamkeit erregt hatte, und beugte mich vor, um es genauer zu betrachten.

War das möglich?

Ja, das war möglich.

Es handelte sich um eine gerahmte Bleistiftzeichnung mit dem Titel »Metamorphosis« (Verwandlung). Auf der linken Seite der Zeichnung war eine Giraffe zu sehen. Auf ihrem Weg von links nach rechts veränderte die Giraffe allmählich ihre Form. Auf der rechten Seite der Zeichnung hatte sich die Giraffe vollständig verwandelt … *und zwar in den Eiffelturm.*

Ich machte ein Foto von der Zeichnung und schickte es sofort an Alexander. »Das war genau das, was ich mir gewünscht hatte«, sagt er. »Und seitdem habe ich Giraffen und Eiffeltürme zusammen auf Grußkarten in Schreibwarenläden, in Spielzeugläden und in einem Geschenkeladen gesehen. Manchmal fühle ich mich regelrecht davon angezogen. Es ist jedes Mal ein magisches Gefühl.«

Wie schon als kleiner Junge verbrachte Alexander viel Zeit damit, darüber nachzudenken, was diese Zeichen zu bedeuten hatten und was sie ihm über das Leben nach dem Tod verrieten.

»Schau, wenn du in dieser physischen Welt lebst, wirst du immer Zweifel haben und skeptisch sein, was das Jenseits angeht«, sagt er. »Du wirst dich immer fragen, ob wir nach dem Tod wirklich weiterexistieren. Ich habe mir genau diese Frage gestellt, seit ich acht Jahre alt war. Vielleicht habe ich deshalb meine Eltern um so viel Bestätigung gebeten. Und sie haben sie mir tatsächlich gegeben. Immer und immer wieder.«

Für ihn gebe »es einfach keine andere Erklärung für den Songtext sowie für die Giraffen und die Eiffeltürme, außer dass meine Mutter und mein Vater so mit mir kommunizieren und mich wissen lassen, dass sie bei mir sind«.

Es vergeht kein Tag, an dem Alexander seine Eltern nicht vermisst, denn das Gefühl des physischen Verlusts ist immer da – egal, wie viele Zeichen wir bekommen. Er spürt die Trauer über ihre Abwesenheit, und sie ist überwältigend. An manchen Tagen holt Alexander ein Paar Schuhe seines Vaters, die er aufgehoben hat (sie hatten die gleiche Schuhgröße), zieht sie an und macht einen langen Spaziergang damit. »Ich gehe dann buchstäblich in seinen Schuhen und denke an all die Fragen, die ich ihm stellen möchte; und die Antworten, die er mir geben will, bilden sich dann einfach in meinem Kopf. So kommuniziere ich mit ihm. Indem ich in seinen Schuhen gehe.«

Heute sieht Alexander Giraffen und Eiffeltürme nicht mehr so oft wie früher, aber ab und zu sieht er sie wiederholt, und dann ist es immer etwas Besonderes.

»Ich habe gelernt, mich auf diese Zeichen zu verlassen, und bin intuitiver geworden«, sagt er. »Ich kann gut verstehen, wie sich Skeptiker fühlen, denn ich war auch mal einer. Aber es gibt viele Dinge über Leben und Tod, die wir nicht verstehen, und heute bin ich offen für alle Möglichkeiten.«

Inzwischen hat das Paar zwei wunderbare kleine Kinder, ein Mädchen, das den Namen von Alexanders Mutter trägt, und einen Jungen, der wie sein Vater heißt. »Ich möchte, dass sie alles über ihre Großeltern erfahren«, sagt Alexander. »Alles, was passiert ist, hat mich gelehrt, dass wir das Beste aus dem Leben machen müssen, das wir auf der Erde haben. Wir müssen unsere Zeit hier in vollen Zügen genießen.«

Seine Erfahrungen, die guten wie die schlechten, und all die bemerkenswerten Zeichen, die er erhalten hat, haben ihn noch etwas anderes gelehrt: »Sie haben mich gelehrt, dass das Universum antwortet, wenn wir Energie ins Universum senden. Und sie haben mich daran glauben lassen, dass meine Mutter und mein Vater noch sehr ›lebendig‹ und jeden Tag sehr nah bei mir sind.«

Etwa sechs Wochen nach seinem Tode erschien mein Vater mir im Traum … Das war ein unvergeßliches Erlebnis und zwang mich zum ersten Mal, über das Leben nach dem Tode nachzudenken.

C. G. Jung

10

Standardzeichen, Träume und Intuition – Einstimmung auf die Geheimsprache

Auch wenn die Idee einer universellen Geheimsprache neu für uns ist, auch wenn wir skeptisch sind, ob eine solche Sprache überhaupt existiert, die andere Seite wendet sie bereits an und hat sie benutzt, um mit uns zu sprechen.

Unsere Lichtteams wollen uns so gern geleiten und uns glücklich sehen, dass sie oft einfach nicht warten können, bis wir eine Zeichensprache entwickelt haben. Sie schicken uns ihre eigenen Signs in der Hoffnung, dass wir sie erkennen und entsprechend reagieren. Sie sind erfinderisch und unermüdlich, und sie werden alles und jeden einsetzen, um unsere Aufmerksamkeit zu erregen. Sie werden es so lange versuchen, bis wir sie nicht mehr ignorieren können. Selbst der größte Skeptiker wird auf ein Zeichen oder ein Ereignis stoßen, das er nicht einfach mit einem Achselzucken abtun kann. Ich will ein Beispiel dafür nennen.

Michael Shermer ist Wissenschaftshistoriker und Gründer von The Skeptics Society, einer Gruppe, die untersucht, was sie als »pseudowissenschaftliche und paranormale Behauptungen« bezeichnet. Fast drei Jahrzehnte lang hat Michael in zahlreichen Vorträgen und Debatten öffentlich die Überzeugung infrage gestellt, dass seltsame und unerklärliche Ereignisse einen Sinn haben. Er hat immer gesagt, dass er nicht an Gott glaubt. Michael ist in jeder Hinsicht ein großer Skeptiker.

Im Juni 2014 heiratete er eine Frau namens Jennifer. Drei Monate vor der Hochzeit ließ Jennifer Kisten mit ihren persönlichen Gegenständen an Michaels Adresse in Kalifornien verschiffen. Viele dieser Kisten enthielten wertvolle Erbstücke ihres geliebten Großvaters Walter. Er war die wichtigste Vaterfigur in ihrem Leben gewesen und starb, als sie sechzehn war. Leider wurden viele dieser Gegenstände während des Transports beschädigt oder gingen verloren.

Eine Kiste kam jedoch völlig intakt an. Sie enthielt Walters Transistorradio Philips 070, Baujahr 1978. Es funktionierte seit Jahrzehnten nicht mehr, aber Michael beschloss, es auseinanderzunehmen und zu versuchen, es wieder zum Leben zu erwecken. Er werkelte stundenlang daran herum, doch das Radio war tot. Also legte er es in die hintere Schublade seines Schlafzimmerschreibtischs und vergaß es völlig.

An ihrem Hochzeitstag drei Monate später vermisste Jennifer ihre Familie in Deutschland sehr. Sie hätte auch gern ihren Großvater dagehabt, der sie ihrem Bräutigam hätte zuführen sollen.

Jennifer war so aufgewühlt, dass Michael sie in ihr Schlafzimmer brachte, damit sie noch einen Moment Ruhe hatte und sich sammeln konnte. Als sie näher kamen, hörten sie Musik aus dem Schlafzimmer. Michael beschrieb den Vorfall später in einem Zeitungsartikel: »Wir haben keine Musikanlage im Schlafzimmer«, schrieb er. »Also suchten wir nach Laptops oder iPhones und öffneten sogar die Hintertür, um zu sehen, ob die Nachbarn Musik spielten.«

Plötzlich wandte sich Jennifer an Michael. »Das kann doch nicht das sein, was ich denke, oder?«, fragte sie.

Sie öffnete die Schreibtischschublade, und die Klänge eines wunderschönen romantischen Liedes erfüllten die Luft. Es kam aus dem alten Transistorradio ihres Großvaters.

»Mein Großvater ist hier bei uns«, sagte sie zu Michael. »Ich bin nicht allein.«

Was Michael besonders interessant fand, war, dass die Musik erst einsetzte, nachdem Jennifer über ihre Einsamkeit gesprochen hatte. Das Radio spielte noch die ganze Nacht weiter, aber am nächsten Tag war es wieder aus und gab keinen Mucks mehr von sich.

»Wäre das jemand anderem passiert«, schrieb Michael später, »hätte ich vielleicht eine zufällige elektrische Anomalie und das Gesetz der großen Zahlen als Erklärung vorgeschlagen. Da Milliarden von Menschen jeden Tag Milliarden von Erfahrungen machen, wird es zwangsläufig eine Handvoll äußerst unwahrscheinlicher Ereignisse geben, die vom Zeitpunkt und von ihrer Bedeutung her hervorstechen.«

Aber dennoch schrieb er: »Die unheimliche Verbindung dieser zutiefst beeindruckenden Ereignisse gab Jennifer das klare Gefühl, dass ihr Großvater anwesend und die Musik sein Geschenk der Zustimmung war. Ich muss zugeben, es hat mich auf den Boden der Tatsachen geholt und meine Skepsis bis ins Mark erschüttert.«

Michaels Anhänger fragen ihn oft, ob er jemals etwas erlebt habe, das er einfach nicht auf logische Weise erklären konnte. Nach Walters besonderem Hochzeitsgeschenk, schrieb Michael: »Meine Antwort lautet: ›Ja, jetzt schon.‹«

Die andere Seite wartet nicht, bis wir völlig offen sind, Zeichen zu empfangen. Unsere Lieben und unsere Geistführer schicken uns Zeichen und Botschaften, wenn wir sie wirklich brauchen, ob wir bereit sind oder nicht. Das heißt, bevor wir unsere eigene Sprache entwickelt haben, wird die andere Seite Standardzeichen verwenden, um zu versuchen, mit uns in Kontakt zu kommen.

STANDARDZEICHEN

Hier sind einige der gebräuchlichsten Zeichen, die von der anderen Seite geschickt werden:

- Vögel und Schmetterlinge,
- Rehe,
- elektrische Störungen (oft in Zusammenhang mit Handys),
- Münzen, die auf dem Weg auftauchen,
- Regenbögen,
- Bilder,
- Werbeslogans,
- Plakate,
- Zeitschriften,
- Nummernschilder,
- Straßenschilder,
- Musik/Lieder,
- Federn,
- Marienkäfer,
- Zahlenreihen.

Es gibt einen Grund, warum die andere Seite diese Dinge als Signs verwendet: Wir erkennen sie leichter, und für die andere Seite sind sie leichter zu manipulieren und uns in den Weg zu stellen.

Die leitende Kraft hinter jedem Zeichen ist Energie. Das Universum besteht aus Materie, und jede Materie ist im Wesentlichen verdichtete Energie. Die andere Seite enthält das Licht und die Energie all unserer Seelen zusammen. Energie ist also die Währung, die uns alle verbindet – das Bindegewebe des gesamten Universums. Sogar Albert Einstein führte die Verbindung zwischen Materie und Energie an, indem er feststellte, »dass Masse und Energie beides nur verschiedene Erscheinungsformen derselben Sache sind – eine für den Durchschnittsverstand etwas ungewohnte Vorstellung«. Unsere Lichtteams auf der anderen Seite können Energiefelder so manipulieren, dass sie sich ideal zum Senden von Signalen eignen.

Ich vermute, sie machen sich dafür das Magnetfeld der Erde zunutze. Dieses Feld ist eine riesige Ansammlung geladener Teilchen, die sich vom Erdinneren bis in die fernsten Weiten des Weltalls erstreckt. Wissenschaftliche Studien haben gezeigt, dass viele Tiere das Magnetfeld der Erde nutzen, um sich zu orientieren und durch die Welt zu navigieren. In einer im *Journal of Experimental Biology* veröffentlichten Studie wurde dieses Phänomen als »GPS der Natur« bezeichnet.

Darüber hinaus erzeugen alle Lebewesen elektromagnetische Energie – eine Energieform, die als elektrische und magnetische Wellen von Gegenständen ausgeht. Tiere können die elektromagnetischen Felder (EMF) anderer Tiere wahrnehmen. Schmetterlinge senden UV-Signale aus. Viele Vögel haben einen eingebauten Kompass, der vom Magnetfeld der Erde gesteuert wird. Und Jäger klagen schon lange über den sechsten Sinn des Rehwilds, denn Rehe und Hirsche sind extrem empfindlich für EMF. Deshalb schickt uns die andere Seite oft Tiere und Insekten als Zeichen, wie in einigen der Geschichten, die du schon gelesen hast.

Sie setzt auch seltsame und unwahrscheinliche elektrische Störungen ein: Handys, die sich merkwürdig verhalten oder unerklärliche SMS und Anrufe empfangen, Glühbirnen, die flackern oder durchbrennen, und defekte Radios, aus denen plötzlich wieder Musik erklingt – um nur einige zu nennen.

Da Münzen aus Metall sind, haben sie auch eine gewisse Leitfähigkeit, die sie zu einem leichten Ziel für die andere Seite macht. Achte auf Münzen, die an ungewöhnlichen Orten und zu ungewöhnlichen Zeiten auftauchen, besonders wenn du an jemanden denkst, den du liebst und der gestorben ist, und wenn du vor einer wichtigen Entscheidung stehst oder einen schlechten Tag hast. Ich habe wie gesagt einmal eine Zehn-Cent-Münze gefunden, die auf ihrer Kante in meinem Trockner stand, und zwar genau in dem Moment, als ich an meinen verstorbenen Vater dachte. Die andere Seite findet einen Weg, unsere Aufmerksamkeit zu erregen. Also interpretierte ich diese ungewöhnlich drapierte Münze als ein Zeichen, als einen Gruß und eine Umarmung von meinem Vater.

Ein weiteres kraftvolles und beliebtes Zeichen ist der Regenbogen. Ein Regenbogen ist im Wesentlichen eine Brechung und Zerstreuung von Lichtenergie, und die andere Seite *liebt* es, mit Lichtenergie zu spielen. Das Erscheinen eines oder sogar eines doppelten Regenbogens zum richtigen Zeitpunkt ist ein Zeichen, das unsere Lichtteams oft wählen.

Dabei ist die andere Seite sehr schlau und einfallsreich. So kann es sein, dass du ein Regenbogenzeichen bekommst, das nichts mit einem echten Regenbogen zu tun hat. Ein Beispiel: Wenn ein Regenbogen eines deiner Signs ist – ein Teil der Geheimsprache, die deine geliebte Person auf der anderen Seite gewählt hat –, entdeckst du vielleicht einen Regenbogenaufkleber auf einem Auto, einen auf eine Papiertüte gedruckten Regenbogen oder einen aufblasbaren Regenbogen über einem Parkplatz. Dasselbe gilt für Tiere. Statt auf ein Reh aus Fleisch und Blut stößt du im genau richtigen Moment vielleicht auf eine Illustration, ein Tattoo oder ein Foto von einem Reh. Hier kommen auch Plakate, Zeitungen und Zeitschriften ins Spiel. Sie können Bilder des Zeichens enthalten und werden dir zu einem Zeitpunkt und auf eine Weise gezeigt, die deutlich macht, dass es sich um Zeichen handelt.

Auch Nummernschilder und Straßenschilder tauchen oft als Zeichen auf. Ich glaube, das liegt daran, dass wir beim Autofahren oft in eine Art Flow-Zustand kommen, in dem wir offener dafür sind. Das ist also ein guter Zeitpunkt für die andere Seite, um uns zu erreichen! Auf ganz ähnliche Weise nutzen unsere Teams Musik, um mit uns zu kommunizieren: über Handys, iPads, Autoradios, Stereoanlagen und sogar in Aufzügen. Sie haben ein besonderes Talent dafür, uns genau den Song vorzuspielen, den wir hören müssen, und zwar genau dann, wenn wir ihn hören müssen.

Zahlenreihen sind ebenfalls ein weit verbreitetes Standardzeichen. Aufeinanderfolgende Zahlen, Geburtsdaten, Hausnummern, Telefonnummern, Zahlen, die sich zu einer sinnvollen Summe addieren – sie alle können als Versuche der anderen Seite betrachtet werden, unser Interesse zu wecken. Und wieder erscheinen diese Zahlen oft auf elektronischen Geräten wie Uhren, Handys und Fernsehern, manchmal auch auf Nummernschildern. Das macht es der anderen Seite leichter, uns mit bedeutungsvollen Zahlen zu konfrontieren und unsere Aufmerksamkeit auf das Signal zu lenken, das sie uns sendet.

Es gibt noch viele andere Standardzeichen: Federn, Marienkäfer, Luftballons, Farben, Wolken, Bilder, die mit der Post kommen, sogar Menschen, die dir über den Weg laufen. Hast du schon mal an jemanden gedacht, den du lange nicht gesehen hast, und einen Tag später biegst du um die Ecke, und da ist er? Das Auftauchen eines Standardzeichens zu einem frappierend passenden Zeitpunkt wird wie gesagt oft als »Synchronizität« bezeichnet – ein »bedeutsamer Zufall«, das Auftreten von

Ereignissen, die scheinbar keine kausale Beziehung zueinander haben, aber dennoch in einem sinnvollen Zusammenhang zu stehen scheinen.

Ich habe bereits erwähnt, dass der Begriff »Synchronizität« von C. G. Jung geprägt wurde. Sein Buch *Synchronizität* erschien Mitte des 20. Jahrhunderts. Seitdem werden seltsame Phänomene erforscht, wobei verschiedene Begriffe verwendet werden, um Ereignisse zu beschreiben, die sich einer einfachen wissenschaftlichen Erklärung entziehen, zum Beispiel CMPE (*Conjunction of Meaningfully Parallel Events* [Verknüpfung bedeutungsvoller paralleler Ereignisse]), *Simulpathity* (den Schmerz eines anderen Menschen aus großer Entfernung erspüren) und *Super Synchronicities* (extreme Fälle von unerklärlichen Verbindungen zwischen Ereignissen). Es gibt keinen wissenschaftlichen Konsens über diese Ereignisse und Erfahrungen, aber die Wissenschaft schließt die Möglichkeit nicht aus, dass solche Phänomene eine Bedeutung haben, die über das rational Erklärbare hinausgeht, was werden kann.

Ich habe von Tausenden bemerkenswerter Synchronizitäten gehört und selbst einige erlebt. Ich habe auch gesehen, wie sich das Leben von Menschen auf substanzielle Weise verändern kann, wenn sie eine Bedeutung in diesen Ereignissen sehen. Sie sind zu wichtig, zu mächtig, zu *folgerichtig*, um einfach abgetan oder ignoriert zu werden.

Sei dir also der vielen Standardzeichen bewusst, die unsere Lichtteams verwenden, um mit uns in Kontakt zu treten. Denn auch wenn wir nicht wirklich aufmerksam sind, wird die andere Seite sie uns so lange senden, bis wir sie endlich beachten.

ZEICHEN TROTZEN ALLEN WIDRIGKEITEN

Ein guter Weg, um herauszufinden, ob ein Vorfall oder ein Ereignis ein Sign ist, besteht darin, darüber nachzudenken, wie unwahrscheinlich es ist. Einem Elefanten im Zoo zu begegnen, ist selbstredend sehr viel weniger überraschend, als einen Elefanten die Fifth Avenue hinuntertanzen zu sehen. Dinge, die sich nicht am richtigen Ort befinden, die zur falschen Zeit geschehen oder die auf andere Weise ungewöhnlich in Bezug auf Zeitpunkt oder Aussehen sind, sind gute Kandidaten für Zeichen.

Oft machen uns unser Unterbewusstsein und unser Körper auf diese Zeichen aufmerksam, bevor unser rationaler Verstand sie wahrnimmt. Wir haben vielleicht eine körperliche Reaktion – ein Gefühl der Ehrfurcht, des Erstaunens, oder vielleicht läuft es uns kalt den Rücken hinunter. Vielleicht erleben wir einen Gefühlsausbruch, einen Freudentaumel, ein reflexartiges Lächeln oder Lachen.

Und wenn dies geschieht, sollten wir innehalten und nach verborgenen Verbindungen zwischen dem, was gerade passiert ist oder was wir soeben gesehen haben, und unseren gegenwärtigen Lebensumständen suchen. Wenn ein wunderschönes wildes Pferd neben deinem Auto auf der Landstraße galoppiert, ist das vielleicht eine Botschaft des Friedens und der Selbstermächtigung. Wenn du gerade überlegst, ob du deinen Job kündigen und dich selbstständig machen sollst, dann ist *das* vielleicht die verborgene Verbindung, die dem wilden Pferd eine besondere Bedeutung gibt.

Achte auf die Ereignisse im Leben, die in dir eine unwillkürliche Reaktion auslösen. Die andere Seite ist wie gesagt unendlich erfinderisch und kreativ, und die Mitglieder unseres Lichtteams sind in gewisser Weise große Angeber. Sie können es kaum erwarten, uns zu blenden. Und wenn sie es schaffen, dich aus den

Socken zu hauen – umso besser. Wenn etwas passiert, was dir völlig unwahrscheinlich vorkommt, stehen die Chancen gut, dass die andere Seite gerade gezaubert hat.

ACHTE AUF DEN ZEITPUNKT

Nicht jedes Zeichen muss ein Showstopper sein. Auch das kleinste, alltäglichste, unscheinbarste Ding, Wesen oder Ereignis kann als ein wichtiges Zeichen gedeutet werden. Eine Ameise kann ein Zeichen sein, ein Wattebausch oder ein Knopf. Manchmal ist das Außergewöhnliche an einem Sign nicht das Zeichen selbst, sondern der *Zeitpunkt*.

Dein Lieblings-Muntermacher läuft genau dann im Radio, wenn du dich am Boden fühlst. Die Zahl 100 erscheint auf deiner Starbucks-Quittung, wenn du fürchtest, in einer Prüfung durchzufallen. Die Antwort für ein Kreuzworträtsel wird zufällig von jemandem im Fernsehen gesagt, und zwar in genau dem Moment, in dem du aufgeben willst. All diese einfachen, überraschenden Ereignisse können Zeichen von der anderen Seite sein, denn ihr Timing gibt uns das Gefühl, auf eine Weise mit der Welt verbunden zu sein, die wir nicht wirklich erklären können. Als müssten wir nur unsere Gefühle der Angst und des Zweifels ins Universum entlassen, und das Universum würde mit spielerischen und wunderbaren Bestätigungen antworten.

Und genau das passiert! Das Universum ist sehr empfänglich für unsere Bedürfnisse. Die andere Seite *weiß,* wann wir ein Zeichen brauchen. Etwas später, wenn wir darüber sprechen, wie wir die andere Seite um bestimmte Zeichen bitten, werden wir sehen, dass auch hier das Timing wichtig ist. Aber für den Moment gilt: Auch wenn wir nicht um Zeichen bitten, wissen unsere

Lichtteams, wann wir sie brauchen, und senden sie uns auf unscheinbare, aber kraftvolle Weise. Wenn dir also das Timing eines Ereignisses unheimlich perfekt vorkommt, dann nimm zur Kenntnis: Die andere Seite versteht, dass Timing alles ist.

WIEDERHOLUNGEN

Was ist, wenn etwas in unserem Leben immer und immer wieder geschieht? Was, wenn wir ein bestimmtes Objekt stets aufs Neue sehen oder einen typischen Satz bis zum Überdruss hören? Sind das nur zufällige Ereignisse, oder steckt mehr dahinter?

Eine der grundlegenden Wahrheiten über Zeichen ist, dass sie nicht immer beim ersten Mal das erreichen, was sie erreichen wollen. Es ist also nicht ungewöhnlich, dass uns die andere Seite immer wieder das gleiche Zeichen schickt. Es kann auch sein, dass sie einfach ihre Botschaft oder ihre Grüße verstärken will. Einen violetten Luftballon über sich fliegen zu sehen, ist nichts, worüber man in Begeisterung ausbrechen sollte. Aber überall violette Ballons zu sehen – am Himmel, auf Glückwunschkarten, in Werbespots –, ist schon ungewöhnlich. Das Entscheidende an einem Zeichen kann die Art und Weise sein, wie es sich wiederholt. Es könnte die Methode sein, mit der die andere Seite unsere Aufmerksamkeit erregt.

Die Wiederholungen können auch ein Hinweis darauf sein, dass wir uns mit einigen ungesunden Mustern in unserem Leben auseinandersetzen, die ebenfalls immer wieder auftauchen. Eine der Hauptaufgaben unseres Lichtteams ist es, uns zu helfen, die Lebenslektionen zu lernen, die wir brauchen, um auf einem höheren und besseren Weg zu bleiben. Und wenn wir sie nicht bei der ersten Gelegenheit lernen, die sich uns bietet, wird uns die andere Seite weitere Gelegenheiten dazu geben.

Vielleicht lassen wir uns immer wieder auf toxische Beziehungen ein, oder wir lassen uns von Selbstzweifeln daran hindern, die mutigen und lichtvollen Menschen zu sein, die wir sein sollten. Vielleicht hören wir immer wieder auf Leute, die uns eher herunterziehen als aufrichten, und umgeben uns mit solchen Menschen. Sich wiederholende Zeichen können auch direkt mit diesen Problemen verbunden sein. Der violette Luftballon zum Beispiel könnte die andere Seite sein, die uns drängt, die Flucht zu ergreifen. Oder es sind sich wiederholende Impulse, die uns auffordern, ein ungesundes Muster in unserem Leben zu untersuchen.

Wenn dir also etwas immer und immer wieder passiert, wenn der lila Ballon nicht aufhört, dich zu verfolgen, dann pass auf. Dein Lichtteam versucht, dir etwas zu sagen.

WAS WIR LIEBEN, NEHMEN WIR MIT

Die Liebe, die wir in unserem Herzen tragen, solange wir auf der Erde sind, löst sich nicht einfach in nichts auf, wenn wir sterben. Sie reist mit uns und wird Teil der großen universalen Lebenskraft, der Ansammlung *all* unserer Liebe und *all* unseres Lichts.

Ebenso gehen unsere Leidenschaften, unsere individuellen Talente und unsere einzigartige Persönlichkeit mit uns. Wer auf Erden ein Künstler ist, wird es auch im Jenseits sein. Jemand, der auf Erden ein unverbesserlicher Witzbold war, wird es auch nach seinem Tod sein. Wenn wir Elefanten bewundert haben, solange wir in unserem Körper waren, werden wir sie immer noch bewundern, wenn unser Bewusstsein unseren Körper verlassen und sich in reine Lichtenergie verwandelt hat.

Was wir lieben, nehmen wir mit. Wenn wir also nach Zeichen suchen, sollten wir uns bewusst sein, dass unsere verstorbenen

Lieben oft genau die Dinge benutzen, die sie hier auf Erden geliebt haben oder in denen sie gut waren, um mit uns in Kontakt zu treten. Sie tun dies nicht nur, weil sie diese Dinge immer noch schätzen, sondern auch, weil sie wissen, dass wir sie als das erkennen, was die Seele, die hinübergegangen ist, geschätzt hat.

Wenn zum Beispiel die Lieblingsfarbe eines geliebten Menschen Gelb war, dann achte auf Zeichen, die etwas Gelbes enthalten. Wenn ein geliebter Mensch immer ein rostiges rotes Fahrrad fuhr, dann achte auf rostige rote Fahrräder. Wenn die Reaktion eines geliebten Menschen auf ein plötzliches Unwetter war, fröhlich im Regen zu tanzen, dann wundere dich nicht, wenn du an einem Tag, an dem du dich niedergeschlagen und entmutigt fühlst, das Bild eines Menschen siehst, der im Regen tanzt.

Unsere Lieben auf der anderen Seite senden uns Signs, die uns an sie erinnern sollen. Das tun sie, um uns zu zeigen, dass sie immer noch auf eine sehr reale und kraftvolle Weise mit uns verbunden sind. Die Liebe, die uns hier auf Erden miteinander verbunden hat, verbindet uns auch nach ihrem Tod. Die Interessen, die wir geteilt haben, das, woran wir uns gemeinsam erfreut haben, die Erinnerungen, die uns zum Lachen gebracht haben – sie alle sind Teil der fortwährenden und ewigen Verbindung zwischen uns und der anderen Seite. Sie alle bilden die lebendigen Lichtschnüre, die sowohl zwischen uns allen auf der Erde als auch zwischen uns und dem Jenseits verlaufen. Und sie sind die Werkzeuge, die unsere Lichtteams benutzen, um unsere Aufmerksamkeit zu gewinnen und uns auf unseren höchsten Weg zu führen.

Wenn du also etwas siehst, fühlst oder hörst, was dich an einen lieben Verstorbenen erinnert und dich darüber nachdenken lässt, wie viel dieser Mensch dir bedeutet hat, dann sei bereit, es als einen freundlichen Gruß anzunehmen, als eine sanfte

Erinnerung, als einen Wink des Kosmos – ein besonders schönes Zeichen von der anderen Seite. Und dann danke ihm in Gedanken, um ihm zu zeigen, dass du seine Botschaft erhalten hast, und auch, um sie zu würdigen.

TRÄUME

Der Traumzustand ist eine weitere Möglichkeit für unsere Angehörigen, die hinübergegangen sind, mit uns in Kontakt zu treten. Es ist nicht ungewöhnlich, dass wir Träume haben, in denen es um jemanden geht, der gestorben ist. Wir können diese Verstorbenen in unseren Träumen leicht erkennen, und wenn wir aufwachen, empfinden wir die gleiche intensive Liebe, die wir für sie empfanden, als sie noch hier waren. Wir können durch Träume auch mit geliebten Menschen auf eine Weise interagieren, die unsere irdische Beziehung zu ihnen verändert oder verbessert. Während solcher Begegnungen im Traum kann oft Heilung stattfinden.

Begegnungen im Traum sind etwas sehr Reales. Wie ich schon sagte, glaube ich, dass wir alle in der Lage sind, die nichtphysische, spirituelle Energie der Seelen im Jenseits zu erleben. Aber die Kakofonie unseres geschäftigen Lebens überwältigt uns und macht es einer Botschaft ziemlich schwer durchzukommen. Es ist, als ob man auf einer Radiofrequenz feststeckt, die nur atmosphärische Störungen erzeugt. Wir sind oft hoffnungslos im Frontallappen des Gehirns gefangen, der Systemsteuerung für unsere sprachlichen, mathematischen und analytischen Fähigkeiten – kurz: für alle unsere kognitiven Fähigkeiten.

Außer wenn wir schlafen.

Wenn wir schlafen, geht unser Gehirn sozusagen offline. Wir driften vom Bewusstsein ab. Lärm und atmosphärische Störungen verstummen. Unser Schlaf besteht aus mehreren Phasen, die wir wiederholt durchlaufen: der Einschlaf-, der Leichtschlaf-, der Tiefschlaf-, der REM- und der Aufwachphase (REM steht für die schnellen Augenbewegungen *[rapid eye movements]*, die in dieser Phase auftreten). Während des REM-Schlafs ist unser Gehirn fast so aktiv wie im Wachzustand, und Körper und Gehirn sind am weitesten voneinander getrennt. Unser Körper ist mehr oder weniger gelähmt, und unser Gehirn kann sich mit aller Kraft nichtphysischen Erfahrungen widmen.

Der Hirnforscher Jeff Tarrant hat mir erklärt, dass mein Gehirn bei Readings buchstäblich von einem bewussten Zustand in einen Zustand der tiefen Meditation oder sogar der Bewusstlosigkeit übergeht – obwohl ich wach, aufmerksam und bewusst bin. Diese Veränderung ist dem sehr ähnlich, was bei uns allen im Schlaf passiert.

Wenn wir schlafen, können wir in einen Zustand versetzt werden, in dem wir die spirituelle Energie von Menschen, die Teil unseres Lebens sind, sowohl hier auf Erden als auch auf der anderen Seite leichter erfahren. Deshalb wirken diese Träume oft so lebendig, als würden sie wirklich geschehen.

Ich bezeichne diese Träume als »3D-Träume« und betrachte sie als Einblicke in die unsichtbare Wirklichkeit der Existenz. Was in diesen Träumen geschieht, passiert in gewisser Weise wirklich. Wir können unseren Lieben im Traum begegnen und Botschaften von ihnen bekommen, und wir können neue Facetten unserer Beziehung zu ihnen erfahren. Was in diesen 3D-Träumen passiert, ist auf jeden Fall wichtig für uns. In gewisser Weise ist es, als bekämen wir vom Universum einen Download mit äußerst nützlichen Informationen, die wir sonst vielleicht nicht erhalten hätten, weil wir zu beschäftigt oder zu abgelenkt gewesen wären.

Achte also auf deine lebendigen 3D-Träume, auf die Besuche deiner Lieben und auf die Zeichen und Botschaften, die dein schlafendes Gehirn so wunderbar übermittelt. Sie sind alle Teil unserer Vernetzung, und sie zu würdigen, stärkt uns auf eine Weise wie kaum etwas anderes.

INTUITIVE ANZIEHUNGSKRAFT

Es gibt eine Art von Zeichen, die du nicht sehen oder hören, sondern nur tief im Innern spüren kannst: eine intuitive Anziehungskraft.

Wir spüren sie ständig. Wir nennen es »Bauchgefühl«, »Instinkt« oder »sechsten Sinn« – eine lenkende Kraft, die jenseits unseres rationalen, logischen Verstandes existiert. Biege links ab, nicht rechts. Geh diese Straße entlang, nicht jene. Verlass diesen Ort, die Energie fühlt sich nicht gut an. Wenn ich hier bleibe, könnte etwas Schlimmes passieren. Sag Hallo zu dieser Person dort drüben, denn eine wunderbare Verbindung wartet auf dich. Irgendwie verstehen wir die Dinge sofort, ohne sie bewusst zu durchdenken.

Das ist Intuition. Und diese Anziehung, die wir spüren, ist ein intuitives Ziehen.

Die Energie dahinter steht mit einem großen Geschenk des Lichts in Verbindung und mit dem, was ich »Gottesenergie« nenne. Es ist die umfassende Kraft des Universums, die uns lenkt und in unser Leben eingreift. Es ist unser Lichtteam auf der anderen Seite, das auf den strahlenden Lichtschnüren klimpert, die uns alle verbinden. Und wir sollten daran denken, dass unser Bauchgefühl uns niemals in die Irre führen wird. Deshalb ist es so wichtig, dass wir auf unsere intuitiven Impulse achten. Denn indem wir sie bemerken, würdigen wir sie.

Und wenn wir unsere unendliche Verbindung mit der göttlichen Energie des Universums anerkennen, werden uns alle Segnungen des Daseins leichter zufließen.

Intuitive Anziehungskräfte sind die Art und Weise, wie die andere Seite versucht, uns hier auf Erden vor falschen oder schädlichen Entscheidungen zu schützen. Oft sind diese intuitiven Anziehungskräfte genau genommen *kontraintuitiv.* Beispielsweise glauben wir vielleicht, dass wir etwas wirklich wollen, spüren aber gleichzeitig ein quälendes Zögern. Ich habe einmal ein Reading für eine Frau gemacht, die in einer wichtigen Position sehr erfolgreich war und sich darauf freute, in ihrem Unternehmen noch weiter aufzusteigen. Aber sie hatte auch das nagende Gefühl, dass sie diesen Job aufgeben und einen neuen Weg einschlagen sollte, der sie begeisterte. Das war völlig widersprüchlich zu dem, was sie für sich als das Beste ansah.

So entschied sie sich, der intuitiven Anziehungskraft nicht nachzugeben, und behielt ihre Stelle. Kurz darauf fusionierte ihr Unternehmen, und ein neuer Kollege übernahm ihre Stelle. Sie wurde entlassen.

Es stellte sich heraus, dass es ein Segen war. Nachdem sie aus der Firma ausgeschieden war, schlug sie den wunderbar kraftvollen neuen Weg ein, zu dem sie sich zuvor hingezogen fühlte – und ihr Leben öffnete und veränderte sich in einer Weise, die sie sich nie hätte vorstellen können. Unsere Intuition ist uns oft einen Schritt voraus!

Manchmal kann sie sogar Leben retten. Ich selbst habe neulich drei Beispiele dafür kurz hintereinander erlebt.

Die erste Episode ereignete sich an einem ganz normalen Mittwochnachmittag. Ich war mit meinen Kindern einkaufen. Unser Ziel war der Target-Markt. Als ich auf den Parkplatz fuhr, sah ich einen erstklassigen freien Platz in der Nähe des Eingangs. Ich bog in den Mittelgang ein, um mir den Platz zu sichern, aber irgendetwas ließ mich langsamer werden. Ich hatte keine Zeit, über das Warum nachzudenken. Ich hielt einfach vor dem Parkplatz an. »Mom, warum fährst du nicht weiter? Was ist los?«, fragte mein Sohn, der auf dem Rücksitz saß. »Willst du nicht einparken?« Genau in dem Moment, als mein Sohn die Frage stellte, huschte ein kleines Mädchen mit schwarzen Zöpfen über den Parkplatz. Meine Kinder schnappten nach Luft, ich auch. Der Mutter des kleinen Mädchens stockte ebenfalls der Atem. Sie stand uns gegenüber in der Parklücke und kämpfte mit dem Autositz ihres Kleinkindes, als ihre Tochter weglief. Schnell griff sie nach der Hand der Kleinen und führte sie zurück zum Auto. Die Luft um uns herum war still.

»Mom, was ist da gerade passiert?«, fragte meine Tochter. Wir waren alle geschockt. Hätte ich mein Auto nicht in diesem Moment angehalten, hätte ich das kleine Mädchen überfahren. Ich betete still für mein Lichtteam. Ich dankte ihnen, dass sie mich gewarnt und mir geholfen hatten, eine Tragödie zu verhindern, die unsere beiden Familien für immer geprägt hätte.

Eine Woche später fuhr ich nach Hause. Als ich um die Ecke bog, wurde ich plötzlich langsamer und fuhr nur noch im Schritttempo. »Mom, was machst du? Warum hältst du an?«, fragte meine Tochter vom Rücksitz aus.

»Ich weiß es nicht, ich habe nur so ein Gefühl«, antwortete ich. Plötzlich prallte ein Basketball gegen mein Auto, und ein Junge, der so um die vierzehn Jahre alt zu sein schien, rannte hinterher, direkt vor mein Auto, ohne auf den Verkehr zu achten.

»Oh mein Gott!«, sagte meine Tochter. »Wie verrückt! Es ist schon wieder passiert!«

»Ja«, sagte ich, »deshalb ist es so wichtig, auf die intuitive Anziehung zu achten und sie zu schätzen. Das ist die andere Seite, die auf uns aufpasst.« Irgendwie glaube ich, dass die andere Seite diese Erfahrungen auch genutzt hat, um meinen Kindern etwas über die Bedeutung der Intuition beizubringen. Noch einmal bedankte ich mich im Stillen bei meinem Lichtteam.

Der dritte Vorfall ereignete sich nur wenige Tage später. Meine Tochter Ashley und ich waren im Auto. Sie saß neben mir auf dem Beifahrersitz. An einer Ampel mussten wir halten. Seit Ashley klein war, spielten wir an Ampeln ein Spiel. Sie wartet darauf, dass die Ampel grün wird, und wenn sie grün wird, sagt sie mit süßer, hoher Stimme: »Ping!« Das ist mein Zeichen, um loszufahren. An diesem besonderen Tag sprang die Ampel auf Grün, und Ashley sagte: »Ping!«, aber ich fuhr nicht los. Etwas hielt mich auf. Ich empfing einen augenblicklichen Download, der mir sagte, ich solle stehen bleiben. Also sagte Ashley noch einmal, lauter: *»Ping!«* – und dann: »Mom, warum fährst du nicht?« In diesem Moment fuhr ein riesiger Lastwagen über die rote Ampel und raste mit etwa 80 Stundenkilometern an uns vorbei. Wir waren völlig aus der Fassung. Wäre ich losgefahren, hätte der Lastwagen uns sicher gerammt. Ashley starrte mich mit offenem Mund an. Wir atmeten beide tief durch. »Deshalb bin ich nicht gefahren«, sagte ich. Ich habe es gespürt. Etwas in mir hat gesagt, ich soll stehen bleiben. Und ich wusste, was es war: mein Lichtteam.

Intuition ist eines der großen Talente des Menschen. Aber sie funktioniert nur, sofern wir ihr Aufmerksamkeit schenken. Wenn wir beginnen, intuitive Anziehungskräfte als Beweis für unsere Verbindung mit einer höheren Kraftquelle zu sehen und sie in einer Weise zu würdigen, die uns zu besseren Entscheidungen führt, werden wir unsere höheren Wege finden und mehr Glück und Erfüllung erfahren.

VERSPERRTE WEGE

Es gibt den ironischen Spruch »Pass auf, was du dir wünschst – es könnte wahr werden«. Die andere Seite hat mich eine Version dieser Lektion gelehrt: Manchmal ist es ein Segen, nicht zu bekommen, was man will.

Die andere Seite gibt sich große Mühe, uns zur richtigen Entscheidung zu bringen. Manchmal legt uns unser Lichtteam sogar Steine in den Weg, damit wir nicht bekommen, von dem wir *denken*, dass wir es wollen.

Es könnte zum Beispiel sein, dass unsere Bemühungen, eine bestimmte Arbeit zu bekommen oder einen bestimmten Schritt zu tun, immer wieder vereitelt werden. Wenn das der Fall ist – wenn es den Anschein hat, dass das Universum entschlossen gegen uns arbeitet –, sollten wir in Betracht ziehen, dass es einen Grund dafür gibt, warum wir nicht bekommen, wovon wir *denken,* dass wir es wollen: Es ist nicht wirklich in unserem Interesse. Es wird uns nicht helfen, den für uns besten und höchsten Lebensweg einzuschlagen.

Betrachte es als eine Intervention von der anderen Seite. Sie möchte uns helfen, nicht nach etwas zu streben, was uns keine wirkliche Erfüllung bringt oder uns auf einen Weg der Traurigkeit, des Ärgers oder sogar der Gefahr führen könnte. Wenn wir ständig versuchen, etwas zu erreichen, aber unsere Bemühungen von allen Seiten blockiert werden und wir nicht herausfinden können, warum, sollten wir in Betracht ziehen, dass dies möglicherweise nicht der richtige Weg für uns ist. Manchmal ist das Stärkste, was wir tun können, unser höchster und bester Weg, es dem Universum zu überlassen und einfach weiterzumachen.

Versperrte Wege sind eine der vielen Möglichkeiten, wie die andere Seite in unser Leben eingreift und versucht, uns in die richtige Richtung zu lenken. Das kann auch auf Menschen zutreffen, die uns in den Weg gestellt werden. Manche kommen als Segen, andere als Lektion. Und manchmal sind wir eine Lektion für jemand anderen. Oft ist es so, dass, sobald eine Lektion abgeschlossen ist, die andere Seite eine bestimmte Person von unserem Weg abbringt. Das zu verstehen und diese Menschen loszulassen, kann ein sehr wirksames Werkzeug sein, das uns hilft, den besten und höchsten Weg für uns selbst zu finden. Es öffnet auch unsere Energie für neue und schöne Beziehungen und Lektionen.

DENKE ZURÜCK

Sosehr unser Lichtteam auch versucht, uns Zeichen zu geben, können wir sie ab und an vielleicht einfach nicht sehen oder empfangen. Obwohl wir so eng mit der anderen Seite verbunden sind, gibt es einen notwendigen Unterschied zwischen unserer Existenz auf der Erde (als Seele in einem physischen Körper) und dem, was danach mit unserer Energie geschieht (wenn wir unseren physischen Körper verlassen haben). Es handelt sich dabei um verschiedene Etappen auf der Reise unserer Seele. Daher verläuft der Kommunikationsprozess nicht immer geradlinig, er ist sozusagen »elliptisch«. Er kann ein wenig mit einem kosmischen Morsecode verglichen werden.

Und weil das so ist, übersehen wir alle manchmal Zeichen. Es können sogar starke Hinweise sein – groß, deutlich, unverkennbar. Aber wir gehen geradewegs an ihnen vorbei. Oder wir telefonieren und übersehen sie. Oder wir sehen sie, nehmen sie aber nicht wirklich wahr. Das wird passieren. Wenn du also dasitzt und denkst: *Ich bekomme nie Zeichen,* dann garantiere ich dir: Dein Lichtteam hat dir welche geschickt. Du hast sie nur verpasst. Unsere Lichtteams sind sich dessen bewusst und senden sie uns so lange, bis wir sie endlich sehen.

Aber wir können ihnen helfen. Wir können *zurückblicken*. Wir können über die Ereignisse in unserem Leben nachdenken und darauf achten, ob wir ein klares Muster erkennen – einen kosmischen Faden aus Licht und Verbundenheit, der darin verwoben ist. Im Nachhinein können wir vielleicht Zusammenhänge erkennen, die uns beim ersten Mal entgangen sind.

Frag dich: »Ist mir das schon einmal passiert?« Frag dich: »Welches Zeichen oder welchen Moment der Verbundenheit habe ich geleugnet oder in meinem Kopf beiseitegeschoben?« Frag dich: »Gab es ein wundersames Ereignis, das ich vielleicht einfach beiläufig abgetan habe?« Wir können in Gedanken zurückgehen und eine verpasste Verbindung in eine *hergestellte* verwandeln.

Steh nicht an meinem Grab und weine.
Ich bin nicht dort. Ich schlafe nicht.
Ich bin in den tausend Winden, die wehen.
Ich bin der Diamant, der im Schnee glitzert.
Ich bin das Sonnenlicht über reifendem Korn.
Ich bin der sanfte Herbstregen.
Wenn du in morgendlicher Stille erwachst,
bin ich der Vogel, der sich schnell
zum Kreisflug in die Lüfte erhebt.
Ich bin das weiche Licht der Sterne in der Nacht.
Steh nicht an meinem Grab und weine.
Ich bin nicht dort.
Ich bin nicht tot.

Mary Elizabeth Frye

TEIL ZWEI

Deine eigene Sprache entwickeln

Das Universum spricht immer zu uns …
Es sendet uns kleine Botschaften, ruft
Fügungen und Glücksfälle hervor
und erinnert uns daran, innezuhalten und
uns umzuschauen,
um an etwas anderes zu glauben, an mehr.

Nancy Thayer

Stell dir vor, du bist in einem belebten Restaurant und siehst am anderen Ende des Raums eine Person, die du kennst. Du willst sie auf dich aufmerksam machen und rufst ihren Namen. In all dem Lärm hört sie das und dreht sich um. Ihr winkt und lächelt euch beide zu und freut euch über diesen schönen kleinen Moment der Verbundenheit. Was ich damit sagen will: Sich mit der anderen Seite zu verbinden, ist so einfach, wie in diesem Restaurant einen Namen zu rufen.
Unsere Teams auf der anderen Seite sind bereit und warten nur darauf, dass wir diese Verbindung erkennen. Ja, sie senden uns Zeichen, und darin sind sie sehr gut, aber sie sind darauf angewiesen, dass wir mit ihnen interagieren, um die Möglichkeiten der Kommunikation zu erweitern, indem wir neue Bedeutungssymbole schaffen – und die Lichtbänder zwischen uns stärken.
Dieser Teil des Buches ist voller Geschichten und Erkenntnisse, die dir dabei helfen werden, deine eigene einzigartige und besondere Sprache gemeinsam mit der anderen Seite zu entwickeln. Wenn du das tust, werden zwei erstaunliche Dinge geschehen: (1) Du wirst viel leichter die Zeichen empfangen können, die dein Leben auf so bedeutende Weise beeinflussen und verbessern können, und (2) du wirst nicht nur in dein eigenes Leben, sondern auch zu deinem Lichtteam auf der anderen Seite große *Freude* bringen.

11

Klarheit gewinnen

Zeichen können uns verändern. Sie können uns von einem Seinszustand in einen anderen führen. Sie können uns aus der Verzweiflung in die Hoffnung geleiten, aus der Verlorenheit in die Sicherheit, aus der Klemme zum Aufstieg. Was für eine fantastische Kraft! Wie viele Dinge auf dieser Welt können sich in so kurzer Zeit so grundlegend zum Positiven verändern? Und das ohne Rezept!

Aber genau das tun Zeichen. Sie bringen Licht ins Dunkel und geben uns eine neue und befreiende Sicht auf die Welt um uns herum. Zeichen geben uns Sinn in Momenten, in denen alles sinnlos erscheint.

Eine der schönsten Arten, wie Zeichen uns verändern können, hat mit der Trauer zu tun, die wir empfinden, wenn wir einen geliebten Menschen verlieren. Es kann sehr leicht passieren, dass wir in unserer Trauer stecken bleiben und uns überwältigend traurig, leer und einsam fühlen. Aber unsere Lieben auf der anderen Seite wollen nicht, dass wir uns so fühlen. Deshalb senden sie uns Zeichen, die unsere Trauer in etwas ganz Tieferes verwandeln können, nämlich in das Gefühl, dass wir mit denen, die wir lieben, verbunden bleiben, auch nachdem sie auf die andere Seite gegangen sind, und dass wir es immer sein werden.

Aber das ist noch nicht alles. Ich habe gesehen, dass Menschen, die hier auf der Erde Schwierigkeiten hatten, mit ihren

Lieben zu kommunizieren, *nach deren Tod viel besser mit ihnen umgehen konnten.* Das bedeutet, dass unsere Beziehungen nicht nur bestehen bleiben, sondern sich sogar *optimieren* können. Was sagt man dazu? Nach dem Tod können wir auf eine neue Ebene der Nähe und Zufriedenheit mit unseren Lieben gelangen. Vielleicht spüren wir ihre Liebe sogar noch reiner als damals, als sie hier waren.

Wir können alte Verletzungen vergeben und alte Wunden heilen lassen.

Das ist die außergewöhnliche Kraft der Zeichen – und der Grund, warum ich sage, dass sie das Potenzial haben, uns zu verändern. Ich weiß das, weil ich es selbst erlebt habe.

• • •

Der Tod eines Elternteils ist ein schwerer Verlust, den ich 2016 erlitten habe, als mein Vater starb. Die Frage war: Würde es mir in meinem eigenen Trauerprozess helfen, ein mediales Medium zu sein und alles zu wissen, was ich über die andere Seite gelernt habe? Ich sollte geprüft werden. Alles, was ich erfahren hatte, sollte mir wirklich klar werden.

Mein Verhältnis zu meinem Vater John war schwierig. Ich liebte ihn über alles und bedingungslos, aber er hatte viele Probleme. Er trank zu viel, konnte wütend werden und sich abkapseln. Als ich aufwuchs, verbrachte er an den Wochenenden viele Abende im Keller und spielte Gitarre. Von seinen drei Kindern war ich dasjenige, das sich nach unten schlich, angezogen von den Klängen seiner E-Gitarre. Mein Vater ließ gern Musik laufen und nahm sich beim Spielen und Mitsingen seiner Lieblingslieder gern selbst auf. Das machten wir bald gemeinsam. Es wurde unser Ding. Wir sangen und lachten und sangen noch mehr, bis meine Mutter mich zum Schlafen abholen musste.

Im Laufe der Jahre trank mein Vater immer mehr und zog sich zunehmend zurück. Als ich ausgezogen war und aufs College ging, rief ich ihn noch oft an und besuchte ihn, wann immer ich konnte. Doch mit der Zeit wurden die Anrufe seltener. Das Leben wurde hektisch. Tage vergingen, dann Wochen, ohne dass wir miteinander sprachen.

Eines Tages empfing ich aus heiterem Himmel einen sehr starken Download von der anderen Seite: *Ruf deinen Vater an.* Das war's, einfach »Ruf ihn an«. Doch ich war im Chaos des Alltags unterwegs, schmiss den Haushalt, machte Besorgungen und vergaß, mich bei ihm zu melden. Ich spürte, dass es einen Grund gab, warum die andere Seite mir immer wieder sagte, ich solle mit meinem Vater telefonieren, aber ich verdrängte dieses Gefühl.

Etwa zu dieser Zeit rief einer der Golffreunde meines Vaters bei meiner Mutter an. »Mit John stimmt etwas nicht«, sagte er. »Er sieht nicht gut aus.«

Meine Mutter fuhr zur Wohnung meines Vaters (meine Eltern waren inzwischen geschieden, aber immer noch befreundet). Sein Freund hatte recht. Er sah schrecklich aus. Meine Mutter brachte ihn zum Arzt, der ihn direkt ins Krankenhaus einwies. Doch dort konnten die Ärzte nicht feststellen, was mit ihm los war. Sie behielten ihn über Nacht zur Beobachtung, und ich besuchte ihn am nächsten Tag.

Als ich das Krankenzimmer betrat, sah ich sofort, dass die Lebensenergie meines Vaters am Boden war. Sie nahm immer mehr ab. Er würde das Krankenhaus nicht mehr verlassen. Seine Seele bereitete sich auf den Übergang vor. Ich blieb viele Stunden bei ihm, und obwohl sein Körper schwach war, blieb sein Geist noch wach. Seine Lieblingsthemen im Krankenbett? Die französische Literatur und der Sinn des Lebens …

Von Stunde zu Stunde sprach er immer unzusammenhängender.

Die Ärzte machten alle möglichen Tests, konnten aber nicht herausfinden, was genau mit ihm los war. Dann verlor er das

Bewusstsein und konnte nicht mehr kommunizieren. Trotzdem sagte uns eine Krankenschwester, sie sei sicher, mein Vater würde wieder auf die Beine kommen und könne bald entlassen werden; aber das schien mir völlig abwegig zu sein. Mein vorherrschender Gedanke, meine Gewissheit war: *Er wird dieses Krankenhaus nicht verlassen. Er bereitet sich aufs Sterben vor.* Dennoch hoffte ich, die Krankenschwester würde recht behalten.

Noch am selben Tag verschlechterte sich der Zustand meines Vaters. Seine Vitalfunktionen sanken. Er wurde auf die Intensivstation gebracht und an ein Beatmungsgerät angeschlossen. Als das geschah, war ich zu Hause und duschte gerade. Ich kam aus der Dusche, und wie so oft ging der Bildschirm in meinem Kopf an. Der beste Freund meines Vaters erschien. Ich hatte ihn »Onkel Nick« genannt, er war ein paar Jahre zuvor verstorben. Es war toll, ihn zu sehen und zu merken, dass er positiv eingestellt und fröhlich war. Er sagte, er sei so glücklich und freudig erregt, meinen Vater wiederzusehen. Ein anderer enger Freund meines Vaters, Onkel Lee, erschien ebenfalls auf meinem Bildschirm und freute sich genauso.

Die alten Kumpels meines Vaters wollten mich wissen lassen, dass sie da sein würden, um ihn zu empfangen, wenn er stirbt.

Gerade als sie zu verschwinden begannen, fragte ich mich, ob sie mir wohl sagen könnten, wann mein Vater hinübergehen würde, damit ich meine Familie darauf vorbereiten konnte. Ich sagte: *Wartet! Könnt ihr mir sagen, wann Vater hinübergeht?* Und ich bekam eine sehr konkrete Antwort: *Diesen Donnerstag.* Dann verschwanden sie. Bis Donnerstag waren es noch vier Tage.

Am selben Tag hatte ich einen Auftritt in einem großen Theater auf Long Island, der schon seit Monaten geplant war. Hunderte von Menschen hatten Karten gekauft, und ich wollte sie nicht enttäuschen. Außerdem war mir ja mitgeteilt worden, dass mein Vater, der nicht mehr bei Bewusstsein war, erst vier Tage später sterben würde. Der Theaterleiter, der wusste, dass mein Vater krank war, fragte mich: »Bist du sicher, dass du das schaffst? Ich weiß, dass du dabei sein willst, wenn dein Vater stirbt.«

»Es ist okay«, sagte ich. »Er stirbt am Donnerstag.«

So sicher war ich mir.

Ich rief meinen Bruder und meine Schwester an, die beide in einem anderen Bundesstaat leben, und sagte ihnen, sie sollten kommen, um unseren Vater noch einmal zu sehen, weil er am Donnerstag sterben würde. An diesem Abend ging ich gleich nach der Show ins Krankenhaus. Die Krankenschwester meinte ein weiteres Mal, sie habe das Gefühl, dass es meinem Vater besser gehe und er möglicherweise bald entlassen werden könne. Ich sagte ihr, dass ich nicht daran glaube, aber sie versicherte mir, dass ich falsch läge.

»Es geht ihm gut«, sagte sie. »Er wird sich erholen.«

Am nächsten Tag versagten die lebenswichtigen Organe meines Vaters nach und nach. Die Tests zeigten, dass es keine Hoffnung mehr gab.

Dank der Nachricht von der anderen Seite waren wir am Donnerstag alle bei ihm im Krankenhaus: mein Bruder, meine Schwester, meine Mutter, Ann, die Schwester meines Vaters, und ich. Sein Körper versagte, und er bekam ohne das Beatmungsgerät keine Luft mehr. Der Ammoniakspiegel im Blut war extrem hoch. Er litt. Wir alle wussten, dass er keine künstliche Verlängerung seines Leben gewollt hätte. Deshalb trafen wir die schmerzhafte Entscheidung, die lebenserhaltenden Maßnahmen einstellen zu lassen.

Wir verbrachten abwechselnd einen Moment allein mit ihm, damit jeder von uns seine letzten Worte sagen konnte. Ich erzählte ihm, wie sehr ich ihn liebte und immer geliebt hatte, dass ich ihm alles verzieh, was der Vergebung bedurfte, und dass ich jetzt verstand, wie sehr er sich bemüht hatte, das Richtige für seine Familie zu tun. Wir alle sagten ihm, dass er geliebt werde und es in Ordnung war, wenn er losließe.

Aber mein Vater ließ nicht los.

Der Arzt sagte uns, dass mein Vater nach Entfernung des Atemschlauchs wahrscheinlich innerhalb von zwanzig Minuten sterben würde. Mein erster Gedanke war: *Nun, Sie kennen meinen Vater nicht. So schnell macht der sich nicht aus dem Staub.* Wir versammelten uns alle um sein Bett, und meine Mutter hielt seine Hand. Die Vitalfunktionen meines Vaters änderten sich überhaupt nicht. Wir saßen die nächste Stunde und dann noch zwei Stunden um sein Bett herum, aber sein Zustand änderte sich immer noch nicht. Schließlich beschlossen wir, etwas zu tun, um ihm zu zeigen, wie sehr wir ihn liebten: Wir sangen für ihn.

Mein Bruder holte sein iPhone heraus, und wir spielten alle Lieblingslieder meines Vaters. Wir sangen »Sloop John B« von den Beach Boys, »Folsom Prison Blues« von Johnny Cash und »That'll Be the Day« von Buddy Holly. In der Gegenwart meines Vaters zu singen und Musik zu hören, war eine der Möglichkeiten, mit ihm in Kontakt zu kommen, vielleicht sogar die beste. Als Familie haben wir auf langen Autofahrten immer zusammen gesungen. Und jetzt sangen wir wieder einmal als Familie, und es war so liebevoll und fröhlich.

Wir sangen meinen Vater nach Hause.

»Du solltest etwas von Elvis spielen«, sagte meine Mutter. »Dein Vater liebt Elvis.«

Fast gleichzeitig fragten meine Schwester, mein Bruder und ich: »Echt?« Keiner von uns konnte sich erinnern, dass mein Vater jemals Elvis gehört hatte. Also spielten wir weiter Songs, die er unserer Erinnerung nach mochte.

Ungefähr eine Stunde nachdem meine Mutter uns Elvis vorgeschlagen hatte, bekam ich eine SMS von meiner Freundin Bobbi Allison. Bobbi ist auch ein übersinnliches Medium, und wir schicken einander oft Nachrichten. So ist das, wenn übersinnliche Medien Freunde werden und Zeit miteinander verbringen. Ziemlich oft wird man in die Angelegenheiten des anderen verwickelt. Bobbi wusste, dass mein Vater im Sterben lag, und sie wusste, dass ich in dieser Nacht bei ihm im Krankenhaus war. Sie wusste auch, dass die andere Seite mir gesagt hatte, er würde in dieser Nacht sterben. Ich dachte, Bobbi wollte mir in der SMS nur alles Gute wünschen.

»Ich weiß, es ist sehr seltsam«, begann die Nachricht, »aber dein Vater kommt zu mir. Er bereitet sich darauf vor, seinen Körper zu verlassen, doch er ist noch nicht ganz so weit. Er singt mir die ganze Zeit ein Lied vor. Ich höre dieses Lied immer wieder. Er sagt, dieses Lied sei eine Botschaft an deine Mutter.«

Es war schon erstaunlich genug, dass mein Vater zu Bobbi durchkam und ihr ein Lied vorsang, gerade als wir alle um sein Bett saßen und ihm etwas vorsangen. Aber Bobbi sagte, es sei ein bestimmtes Lied, und ich wollte wissen, welches.

»Love Me Tender«, antwortete sie. »Von Elvis.«

»Spiel ›Love Me Tender‹!« Ich schrie es meinen Bruder fast zu. Er spielte das Lied, und ich wartete auf eine Reaktion im Gesicht meines Vaters.

Ich sah, wie sich im linken Augenwinkel eine einzelne Träne bildete.

Keines von uns Kindern hatte einen Elvis-Song mit meinem Vater gemeinsam, aber darum ging es nicht. Elvis-Songs waren etwas, was er mit meiner Mutter gemeinsam hatte. Elvis war ihr Ding.

»Mom, das ist seine Botschaft an dich«, sagte ich zu meiner Mutter.

Als der Song zu Ende war, weinten wir alle. Wir hatten einen so starken Moment erlebt. Nur eine Minute nach dem Ende des Songs versagten die Vitalfunktionen meines Vaters. Sein Herzschlag, seine Atmung, alles veränderte sich. Wir legten ihm unsere Hände auf. Seine Herzfrequenz sank auf null, stieg auf hundert und blieb dann ganz stehen. Umgeben von der ganzen Familie, die ihn berührte und in Liebe umhüllte, starb mein Vater.

Elvis war sein letztes Hurra – seine letzte Liebesbotschaft an meine Mutter, eine Bestätigung, dass er sie trotz aller Schwierigkeiten sehr liebte und immer geliebt hatte. Mein Vater hielt verzweifelt durch, bis er diese letzte Botschaft überbringen konnte, und mit Bobbis Hilfe gelang ihm das auch. Dann ließ er endlich los.

Und in diesem wunderbaren Moment tat mein Vater noch etwas anderes. Er erschuf ein Zeichen, das er einsetzen würde, um von der anderen Seite aus mit uns zu kommunizieren.

Sein Zeichen sollte Elvis sein.

...

Er ließ gar nicht lange auf sich warten. Am Morgen nach seinem Tod gingen meine Mutter, meine Schwester, mein Bruder und ich zum Bestattungsunternehmen, um die notwendigen Vorbereitungen zu treffen. Es war eine schwere Zeit für uns alle. Trotz des Wunders der letzten Geste meines Vaters und trotz all der Liebe, die wir füreinander empfanden, war es furchtbar schmerzhaft, ihn zu verlieren. Wir alle hatten eine Beziehung zu ihm, die auf unterschiedliche Weise ungelöst geblieben war, und das machte das Gefühl des Verlustes noch intensiver. Wir alle fühlten eine gewisse Traurigkeit und Leere. Unsere nächste Aufgabe war es, Blumen auszusuchen, aber wir beschlossen, erst einmal gemeinsam zu Mittag zu essen, um ein wenig verschnaufen zu können.

»Und wohin gehen wir?«, fragte meine Mutter.

»Wie wär's mit einem Diner?«, schlug ich vor.

Es gab mehrere Restaurants in der Nähe, aber ich fühlte mich stark zu einem Diner hingezogen, und zwar zu einem ganz besonderen, dem Dix Hills Diner. Als wir dort ankamen, war es wie immer brechend voll. Wir fanden den letzten freien Parkplatz. Wir dachten, wir müssten lange auf einen Tisch warten. Stattdessen kam die Hostess und sagte: »Wir haben noch einen Tisch frei, ganz hinten. Möchten Sie ihn?«

Wir lächelten über unser Glück und folgten der Hostess zu dem letzten freien Diner-Booth. Wir setzten uns und redeten über all die Dinge, die wir noch tun mussten. Ich war wieder traurig und deprimiert und merkte, dass es meiner Mutter, meinem Bruder und meiner Schwester genauso ging. Wir saßen zu viert mit einer furchtbaren inneren Schwere an diesem Tisch. Wir verteilten das Besteck, schauten abwesend auf die Speisekarten, hielten die Köpfe gesenkt und kämpften mit den Tränen.

Und dann hörte ich meine Schwester sagen: »Oh wow. Guckt mal da oben.«

Meine Schwester zeigte auf die Wand direkt über unserem Booth, wo ein großes gerahmtes Bild mit dem Titel »Heaven's Diner« hing. Es zeigte ein Restaurant mit drei berühmten Persönlichkeiten: Marilyn Monroe, James Dean und – Elvis.

Elvis – genau in dem Moment, in dem wir ihn am meisten brauchten! Und im »Heaven's Diner«!

Wir waren sofort wie verwandelt. Ich konnte es in den Gesichtern meiner Familie sehen. Mein Vater zeigte uns, dass er noch bei uns war. Es war seine Art zu sagen: »Mir geht es gut. Ich bin hier. Seid nicht traurig wegen mir. Ich liebe euch alle.«

Aber mein Vater, der zeitlebens nicht gerade der beste Kommunikator war, ließ es nicht dabei bewenden. Er wollte sicherstellen, dass wir alle wussten: Er war noch da.

Einen Tag später fuhren meine Mutter und meine Schwester zu einem Spirituosenladen, um Wein für den Trauerempfang zu kaufen. Das Geschäft war zufällig der Lieblingsladen meines Vaters. Gerade als sie auf einen freien Parkplatz fahren wollten, parkte ein Auto mit quietschenden Reifen vor ihnen aus und schnitt ihnen den Weg ab. Beide konnten das Nummernschild gut sehen:

ELVIS4U

Während meine Mutter und meine Schwester im Spirituosenladen waren, dachte ich in meiner Küche intensiv an meinen Vater und unterhielt mich kurz mit ihm. Wir hatten uns alle gefragt, was er wohl für sein Karma tun müsse, um auszugleichen, dass er so viele Jahre lang so schlecht mit meiner Mutter umgegangen war.

Ich weiß nicht, wie du das wiedergutmachen kannst, dachte ich. *Du musst schon etwas Dramatisches tun, zum Beispiel dafür sorgen, dass sie in der Lotterie gewinnt.*

In diesem Moment stand meine Mutter meilenweit entfernt an der Kasse des Spirituosenladens. Ihre Einkäufe kosteten insgesamt 97 Dollar. Sie gab der Kassiererin einen Hundertdollarschein, aber statt der drei Dollar Wechselgeld zeigte die Kasse an, dass meine Mutter *acht Millionen Dollar* zurückbekommen sollte!

»Wow, das ist ja noch nie passiert«, sagte die Kassiererin erschrocken und lächelte. »Dann muss Ihnen wohl acht Millionen Dollar geben.«

Alle lachten, und als meine Mutter wieder im Auto saß, rief sie mich an, um mir von dem Elvis-Nummernschild zu erzählen und davon, was ihr mit der Kassiererin passiert war.

Dann erzählte ich ihr von meinem Gespräch mit Dad.

Er hat vielleicht nicht dafür gesorgt, dass meine Mutter wirklich in der Lotterie gewonnen hat. Aber er hat ihr immerhin acht Millionen Dollar geschickt, so gut er eben konnte. Und einen Sinn für Humor hat er immer gehabt.

Am Tag nach der Beerdigung musste ich geschäftlich nach Kalifornien fliegen. Auf dem Flug ging es mir schlecht. Alles war noch wund und schmerzhaft. Ich schnallte mich an und saß benommen da. Der Monitor an der Rückenlehne vor mir war eingeschaltet und zeigte eine Karte der Vereinigten Staaten. Auf der rechten Seite des Bildschirms waren die Songs aufgelistet, die auf dem eingestellten Musiksender »50s on the 50« gespielt wurden.

Als ich auf den Bildschirm schaute, fiel mir auf, dass die Songs, die gerade liefen, von den Favoriten meines Vaters stammten: Buddy Holly und Johnny Cash. Ein Stück nach dem anderen, das er geliebt hatte. Ich schaute auf die anderen Bildschirme, die ich sehen konnte, aber auf keinem war dieser Sender eingestellt.

Ich wusste, dass diese Songs ein weiteres Zeichen meines Vaters waren, und ich dankte ihm, dass er sie mir geschickt hatte. Einer der letzten Songs war »The Battle of New Orleans« von Johnny Horton. Es ist ein seltsames Lied, aber mein Vater und ich haben es *immer* zusammen gesungen, als ich noch ein Kind war. Ich erinnere mich sogar, dass mein Vater es für mich gesungen hat, während ich noch fast ein Baby war. Als ich wieder hörte, wurden glückliche Erinnerungen wach, und mein Herz füllte sich mit Liebe und Frieden.

»Dad, ich bin wirklich beeindruckt«, sagte ich zu meinem Vater. »Das war eine tolle Vorführung.«

Das Flugzeug verlor an Höhe, und kurz vor der Landung spielte der Radiosender ein letztes Stück. »Don't Be Cruel« von Elvis.

Nach meiner Rückkehr aus Kalifornien war ich nur einen Tag zu Hause, bevor ich wieder nach Florida flog, wo ich mich ehrenamtlich bei der Jahreskonferenz der Forever Family Foundation engagierte.

Mein Freund Joe Perreta, auch ein Medium, war ebenfalls dort. Er wusste, dass mein Vater gestorben war, aber nichts Genaueres.

»Ach, Laura«, sagte er irgendwann, »ich habe eine Nachricht von deinem Vater für dich, aber ich verstehe sie nicht ganz. Er ging nicht weiter darauf ein. Er hat lediglich gesagt, ich soll dir nur bestätigen, dass er mit dir im Flugzeug war.«

Ich lachte. »Ich weiß«, sagte ich und erzählte Joe alles über die Songs. Etwas hatte sich verändert. Ich spürte eine augenblickliche Zufriedenheit und Verbundenheit mit meinem Vater. Irgendwie fühlte ich mich ihm näher als je zuvor, als er noch hier auf der Erde war. Und das war unglaublich!

»Ich höre dich, Dad«, sagte ich zu ihm. »Mir geht es gut. Ich verstehe dich. Ich weiß, dass du bei mir bist.«

Drei Wochen später fuhr ich zu dem Spirituosenladen, vor dem meine Mutter und meine Schwester das Elvis-Nummernschild gesehen hatten, um eine Flasche Wein zu kaufen. Diesmal sah und hörte ich nichts, was mit Elvis zu tun hatte. Im Laden lief Musik, aber es waren alles neuere Songs. Als ich in der Schlange vor der Kasse stand, hörte ich »Crazy Little Thing Called Love« von Queen.

Mit überlauter Stimme wandte sich der Kassierer an seinen Kollegen und fragte: »Hey, ist der Song von Elvis?«

»Mensch, Dude«, sagte sein Freund. »Warum fragst du das? Jeder weiß, dass das von Queen ist.«

»Ach ja!«, sagte der Kassierer. »Wusste ich doch. Keine Ahnung, warum ich dachte, das wäre von Elvis.«

Aber ich wusste es!

Selbst wenn mein Vater mir kein Elvis-Bild, kein Elvis-Kennzeichen und keinen Elvis-Song schicken konnte, fand er einen Weg, mich den Namen Elvis hören zu lassen. Es war seltsam, unwahrscheinlich, sogar peinlich (zumindest für den Kassierer), aber auch unglaublich effektiv.

Danke, Dad, dachte ich.

Mir wurde klar, dass mein Vater auf der anderen Seite ein besserer Kommunikator war als je zu Lebzeiten.

Außer Elvis, Songs aus den Fünfzigern und acht Millionen Dollar gab es noch andere Zeichen.

Am Tag nachdem mein Vater hinübergegangen war, schrieb mir meine Mutter eine SMS und fragte mich, ob ich glaubte, dass die Probleme meines Vaters nun, da er auf der anderen Seite war, behoben seien. Als ich antworten wollte, begann ich, *involved* (»verstrickt«) einzugeben. Aber die Autokorrektur meines Smartphones schrieb zurück: *I am okay* …

Und dann waren da noch die Pinguine.

Mein Vater liebte alle Tiere und alles, worüber in *National Geographic* berichtet wurde. Etwa eine Stunde nach seinem Tod, als ich gerade das Krankenhaus verlassen wollte, schrieb mir meine Freundin Nancy D'Erasmo, die auch ein hellsichtiges Medium ist, eine SMS, in der sie mir mitteilte, dass mein Vater ihr Pinguine für mich gezeigt hat. Sie fragte mich, ob Pinguine eine besondere Bedeutung hätten, aber ich wusste zunächst keine. Ich sagte, ich würde mir die Nachricht merken und herauszufinden versuchen, was sie bedeutete.

Als ich an diesem Abend vom Krankenhaus nach Hause fuhr, hatte ich das, was ich einen »Moment der *Erkenntnis*« nenne. Ich fühlte mich gedrängt, nach Hause zu gehen und in die oberste Schublade meiner Kommode zu schauen. Mir wurde klar, dass ich dort nach einem bestimmten Brief suchen musste, einem

Brief von meinem Vater. Ich weiß nicht, warum mir dieser Gedanke kam. Ich wusste nicht einmal, worum es in dem Brief ging. Ich wusste nur, dass ich mich zu dieser Schublade hingezogen fühlte und nach dem Brief suchen musste.

Kaum war ich zu Hause, lief ich in mein Schlafzimmer und zog die Schublade auf. Dort lagen zwei Briefe. Der erste war aus dem Jahr 2010, in dem mein Vater mir schrieb, wie dankbar er sei, mich in seinem Leben zu haben, und dass ich für ihn immer eine wunderbare Tochter gewesen sei. Ich setzte mich aufs Bett und begann zu weinen. Dann sah ich mir den nächsten Brief an. Ich zog ihn aus dem Umschlag und schnappte nach Luft. Es war eine Muttertagskarte mit zwei Pinguinen: ein erwachsener und sein Baby.

Und plötzlich erinnerte ich mich. Mein Vater hatte mir einmal erzählt, dass Pinguinväter sich aktiv um ihre Jungen kümmern und sie beschützen – und wie gut sie ihre Babys versorgen können. Als ich diese Karte sah, wusste ich es wieder. Und auf der Karte sagte mir mein Vater, was für eine tolle Mutter ich sei, eine Mutter, die ihren Kindern immer Geborgenheit, Wärme und Liebe gibt. Ich hatte die Karte aufbewahrt. Und nun hielt ich sie genau in der Nacht, in der mein Vater im Sterben lag, wieder in der Hand.

Mein Vater hat mir Pinguine geschickt. Es sollte nicht das letzte Mal sein.

Neun Monate nach dem Tod meines Vaters flog ich nach Tokio, um in einer japanischen Fernsehsendung aufzutreten. Es ist eine glatte Untertreibung zu sagen, dass ich mich dort außerhalb meiner Komfortzone befand. Ich war zwar begeistert und fühlte mich geehrt, dass man mich eingeladen hatte, in der Sendung aufzutreten, aber ich machte mir auch ein wenig Sorgen. Ich sollte versuchen, Botschaften von der anderen Seite zu übermitteln, während ich ein Headset trug und ein Dolmetscher unser Gespräch übersetzte. Ich hatte zwar immer ein Gebet an die andere Seite gerichtet: »Benutze mich so, wie ich am besten als Vehikel für Liebe und Heilung in dieser Welt eingesetzt werden kann«, aber ich hätte nie damit gerechnet, dass ich mit Jetlag und einem Ohrhörer nach Japan geschickt würde, um diese Botschaft der Liebe und Heilung über einen Übersetzer zu verbreiten. Es fühlte sich wie eine Art kosmische Verwechslung an.

Kurz bevor ich ins Studio ging, versicherte mir mein Mann Garrett, der mit mir gekommen war, dass alles gut werden würde: »Du bist aus einem bestimmten Grund hier, und es wird großartig werden.«

Ich betrat das Fernsehstudio, und die Produzenten erklärten mir, was gleich passieren würde. Ich würde in einen Raum geführt werden, der wie ein Büro in New York aussehen sollte. Dann würde ich in die japanische Sendung gebeamt, um dem Moderator und dem Publikum vorzugaukeln, dass ich aus den USA per Skype zugeschaltet war, bevor ich zur Überraschung aller zum Set gebracht wurde. Ich folgte dem Produzenten in den Raum, in dem sie das New Yorker Fake-Büro eingerichtet hatten.

Als mich der Produzent in den Raum führte, sprach ich ein kurzes Gebet, dass die andere Seite laut und deutlich durchkommen möge, und bat mein Lichtteam um Unterstützung.

Als ich in den Raum kam, bemerkte ich, dass sie ein stinknormales Bücherregal als Bürorequisite mitgebracht und ein paar Nippesfiguren auf die Regale gestellt hatten, um dem Ganzen eine heimelige Note zu verleihen.

Der Nippes? *Das waren alles kleine Pinguine aus Keramik.*

Okay, Dad, sagte ich mir. *Ich habe verstanden. Du bist hier bei mir. Alles wird gut.*

Meine ganze Energie änderte sich. Die Show lief wirklich gut. »The Other Side« kam laut und deutlich rüber, und die Übersetzungen waren flüssig. Die Pinguine haben mich daran erinnert, dass ich nicht allein war. Sie waren genau das, was ich zum richtigen Zeitpunkt brauchte.

Aber mein Vater war noch nicht fertig. Er war nicht nur da, um mir seine Unterstützung zu zeigen, sondern auch, um mir eine Nachricht zu schicken, dass er stolz auf mich war. Als ich mit der Show fertig war und in ein Taxi stieg, um ins Hotel zurückzufahren, bemerkte ich im Fußraum des Taxis etwas Glänzendes. Ich sah, dass es ein amerikanischer Dime war. Seit mein Vater gestorben war, habe ich immer wieder zufällig Dimes gefunden, wenn ich schwere Zeiten wegen seines Todes durchmachte, eine schwierige Entscheidung treffen musste oder ihn einfach nur um mich herum spüren wollte. *Wow, Dad,* dachte ich, *ein amerikanischer Cent auf dem Boden eines Taxis in Japan! Gut gemacht.*

Wir sollten immer auf Zeichen unserer verstorbenen Lieben achten, auf Zeichen dafür, dass sie uns unterstützen, dass sie für uns da sind und uns lieben, genau dann, wenn wir sie am meisten brauchen. Das können Pinguine sein, das kann Elvis sein, das können Geldstücke sein, das kann alles sein. Unsere Lieben auf der anderen Seite werden immer einen Weg finden, um durchzukommen.

Ich könnte noch lange von all den Signs erzählen, die uns mein Vater immer wieder schickt. Beispielsweise liebte er alles, was mit Schmalz (englisch *lard*) zubereitet wurde. Also sahen wir immer wieder Dinge, die unter anderem mit Schmalz zu tun hatten. Als ich in Los Angeles war, sah ich jemanden, der ein T-Shirt von einem Restaurant namens »The Larder« trug. Mein Bruder sah, als er im Flugzeug saß, dass er gerade über die kalifornische Stadt

Manteca (spanisch für »Butterschmalz«) flog. Und als der Mann auf dem Sitz neben ihm aufstand, um auf die Toilette zu gehen, sah man das große Tattoo auf seinem Arm: »In lard we trust.«

Wann immer einer von uns eines dieser Zeichen erhält, schreiben wir allen anderen eine SMS, um sie darüber zu informieren. Diese amüsanten, fröhlichen und liebevollen Nachrichten gehen ständig hin und her, und jede bringt uns einander näher. Ich habe nicht den geringsten Zweifel daran, dass mein Vater uns mit diesen Zeichen erreichen will und uns wissen lassen möchte, dass er uns liebt und auf uns aufpasst. Tatsache ist, dass ich nach seinem Tod leicht in meiner eigenen Traurigkeit stecken geblieben wäre und diese Zeichen übersehen hätte. Aber mein Vater war so hartnäckig und so gut darin, sie zu versenden, dass ich sie doch nicht übersehen habe. Und weil ich schließlich mein Herz öffnete und sie annahm, wurde ich verwandelt. Ich wurde aus meiner erdrückenden Traurigkeit herausgehoben. Ich konnte auf eine neue und schöne Weise mit meinem Vater in Kontakt treten.

Über Zeichen können viele unserer Lieben besser mit uns kommunizieren, als sie es jemals auf Erden konnten. Mein Vater ist die gesprächigste Seele des Universums geworden! In vielerlei Hinsicht ist er für mich jetzt präsenter als früher. Er ist liebevoller. Er ist aufmerksamer. Er ist *zugänglicher*. Wenn ich meine Liebe zu ihm ins Universum sende, gibt er sie mir direkt zurück – und noch viel mehr.

Und wenn ich ihn bitte, mir bei etwas zu helfen oder mir ein Zeichen zu geben, dass alles in Ordnung ist, reagiert mein Vater auf wunderbar magische Weise.

Mein Vater hat mir geholfen zu verstehen, dass wir unseren Geist und unser Herz ganz öffnen müssen, um diese kraftvollen Botschaften zu empfangen. Erst als ich selbst durch den traumatischen Prozess des Verlusts eines Elternteils gegangen bin, verstand ich wirklich, wie schwer das ist und wie wichtig diese Zeichen sein können – wenn wir sie nur zulassen. Von der anderen Seite aus wurde er nicht nur mein Beschützer, sondern auch mein Lehrer. Wir waren noch nicht fertig miteinander. Unsere Beziehung wächst und entwickelt sich weiter.

Für meinen Vater und mich war es nicht zu spät, denn es ist nie zu spät.

Es ist nie zu spät, die Beziehung zu deinen verstorbenen Lieben zu heilen und zu stärken.

12

1379

Brandon Hugo lebte in einem winzigen Dorf im Norden von Iowa – so klein, dass auf einem Schild an der Ortsgrenze stand: »Ungefähr 95 Einwohner«.

Er wurde am 1. April geboren, was sich als passender Geburtstag erwies, denn Brandon konnte immer alle zum Lachen bringen. »Er spielte gern Streiche, aber niemand nahm es ihm übel«, sagt seine Mutter Angela. »Er war jedermanns bester Freund, weil er so liebevoll, einfühlsam und aufrichtig war.« Brandon hatte eine magische Ausstrahlung, die andere anzog. Er war ein guter Zuhörer, der half, Probleme zu lösen, ein Matchmaker, der erfolgreich mehrere Freunde zusammenbrachte, und ein Friedensstifter – ein Typ, der bei den unterschiedlichsten Menschen gleichermaßen beliebt war.

»Er hat Leute verbunden«, sagt Angela. »Er hat Lücken geschlossen. Man fühlte sich zu ihm hingezogen, und er hat alle zusammengebracht.«

Am Abend des 31. Januar, genau zwei Monate vor seinem 21. Geburtstag, fuhr Brandon mit einem Freund acht Kilometer aus der Stadt hinaus, um ein Wiegesystem für die Landwirtschaft zu begutachten, das der Freund kaufen wollte. Auf dem Heimweg machten sie Halt in einer winzigen Bar mitten im Nirgendwo.

»Er war nicht alt genug, um reingelassen zu werden, aber er ist trotzdem reingekommen«, sagt seine Mutter. »Er war so verantwortungsbewusst, was das Thema ›Trinken und fahren‹ anging, aber an diesem Abend hatte er einfach ein paar Drinks zu viel intus.«

Brandon und sein Freund verließen die Bar schließlich um zwei Uhr morgens. Um diese Zeit schreckte seine Mutter aus dem Tiefschlaf auf. »Ich wusste nicht, warum«, erinnert sie sich. »Ich hatte einfach so ein komisches Gefühl.«

Wenige Minuten später klingelte das Telefon.

Zahlen bringen Ordnung in unser Leben: wann wir aufstehen, wie viel wir wiegen, unser monatliches Budget. Sie gehören zu den ersten Dingen, die wir im Leben lernen, und sind wichtige Bedeutungsträger in unserem Alltag. Geburtstage, Jahrestage, Glückszahlen. Wir neigen dazu, Zahlen mehr Bedeutung beizumessen, als ihnen Statistiker und Mathematiker zugestehen. Vielleicht merken wir uns Zahlen, die scheinbar *immer wieder* auftauchen, wenn wir zufällig auf die Uhr schauen: 6:31, 2:22, 11:47. Vielleicht haben wir auch die Tendenz, im Laufe unseres Lebens immer wieder die gleiche Zahlenfolge zu entdecken. Damit sind wir nicht allein.

Um das Jahr 400 n. Chr. etablierte sich der heilige Augustinus von Hippo als früher Verfechter der Macht der Zahlen. »Zahlen sind die universelle Sprache, die die Gottheit den Menschen zur Bestätigung der Wahrheit anbietet«, erklärte er. Er glaubte, dass wir zu dieser Wahrheit gelangen, indem wir die Zahlen untersuchen, die in unserem Leben auftauchen, und ihre geheime Bedeutung entdecken. Im Laufe der Jahrhunderte hat die Numerologie immer wieder darauf hingewiesen, dass Zahlen mystische Entsprechungen in unserem täglichen Leben haben.

Meiner Erfahrung nach sind Zahlen eines der mächtigsten Mittel, die die andere Seite einsetzt, um mit uns zu kommunizieren. Der heilige Augustinus glaubte, dass es wichtig ist, offen zu sein für deren verborgene Macht und Fähigkeit, Wahrheiten zu enthüllen, die wir sonst vielleicht nicht sehen würden.

Brandon wuchs als echter Junge vom Land auf und arbeitete auf der Farm seiner Familie. Er griff auch gern mal unter die Motorhaube, um etwas zu reparieren, und in seiner Werkstatt standen mehrere Demolition-Derby-Autos, die er gern auseinandernahm. Während der Highschoolzeit absolvierte er erfolgreich viele Praktika. Er war eine Sportskanone, Mitglied der freiwilligen Feuerwehr und Mentor seines Freundes Bert. Bert vergötterte ihn und liebte ihn wie einen Bruder.

An jenem Abend trank Brandon in der Bar mehr, als er hätte trinken sollen. Bert wollte sich am nächsten Tag mit Brandon ein paar Schweine aus biologischer Zucht anschauen, und er fürchtete, Brandon wäre vielleicht zu verkatert, um den Termin einzuhalten. Also fuhren er und ein anderer Freund zu der Bar, um sich zu vergewissern, dass es Brandon gut ging.

Als die Bar um zwei Uhr morgens schloss, erklärte sich ein Nachbar bereit, Brandon und Bert in seinem Pick-up nach Hause zu fahren. Leider hatte auch er zu viel getrunken. Bert bat um die Schlüssel, aber der Nachbar weigerte sich, sie ihm zu geben. Niemand außer ihm sollte seinen Pick-up fahren. Von der Bar bis zu Brandons Haus waren es weniger als sechs Kilometer, aber unterwegs wollte der Nachbar ihnen zeigen, wie schnell sein Pick-up fahren konnte. Als er einen steilen Abhang hinunterfuhr, verlor er die Kontrolle über das Fahrzeug.

Das Fahrzeug geriet in den Straßengraben, fuhr noch 140 Meter weiter, prallte auf eine Feldauffahrt, überschlug sich und blieb schließlich auf dem Dach liegen. Der Fahrer war aus dem Auto geschleudert worden und schaffte es nicht. Bert war schwer verletzt – gebrochenes Becken, gebrochene Rippen, kollabierte

Lunge. Dennoch gelang es ihm, aus den Trümmern zu kriechen und Brandons Mutter anzurufen.

»Du musst herkommen«, sagte er und rang nach Luft. »Es ist etwas ganz Schlimmes passiert.«

Angela und ihr Mann machten sich auf den Weg zur Unfallstelle, ohne zu wissen, ob Brandon in dem Pick-up gesessen hatte oder nicht. Als sie ankamen, fehlte von ihrem Sohn jede Spur. Feuerwehrleute und Polizisten aus anderen Orten trafen ein, und Angela hörte einen von ihnen sagen: »Da liegt jemand unter dem Truck!« Die Feuerwehrleute griffen nach Holzpfählen und hoben damit den Wagen an. Brandons Vater ging von Feuerwehrmann zu Feuerwehrmann und fragte: »Ist das Brandon?«

Es war Brandon, und er war tot.

Durch den Unfall selbst wurde Brandon nicht so schwer verletzt. Er hatte sich nur zwei Rippen gebrochen. Aber er wurde nach hinten geschleudert und blieb im Fenster der Fahrerkabine stecken. Und weil das ganze Gewicht des Pick-ups auf ihm lag, erstickte er.

Mehr als fünfhundert Leute kamen zum Abschied im Bestattungsinstitut, und am nächsten Tag füllten siebenhundert Menschen die Kirche zu seinem Trauergottesdienst. Es war die größte Beerdigung, die der Ort je gesehen hatte. »Alle hatten Tränen in den Augen«, sagt Angela. »Erwachsene Männer, Leute, die ich nicht einmal kannte, kamen weinend herein. Es war unglaublich schwer, sich von Brandon verabschieden zu müssen.«

Bert war am Boden zerstört. Nach dem Unfall schaffte er es irgendwie, einen Hügel in einem Maisfeld zu erklimmen, was die Ersthelfer angesichts seiner Verletzungen für unmöglich hielten. Bert glaubte, dass Brandon ihm dabei geholfen habe. Und in seiner Trauer glaubte er, dass Brandon noch am Leben sein könnte. »Er begann, auf Brandons Handy Nachrichten zu hinterlassen, wie er ihn finden würde«, sagt Angela. Brandons Freundin

Lanae kannte die PIN-Nummer seines Mobiltelefons und hörte die Sprachnachrichten ab. Sie machte sich Sorgen und sprach mit Brandons Eltern.

Daraufhin beschloss Bert, die Nachrichten, die er für Brandon hinterlassen hatte, zu löschen, damit niemand sie abhören konnte. Aber ohne die PIN konnte er nicht auf Brandons Telefon zugreifen, und niemand außer Lanae kannte sie. Eine Woche nach dem Unfall rief Bert Lanae an und teilte ihr mit, er kenne die PIN-Nummer jetzt.

»Woher kennst du sie?«, fragte sie.

»Ich habe alles versucht«, sagte Bert. »Seine Footballnummer, seine Basketballnummer, sein Autokennzeichen, aber nichts hat funktioniert. Dann hatte ich einen Traum. Brandon und ich fuhren in einem Demolition Car und wurden von Polizisten verfolgt. Mir war, als wäre ich außerhalb des Autos und sähe uns beim Fahren zu. Da fiel mir die Nummer auf dem Kennzeichen auf, und als ich aufwachte, wusste ich, dass es die PIN war.«

»Wie ist die Nummer?«, fragte Lanae.

»1379.«

Ihr blieb die Luft weg. Es war Brandons PIN!

Angela, Brandons Mutter, hatte immer an Gott, Jesus und ein Leben nach dem Tod geglaubt, und auch sie hatte Träume, die sie für Zeichen »von oben« hielt. Als sie von Berts Traum hörte, tat sie ihn nicht einfach ab.

Am Tag nachdem Bert seinen Traum hatte, ging Angela mit Lys, Brandons Schwester im Teenageralter, zu einer Beratung. »Wir alle brauchten Rat, wie wir mit diesem Verlust umgehen und weitermachen können«, sagt Angela. Danach fuhren sie zum Target-Supermarkt, um ein paar Einkäufe zu erledigen. Als sie wieder auf dem Parkplatz waren, zeigte Lys auf den Boden.

»Mom, schau mal!«, sagte sie.

Da lag ein kleines, rechteckiges, hartes, weißes Stück Plastik, auf dem vier Zahlen in Rot aufgedruckt waren: 1379.

»Wie in aller Welt ist das möglich?«, sagt Angela. »Von allen Parkplätzen der Welt stehen wir ausgerechnet auf einem, auf dem wir ein Stück Schild mit genau den Zahlen finden, die Bert vierzehn Stunden zuvor in seinem Traum gesehen hat. Vier Zahlen, die Brandons Handy-PIN waren. Es war unglaublich.«

Auf der Heimfahrt spielte das Radio »I Believe« von Diamond Rio. Brandon hatte Diamond Rio geliebt und war auf vielen ihrer Konzerte gewesen. »Als wir ›I Believe‹ hörten, wussten wir, dass Brandon immer noch bei uns war«, sagt Angela.

Angela und ich lernten uns einige Monate nach Brandons Tod kennen. Sie und ihr zweiter Mann Martin hatten sich für ein Trauer-Retreat der Forever Family Foundation angemeldet (engl. *retreat* [Rückzug]). Am ersten Abend sprach ich vor einer Gruppe von etwa sechzig Teilnehmern über meine Arbeit. Für den nächsten Abend waren weitere, vertraulichere Zusammenkünfte mit etwa zehn Personen geplant, bei denen ich mich wirklich auf die Botschaften von der anderen Seite konzentrieren konnte.

Aber an jenem ersten Abend, kurz nachdem ich angefangen hatte zu sprechen, drängte sich jemand durch. Eigentlich waren es zwei Seelen, und zwar sehr hartnäckig. Ich fühlte mich sofort zu Angela und Martin hingezogen. Ich sah Angela und sagte ihr, ihre Mutter wolle sie unbedingt sprechen.

Aber gleichzeitig sagte ich: »Ein junger Mann versucht durchzukommen, und er will der Erste sein. Er sagt zu deiner Mutter: ›Tut mir leid, jetzt bin ich dran.‹«

Brandon bat mich, seiner Mutter mitzuteilen, dass seine Lieblingsfarbe Grün sei und er immer noch möchte, dass sie sein Zimmer grün streicht, wie sie es versprochen hatte. Obwohl sie eine andere Farbe bevorzugte, was er auch wusste. Er fragte ebenso, warum Martin den großen Weihnachtsbaum hatte und er den kleineren.

»Das stimmt«, sagte Angela. »Wir hatten zwei Weihnachtsbäume im Wohnzimmer, einen großen, drei Meter hohen Baum, den Martin aufgestellt hat, und einen kleinen auf einem Schrank. Der kleinere war Brandons Baum. Ich hatte ihn für ihn gekauft, als er noch klein war.«

Dann teilte mir Brandon mit, dass ihm das Tattoo gefalle.

»Ich hatte keine sichtbaren Tätowierungen und Martin auch nicht«, erzählt Angela. Aber dann stand Martin auf, krempelte seinen Ärmel hoch und zeigte mir das Tattoo, das er sich gerade hatte stechen lassen. Zu Ehren von Brandon hatte er sich die Nummer 1379 auf den Arm tätowieren lassen. Also sagte Brandon ihm, dass es ihm gefalle und seine Zustimmung fand.

»Warte mal«, sagte ich zu Martin. »Brandon sagt auch, dass du darüber nachdenkst, dir noch ein Tattoo stechen zu lassen, dieses Mal auf den Hintern?«

Martin wurde rot.

»Wir haben erst gestern Abend Witze darüber gemacht«, sagte er. »Ich habe Angela erzählt, dass ich mir ›DEIN NAME‹ auf den Hintern tätowieren lassen würde, damit ich mit Leuten Wetten nach dem Motto ›Ich habe deinen Namen auf meinem Hintern tätowiert‹ abschließen kann, und ich gewinne.«

»Nun«, sagte ich, »Brandon will dich wissen lassen, dass er das witzig findet.«

Es war ein erstaunlich spontanes Reading mit unglaublich viel Bestätigung von Brandon für seine Mutter. Aber in Wirklichkeit brauchte Angela mich gar nicht, um zu wissen, dass ihr Sohn noch da war. Sie brauchte mich nicht, um zu verstehen, dass Brandon nach wie vor scherzte, lachte und von der anderen Seite aus immer noch Leute miteinander vernetzte.

Als Angela eines Nachmittags ihre Küche aufräumte, dachte sie an Brandon und war traurig.

»Okay, Junge«, sagte sie laut, »Mom braucht noch ein Zeichen.«

Später am Abend ging Angela nach oben in die Küche. Auf der Treppe hörte sie ein Lied aus dem Radio. Sie konnte sich nicht erinnern, es eingeschaltet zu haben.

»Es lief einer von Brandons Lieblingssongs: ›See You on the Other Side‹ von Ozzy Osbourne«, erinnert sie sich. »Ich wusste, dass es Brandon war. Ich hatte ihn um ein Zeichen gebeten, und er hat es mir sofort geschickt. Ich dachte: *Wie cool ist das denn! Danke, Brandon, ich liebe dich!* Und dann stand ich einfach auf der Treppe und habe auf den Text des Songs geachtet:

›Aber ich weiß, dass ich dich noch einmal sehen werde.
Wenn ich dich sehe, sehe ich dich auf der anderen Seite.‹«

Dreizehn Jahre nach Brandons Tod, an seinem Todestag, fuhr Angela nach einem langen Tag nach Hause. »Ich suche immer nach Zeichen, besonders an seinem Geburtstag und an seinem Todestag und wenn etwas Besonderes mit seinen Freunden oder seiner Familie ist. Aber an diesem Tag waren mir keine Zeichen aufgefallen.«

Dann warf sie an einer Ampel einen Blick auf ihren Tacho. Er zeigte 134,1 Meilen an.

»Ich dachte, das kommt unserer Zahl zumindest nahe«, sagt sie. »Ich fuhr weiter nach Hause und behielt den Tacho im Auge.«

Als sie endlich zu Hause angekommen war, hielt sie am Ende der Zufahrtsstraße neben dem Briefkasten an.

Der Wegstreckenzähler zeigte 137,8.

»Na ja«, dachte sie, »das ist *wirklich* nah dran.«

Dann bog sie in die Einfahrt ein, machte das Garagentor auf und ließ das Auto hineinrollen.

»Als ich endlich stand, schaute ich noch einmal auf den Zähler«, sagt sie.

Er zeigte den Stand 137,9.

»Ich saß noch eine Weile im Auto und sagte laut: ›Gut gemacht, Brandon! Ich liebe dich auch!‹«

Leben und Tod sind ein Band,
ein und dasselbe Leben,
von verschiedenen Seiten gesehen.

13

Geisteranrufe

Suzannah Scully hatte einen tollen Job in einem größeren Unternehmen. Zehn Jahre lang hatte sie sich in die Materie eingearbeitet, hart gearbeitet, Menschen beeindruckt und eine Beförderung nach der anderen eingeheimst. Ihre Zukunft sah unglaublich rosig aus.

Und dann – kündigte sie.

»Die Leute sahen mich an, als hätte ich drei Köpfe«, sagt Suzannah. »Ich war erfolgreich. Warum also sollte ich das alles einfach wegwerfen?«

Die Antwort war simpel: Neugier.

Suzannah war in der Bay Area aufgewachsen und hatte viele große Fragen – über das Leben, den Tod, über alles. »Die Menschen um mich herum dachten alle sehr logisch und praktisch«, sagt sie. »Doch mittlerweile war ich so wissbegierig, und niemand konnte meine Fragen beantworten.«

Als sie etwas älter geworden war, fand sie schließlich einige Antworten in einem Buch mit dem Titel *Die Reisen der Seele* von Michael Newton, PhD. Newton, ein anerkannter Hypnotherapeut, führte 29 Probanden in der Zeit zurück, um Zugang zu ihren Erinnerungen an frühere Leben zu bekommen. In seinem Buch geht es darum, dass Menschen in einem überbewussten Zustand die Reisen ihrer Seele zwischen den irdischen Leben detailliert beschreiben können.

»Als ich das Buch las, war es, als würde jemand den Vorhang für mich aufziehen«, sagt Suzannah. »Ich erinnere mich, dass ich es im Bett las, mich zu meinem Mann umdrehte und sagte: ›Dieses Buch erklärt den ganzen Sinn des Lebens!‹«

Suzannah las noch weitere Bücher über das Leben nach dem Tod und die Reisen unserer Seelen und begann, die Welt mit anderen Augen zu sehen. Aus dieser neuen Perspektive konzentrierte sie sich darauf, wie wir unsere Zeit hier auf der Erde verbringen.

Am Arbeitsplatz war Suzannah die Kollegin, zu der andere mit ihren Problemen kamen. »Sie kamen in mein Büro, schlossen die Tür und erzählten mir von ihren Hoffnungen und Träumen«, sagt sie. »Ich merkte, dass es mir wirklich Spaß machte, mit ihnen zu reden und ihnen zu helfen, etwas Erfüllenderes zu erreichen.« Irgendwann wurde Suzannah klar, dass sie das eigentlich auch für sich selbst tun könnte. Also kündigte sie ihren Job und wurde Lebensberaterin.

»Mein Leben hat sich da von Grund auf verändert«, sagt sie. »Ich wachte jeden Tag auf und freute mich auf das, was ich tun würde. Es war meine Leidenschaft, Menschen dabei zu helfen, ihr Leben positiv zu verändern.«

Sie hat herausgefunden, dass eine ihrer wichtigsten Fähigkeiten als Lebensberaterin darin besteht, für Zeichen und Botschaften offen zu bleiben. »Wir werden darin geschult, unsere Intuition zu nutzen«, erklärt sie. »Als Lebensberaterin muss ich dem vertrauen, was ich fühle. Wenn mir also etwas in den Sinn kommt, während ich mit jemandem über sein Leben spreche, habe ich gelernt, diesem Etwas zu folgen, auch wenn es sich seltsam anfühlt.«

Ein Beispiel: Suzannah war mitten in einer Sitzung mit einer Klientin, als sie von einem schrecklich kreischenden Geräusch abgelenkt wurde. »Da war dieser verrückte Vogel, der vor meinem Bürofenster kreischte und piepste«, sagt sie. »Es war, als würde sich der Vogel über irgendetwas beschweren, beschweren, beschweren … Ich habe versucht, es zu ignorieren, doch dann brach ich die Sitzung einfach ab und sagte: ›Es tut mir leid, aber ich muss auf diesen Vogel achten. Er kreischt wie verrückt.‹«

Plötzlich fing ihre Klientin an zu weinen.

»Sie sagte: ›Heute ist der siebte Todestag meines Vaters‹«, erinnert sich Suzannah. »Sie sagte, ihr Vater habe genau dieses Wort – ›kreischen‹ – benutzt, um zu beschreiben, wie sie sich gerade beschwerte.«

Das war ein wichtiger emotionaler Durchbruch für die Klientin. »Und wenn es mir unangenehm gewesen wäre, auf den Vogel zu achten«, sagt Suzannah, »wäre der Moment einfach vorübergegangen. Manchmal sagt uns unser Körper Dinge, bevor unser Verstand sie wahrnimmt. Deshalb müssen wir offen bleiben für Zeichen und Botschaften, die keine offensichtlichen Aussagen und Worte sind. Wenn einer meiner Klienten etwas sagt und ich eine Gänsehaut bekomme, dann weiß ich, dass wir an etwas wirklich Großem dran sind. Ich weiß es einfach. Dann sage ich: ›Stopp. Was du da gerade gesagt hast. Lass uns darüber reden.‹ Und ich sehe die Emotionen im Gesicht meines Gegenübers.«

Vor einigen Jahren kündigte auch Scott Dinsmore seinen Job bei einem Fortune-500-Unternehmen. Er hatte Suzannahs inspirierenden Blog im Internet gelesen und sie um Rat gefragt. Die zwei erkannten, dass sie beide an weniger ausgetretenen Pfaden interessiert waren, und wurden schnell Freunde. Kurz darauf begaben sich Scott und seine Frau auf eine einjährige Reise um die Welt und besuchten zwanzig Städte, bevor sie in Tansania ankamen, wo sie den Kilimandscharo besteigen wollten.

Am sechsten Tag des achttägigen Aufstiegs befanden sich Scott und seine Frau gerade etwa 600 Meter unterhalb des 5895 Meter hohen Gipfels, als sie von oben einen Schrei hörten. Jemand rief: »Vorsicht!«

Ein Felsbrocken von der Größe eines Geländewagens rollte den Berg hinunter. Scotts Frau ging in Deckung, doch bevor Scott sich rühren konnte, traf ihn der Felsbrocken. Keiner der anderen Kletterer erlitt an diesem Tag auch nur einen einzigen Kratzer.

Aber Scott war tot. Er war erst 33 Jahre alt.

»Der Anruf war niederschmetternd«, sagt Suzannah. »Ich bin buchstäblich zusammengebrochen. Das ergab keinen Sinn. Wie kann jemand, der so voller Leben ist und das Leben so liebt, plötzlich nicht mehr da sein?«

Scotts Blogs über seine Reise und sein millionenfach angeklickter TED-Talk hatten ihn zum Star in der Welt der Inspiration und Leistung gemacht. »Er hat in seinen 33 Jahren mehr erlebt als die meisten Menschen in ihrem ganzen Leben«, sagte sein Vater. Zwei Monate nach seinem Tod organisierten Scotts Freunde eine Veranstaltung im Palace of Fine Arts in San Francisco, um ihn zu feiern.

»Dieser Tag war genau wie Scott«, sagt Suzannah. »Alle standen auf und hielten diese unglaublich inspirierenden Reden. Es war eine wunderbare und freudige Gelegenheit, Scott und sein Vermächtnis zu feiern.«

Als alles vorbei war, ging Suzannah zu ihrem Auto zurück und überprüfte ihr Handy, das sie während der Zeremonie auf »lautlos« gestellt hatte. Es zeigte einen verpassten Anruf von einer Nummer an, die sie nicht kannte, und eine Voicemail. Sie hörte die Nachricht ab.

»Niemand hat etwas gesagt«, berichtet sie. »Es waren nur fünfzehn Sekunden der schönsten, friedlichsten, ätherischsten

Musik, die ich je gehört habe. Und dann war es einfach vorbei, nichts mehr.« Suzannah wählte die Nummer erneut, aber eine Stimme sagte ihr, die Verbindung sei unterbrochen.

Mit anderen Worten: Der Anruf schien aus dem Nichts gekommen zu sein.

»Ich wusste sofort, dass das ein Zeichen von Scott war«, sagt sie. »Ich wusste es einfach ohne jeden Zweifel. Wir hatten eine ganz besondere Verbindung, und die Tatsache, dass wir beide unerwartete Wege gingen, schweißte uns zusammen. Die Musik in der Voicemail war so beruhigend. Sie dauerte nur eine Weile und war dann wieder vorbei. So etwas ist mir noch nie passiert.«

Seit Suzannah diesen Geisteranruf erhalten hat, sieht sie gelegentlich verpasste Anrufe von fremden Nummern auf ihrem Telefon, und wenn sie die Nummern erneut wählt, werden die Verbindungen immer unterbrochen. »Das passiert nur, wenn mein Telefon stummgeschaltet ist, sodass ich den Anruf nicht höre und nicht annehme«, sagt sie. »Ich habe nie wieder eine Voicemail mit Musik erhalten, aber ich bekomme viele verpasste Anrufe von Nummern, die nicht funktionieren. Und dann denke ich: *Okay, da ist Scott und sagt Hallo.*«

Suzannah, die einen beliebten Podcast moderiert, hat mich vor nicht allzu langer Zeit als Gast eingeladen. Während unseres Interviews hat sie ihr Handy auf »lautlos« gestellt. Als wir fertig waren, überprüfte sie es und sah vier verpasste Anrufe, alle von derselben Nummer, die nicht funktionierte. »Das hat mich nicht einmal überrascht«, sagt sie. »Natürlich hat Scott versucht, mich zu erreichen, während ich mit einem Medium sprach.«

Heute spricht Suzannah mit ihren Klientinnen und Klienten immer wieder darüber, wie wichtig es ist, für nonverbale Zeichen und Botschaften offen zu bleiben. Zeichen, davon ist sie überzeugt, können dir helfen, dein Leben auf einen höheren, erfüllenderen Weg zu lenken. Scott Dinsmore nannte die inspirierende Online-Bewegung, die er ins Leben gerufen hat, »Live Your Legend«.

»Das ist es, was wir alle versuchen«, sagt Suzannah. »Wir fühlen uns zu etwas Höherem in unserem Leben berufen. Wir wissen vielleicht nicht genau, was das ist, aber wir spüren es tief in unserem Inneren.«

14

Das Land am Eagle Lake

Cathy Kudlack hielt sich für eine sehr glückliche Frau. Sie und ihr Mann Frank waren zehn Jahre verheiratet und hatten drei wunderbare Kinder. »Frank war Polizist. Er hatte einen ausgesprochen trockenen Humor und brachte mich immer zum Lachen«, sagt Cathy. »Er liebte seine Kinder und war ein toller Vater. Ich habe ihn so sehr geliebt.«

Dann wurde bei Frank tragischerweise Krebs diagnostiziert. Zwei Jahre später starb er im Alter von 39 Jahren.

Cathy hat nie wieder geheiratet. Der Verlust war für sie sehr schwer zu verkraften. »Ich habe nie jemanden wie Frank gefunden«, sagt sie. »Wir hatten immer eine unkomplizierte Art, miteinander umzugehen, und ich wollte nicht, dass jemand außer Frank ein Mitspracherecht bei der Erziehung unserer Kinder hat. Also habe ich sie einfach allein großgezogen.«

Und doch, sagt Cathy, habe sie oft das Gefühl, dass sie nicht allein ist, dass Frank irgendwie immer noch bei ihr ist.

»Ich spüre seine Anwesenheit«, sagt sie. »Manchmal ist es nur ein Gefühl. Manchmal findet er einen Weg, um Hallo zu sagen.«

Eines Morgens, als Cathy zur Arbeit aufbrach und ihre Tochter Jeanette, die bei ihr wohnte, ihre kleinen Kinder in den Schulbus setzte, hörte Cathy draußen einen schrecklichen Lärm.

»Ich ging vor die Tür«, sagt sie, »und da saß ein leuchtend roter Kardinal in meiner Birke. Und dieser Vogel schrie. Er schrie einfach wegen irgendwas. Jeanette kam heraus, und ich sagte: ›Schau dir diesen Vogel an, der wird verrückt.‹ Und wissen Sie, diese Birke – mein Mann hat sie damals als Setzling gepflanzt.«

Jeanette ging wieder hinein, aber Cathy blieb draußen und behielt den verrückten Kardinal im Auge. Der Vogel weigerte sich wegzufliegen – oder sich zu beruhigen. Er sprang vom Baum auf den Briefkasten, wo er sich weiter beschwerte. Dann sprang er auf Cathys Auto und schrie immer noch. »Er sah mich nur an und machte viel Lärm«, sagt Cathy. Schließlich ging ich rein, um ein paar Sachen zu erledigen. Ich holte den Müll raus und brachte ihn hinters Haus. Und als ich im Hinterhof war, flog der Kardinal ums Haus herum und setzte sich aufs Dach der Garage. Er schaue mich einfach nur an und schrie.

»Ich sagte: ›Okay, das ist Frank. Wer könnte es sonst sein?‹«

Später an diesem Tag, als Cathy bei der Arbeit war, warf sie zufällig einen Blick auf den Kalender. Als sie das Datum sah, schnappte sie nach Luft.

»Es war der 13. Mai – der Jahrestag von Franks Tod«, sagt sie. »Das war auf den Tag genau 29 Jahre her. Und aus dem Nichts taucht dieser Kardinal auf und schreit mich zwanzig Minuten lang an.« Und dann sei der Kardinal um neun Uhr morgens weggeflogen. »Das war genau um die Zeit, als Frank starb«, sagt Cathy. »Da wusste ich, dass es Frank war.«

Zwei Jahre vor seinem Tod besichtigte Frank mit Cathy ein Grundstück am Eagle Lake in Pennsylvania. »Er wusste bereits, dass er krank war«, sagt Cathy, »aber er wollte das Land unbedingt kaufen. Er sagte: ›Ich möchte mit meinem Sohn an diesem See angeln.‹ Hat Frank gern geangelt? Nein. Aber er verbrachte gern Zeit mit seinem Sohn.«

Die Kudlacks kauften das Anwesen, aber bevor sie Zeit dort verbringen konnten, verschlechterte sich Franks Zustand, und kurz darauf starb er. In den folgenden Monaten und Jahren fuhr Cathy jedes Wochenende mit den Kindern dorthin. »Frank wollte, dass wir alle zusammen als Familie dort sind. Und wenn ich dort war, konnte ich seine Gegenwart spüren«, sagt sie. »Als unsere Kinder älter wurden und selbst Kinder hatten, nahmen sie sie auch mit an den See. Ich glaube, wir alle fühlten uns Frank dort sehr verbunden.«

Ihr Nachbar am See, ein wunderbarer Mann namens Cliff, wurde zu einer Art Ersatzvater für Cathys Sohn Frank junior. »Er brachte ihm alles bei, was mein Mann ihm beigebracht hätte: wie man Dinge repariert, wie man streicht – alles, was man als Hausbesitzer wissen muss«, sagt Cathy. »Ich denke, es war unserer Familie bestimmt, dort zu sein. Auch wenn Frank Cliff nie kennengelernt hat, wollte er uns dort haben, damit Cliff schließlich dieser wunderbare Mentor für unseren Sohn sein konnte.«

Fast dreißig Jahre später, als die Kinder nicht mehr so oft kamen, dachte Cathy darüber nach, das Anwesen zu verkaufen. »Aber es fiel mir so schwer. Ich war hin- und hergerissen«, sagt sie. »Frank wollte, dass wir diesen Ort haben. Er wollte, dass wir dort eine Familie sind. Und das waren wir. Ich musste wissen, ob Frank mit dem Verkauf einverstanden war.«

Etwa zu dieser Zeit meldete sich Cathys Tochter Jeanette bei mir. Sie erzählte mir die Geschichte des Grundstücks am Eagle Lake und dass ihre Mutter gerade die schmerzliche Entscheidung getroffen habe, es zu verkaufen, sich aber immer noch nicht sicher war, ob es das Richtige war.

Ich nahm sofort Kontakt zu Cathys Mann Frank auf. Er war sehr klar in seiner Haltung.

»Dein Vater sagt, ihr sollt es unbedingt verkaufen«, schrieb ich zurück. »Mehr als alles andere möchte er, dass es deiner

Mutter leichter fällt. Also sag ihr, sie soll aufhören, sich Sorgen zu machen. Außerdem scherzt dein Vater und sagt, dass ihr ihn sowieso nicht so einfach loswerdet.«

Und er wolle ihr auch sagen, dass es nie das Land gewesen sei, was ihn mit der Familie verbunden habe. »Es ist die *Liebe,* die ihn mit euch allen verbindet«, gab ich ihnen zu verstehen. »Vertraut darauf.«

Am nächsten Tag antwortete mir Cathy mit einem Dankesbrief: »Ich freue mich jetzt auf die nächste Phase. Es ist so schön, bestätigt zu bekommen, dass unsere Lieben immer noch hinter uns stehen. Ich glaube das von ganzem Herzen, aber es ist trotzdem wunderbar, es von Ihnen zu hören.«

Ich war berührt von Cathys warmherzigem Brief.

»Ich weiß, Sie brauchen mich nicht, um zu wissen, dass Ihr Mann in der Nähe ist«, schrieb ich ihr, »denn Sie spüren ihn bereits, und er sendet Ihnen ständig Zeichen und Botschaften. Er möchte, dass Sie glücklich sind und offen für alles, was sich Ihnen in Ihrem nächsten Lebensabschnitt bietet. Aber er sagt, er werde Ihnen als Zeichen einen Adler schicken, damit Sie wissen, dass Sie seinen Segen für den Verkauf des Grundstücks haben.«

Mir war nicht bewusst, dass Frank den Adler bereits geschickt hatte.

Später erfuhr ich von Cathy, dass sie am Tag, bevor sie sich für den Verkauf der Immobilie entschied, einen der Schränke in ihrem Haus ausgeräumt hatte. Darin befanden sich Kisten mit Papieren, die seit Jahren nicht mehr angefasst worden waren. Cathy griff tief in den Schrank und holte den ersten von vielen Ordnern voller Dokumente heraus.

»Auf dem Cover dieses Ordners war das Bild eines wunderschönen Adlers«, sagt sie. »Ich hatte keine Ahnung, dass es diesen Ordner überhaupt gab.«

Dann wurde ihr plötzlich klar: Das Grundstück, das Frank für seine Familie gekauft hatte, lag am *Eagle* Lake, also am *Adler*-See.

»Ich dachte, das muss ein Zeichen sein«, sagt Cathy. »Dieser Ordner war dort jahrelang versteckt, völlig vergessen, und ich habe ihn genau in dem Moment herausgeholt, in dem ich ein Zeichen von Frank brauchte, das mit der Immobilie zu tun hatte. Als ich es sah, hatte ich das Gefühl, dass er es war, der mir sagte: ›Okay, es ist Zeit, es loszulassen.‹«

Am Tag des Verkaufs fuhr Cathy mit Jeanette zum Zahnarzt. Cathy erinnert sich: »Plötzlich sagte Jeanette: ›Mom, sieh dir das an!‹ Ein Adler flog direkt an unserem Autofenster vorbei, fast nah genug, um ihn berühren zu können.«

Danach sah Cathy überall Adler.

»Sie flogen über meinem Kopf oder saßen auf einem Ast, wo ich sie sehen konnte«, sagt sie. »Und jedes Mal, wenn ich einen sah, war er für mich eine Bestätigung dafür, dass Eagle Lake unser besonderer Ort war, an dem wir uns alle Frank nahe fühlten. Aber eigentlich brauchen wir diesen Ort gar nicht. Denn Frank ist *überall.*«

Cathy spricht ständig mit Frank. »Ich frage: ›Wie geht es dir heute?‹ Oder ich sage: ›Frank, ich brauche deine Hilfe.‹ Und er antwortet immer, entweder mit einem Zeichen oder mit einem Gedanken oder einem Wort, das mir in den Sinn kommt.«

Obwohl Cathy und ihre Familie Eagle Lake nicht mehr haben, kommen sie immer noch zusammen. Letzten Sommer verbrachte Cathy ein Wochenende mit ihren Kindern am Montauk Point. »Einige von uns machten einen Spaziergang am Leuchtturm vorbei. Ich erinnere mich, dass es sehr friedlich war – mit all den Möwen, die um uns herumflogen, und dem frischen

Geruch der Meeresluft. Ich erinnere mich auch, dass ich versuchte, mich an den Felsen festzuhalten, um nicht ins Meer zu fallen.«

Plötzlich bemerkte Cathys Tochter, dass auf einem Felsen in ihrer Nähe ein Name geschrieben stand. Es war der einzige Stein unter Tausenden, auf dem etwas geschrieben stand.

Es war der Name Frank.

»In diesem Moment dachte ich an all die Menschen, die mit mir am Ufer entlanggingen: Franks Tochter, Kingston und Caleb, zwei seiner Enkelkinder, seine Schwester Nancy und seine zukünftige Schwiegertochter Kim. Und ich wusste, dass Frank uns durch den Anblick dieses Steins mit seinem Namen wissen lassen wollte, dass auch er dort bei uns war. Daran habe ich keinen Zweifel.«

Unabhängig von der Art der Übermittlung ist Cathy immer bereit, jede Botschaft von Frank zu empfangen.

»Das zaubert mir jedes Mal ein breites Lächeln ins Gesicht«, sagt sie. »Frank fällt es wirklich leicht, mit mir zu kommunizieren. Das war schon immer so. Und er ist immer noch derselbe Spaßvogel wie früher und kümmert sich um uns, so wie er es immer getan hat. Es ist sehr beruhigend zu wissen, dass Frank immer noch da ist. Er besucht mich ständig, und das ist einfach wunderbar.«

15

Straßenschilder

Matthew Bittan war ein aufgeweckter, lustiger und kontaktfreudiger Junge mit einer starken Persönlichkeit und einer ungewöhnlichen Neugier auf das Leben. Er überraschte seine Eltern oft mit seltsamen Fragen, die ein sehr reifes Denken verrieten. Als er acht Jahre alt war, fuhr ihn seine Mutter eines Nachmittags zu einem Geschäft, und Matt wurde ganz still.

»Weißt du, Mommy«, sagte er schließlich, »ich bin mir nicht sicher, ob ich vor dir sterben möchte.«

Franciska, seine Mutter, war erschüttert. »Warum sagst du so etwas?«, fragte sie.

»Weil ich weiß, dass du an Herzschmerz sterben wirst, wenn ich vor dir sterbe.«

»Oh, Schatz, mach dir darüber keine Sorgen«, versicherte ihm Franciska. »Darüber musst du nicht nachdenken.«

Matt sprach das Thema nie wieder an. Aber Franciska fragte sich immer, ob er irgendwie in seiner Seele spürte, dass er nicht mehr lange hier sein würde.

• • •

Zwei Wochen nach seinem 25. Geburtstag starb Matt an einer Überdosis Drogen. Jahrelang hatte er gegen seine Schmerzmittelabhängigkeit gekämpft, schien diesen Kampf aber endlich hinter sich gelassen zu haben. Er blickte optimistisch in die Zukunft und war seit einiger Zeit seinem alten Ich ähnlicher denn je. Doch dann, während seines Aufenthalts in einer Übergangseinrichtung für Suchtkranke in Kalifornien, erlitt er einen Rückfall. Sein unerwarteter Tod war ein furchtbarer Schock.

»Lange Zeit hatte ich deswegen unglaubliche Schuldgefühle«, sagt Fran. »Was, wenn ich stärker gewesen wäre? Wenn ich die Zeichen erkannt hätte? Was, wenn ich ihn anders erzogen hätte?«

Nach seinem Tod schloss sich Fran fünf Wochen lang in ihrem Haus ein. Sie wollte niemanden sehen, mit niemandem über Matt sprechen und konnte es nicht ertragen weiterzuleben. Sie war regelrecht erstarrt vor Trauer und Verzweiflung. Schließlich sagte ihr eine Freundin, sie solle in die örtliche Schule kommen und mithelfen, Rucksäcke für bedürftige Kinder zu packen. Fran sagt: »Ich wollte das nicht tun. Ich wollte mit niemandem reden. Ich hatte Angst, dass ich weinen würde, sobald ich den Mund aufmache.«

Aber ihre Freundin drängte, und Fran gab schließlich nach.

Doch bevor sie zur Schule ging, tat sie noch etwas: Sie bat Matt, ihr ein Zeichen zu schicken. Sie bat um eine Chamsa, eine schützende Hand. Das jüdische Symbol besteht aus einer Hand mit fünf Fingern und einem Auge oder Davidstern auf der Handfläche. Es wird allgemein als Zeichen des Schutzes vor negativen geistigen Kräften angesehen, ähnlich im Islam und im Christentum. Es steht aber auch für Kraft und Segen. »Es ist nichts, was man überall sieht. Deshalb hatte ich Angst, etwas zu Spezielles erbeten zu haben, aber ich habe es trotzdem getan«, sagt Fran. »Als ich in der Turnhalle der Schule ankam, sah ich mich nach einer Chamsa um, konnte aber keine entdecken. Ich hatte wohl gehofft, sie gleich zu sehen.«

Fran verbrachte die nächsten zwei Stunden damit, schweigend Rucksäcke mit Schulsachen zu füllen. »Ich habe mit niemandem geredet«, sagt sie. »Ich habe einfach nur wie eine Maschine Taschen gepackt.« Schließlich kam eine ältere Frau auf sie zu, um Hallo zu sagen. Sie unterhielten sich eine Weile, und plötzlich platzte aus Fran heraus, dass ihr Sohn vor Kurzem gestorben war.

»Es kam einfach aus mir heraus: ›Mein Sohn ist gestorben‹«, sagt sie. »Ich erzählte ihr sogar, dass ich Matt um ein Zeichen gebeten und das Zeichen bisher nicht gesehen hatte. Ich hatte überall danach gesucht und es nicht gesehen.«

Da zeigte die Frau auf eine Wand in der Turnhalle, die mit Schildern bedeckt war, die Schüler dort aufgehängt hatten. Auf dem Schild, das Fran am nächsten hing – praktisch direkt vor ihr –, war ein auffälliges Symbol gezeichnet: eine Chamsa mit einem Davidstern auf der Handfläche.

»Ich hatte sie nicht gesehen«, sagt Fran. »Sie war da, aber ich hatte sie einfach übersehen. Und als ich sie sah, sagte ich: ›Wow, Matthew, das war ziemlich beeindruckend.‹«

Die Chamsa in der Turnhalle erschien Fran wie ein offensichtliches Zeichen von Matt. Doch sosehr sie auch daran glauben wollte, ein Teil von ihr fragte sich, ob dies beabsichtigt oder nur ein Zufall war. Dennoch hatte Fran, als sie von der Schule nach Hause fuhr, das Gefühl, es habe sich etwas verändert. Als hätte sie einen Schalter umgelegt und eine Verbindung hergestellt. Fran hoffte, dass vielleicht noch weitere Signs folgen würden.

Im Auto gab sie ihre Adresse in die Navigations-App ein. Fran glaubte, dass sie den Weg von der Schule nach Hause kannte. Sie benutzte die App nur zur Sicherheit. Plötzlich forderte sie die Computerstimme der App auf, links abzubiegen. »Es war so seltsam«, sagt sie. »Links abzubiegen, würde mich vom Weg abbringen. Ich meine wirklich vom Weg abbringen. Es würde mich auf all diese Straßen führen, auf denen ich nicht sein sollte. Es ergab keinen Sinn, aber ich bog trotzdem links ab.«

Die App führte sie durch eine unbekannte Gegend und schließlich in eine Sackgasse. Als sie am Ende der Straße anhielt, schaltete sich die App aus unerklärlichen Gründen ab. »Das hatte sie noch nie zuvor gemacht«, sagt sie. »Ich wusste nicht, was los war.«

Fran wendete und fuhr aus der Sackgasse heraus. Als sie fast draußen war, fiel ihr Blick auf ein Straßenschild, und sie sah den Namen der unbekannten Straße: »MATTHEWS WAY«.

Fran hielt an und blieb eine Weile stehen. »Ich dachte nur: *Oh mein Gott, ist das ein Zeichen? Ich meine, das muss ein Zeichen sein!*«, sagt sie. »Matthews Way!«

• • •

Seitdem führt Fran Tagebuch über die Zeichen, die Matt ihr schickt. »Er ist sehr gut darin, mir Zeichen zu senden«, sagt Fran. »Und wenn man sie einmal bekommen hat, will man sie immer weiter erhalten. Aber ich wollte nicht gierig sein. Also bat ich Matthew einfach um ein Zeichen pro Woche. Ich bat um die Chamsa oder sein Lieblingslied ›Wonderwall‹. Und dieses Lied taucht weiß Gott an den seltsamsten Orten auf.«

Einige Monate nach Matts Tod besuchte Fran eine Veranstaltung, bei der ich für einige der Teilnehmer Readings machte. Als sie auf mich zukam, spürte ich sofort Matts Anwesenheit.

»Haben Sie einen Sohn, der vor Kurzem verstorben ist?«, fragte ich sie.

»Ja, das stimmt«, sagte Fran.

»Okay. Nun, er sagt, dass ihm die Feuerstelle gefällt, und er möchte Sie wissen lassen, dass er die ganze Zeit bei Ihnen ist.«

Fran schien schockiert. Sie erklärte, dass sie erst kürzlich eine Feuerstelle in ihrem Hinterhof gebaut hatte, weil Matt so gern mit seiner Familie draußen gesessen und Gitarre gespielt hatte.

»Er sagt, es gefällt ihm auch, dass Sie seine Halskette tragen«, sagte ich zu Fran.

Um Frans Hals war keine Kette zu sehen. Aber als ich das sagte, griff sie in ihre Bluse und zog eine Kette mit einem wunderschönen Davidstern heraus.

Wir wussten beide, dass Matt sich über die Verbindung freute, die er noch immer zu seiner Mutter hatte.

Jedenfalls schickt Matt Fran immer noch viele verschiedene Signs. Sie findet wiederholt Pennys aus dem Jahr 1991 – Matts Geburtsjahr – auf dem Boden. An einigen aufeinanderfolgenden Tagen wachte sie immer genau um 5:30 Uhr auf, hatte aber keine Ahnung, warum. Dann dämmerte es ihr: Matts Geburtstag war der 30. Mai: 5/30. »Sobald ich das herausgefunden hatte, wachte ich zu diesem Zeitpunkt nicht mehr auf«, sagt Fran. »Es war, als hätte Matt darauf gewartet, dass ich das Zeichen deute, bevor er aufhörte, es mir zu schicken.«

Neun Monate nach Matts Tod machte Fran mit einer Freundin einen dringend benötigten Urlaub. Doch kaum am Zielort angekommen, wurde Fran von Schuldgefühlen geplagt. »Matt ist so gern gereist – nach Australien, Thailand, überallhin«, sagt Fran. »Ich weiß, er hätte gewollt, dass ich rauskomme und mir die Welt wieder anschaue, aber trotzdem hatte ich ein derart schlechtes Gewissen, weil er sicher so gern bei uns gewesen wäre. Also bat ich ihn in Gedanken: *Bitte schick mir ein Zeichen und lass mich wissen, dass du bei mir bist.*«

In diesem Moment ließ sich ein großer Mann in Badehose neben Fran in einen Liegestuhl fallen. »Ich schaute zu ihm hinüber und sah das riesige Tattoo auf seinem Bizeps: einen Davidstern und darunter die Worte ›ICH LIEBE DICH, MOM‹«, erzählt Fran. »Das Zeichen hätte nicht deutlicher sein können.«

Mehr als zwei Jahre nach seinem Tod spürt Fran immer noch die fortwährende Verbindung zwischen ihnen. Wenn sie sich ihm nah fühlen will, setzt sie sich an die Feuerstelle hinter dem Haus, und an manchen Abenden kann sie fast spüren, wie Matt neben ihr sitzt und Gitarre spielt.

»Es geht darum, den Verstand und das Herz für den Gedanken zu öffnen, dass die Beziehung nicht zu Ende ist, wenn einer stirbt«, sagt Fran. »Ich habe von Eltern gehört, die vor zehn Jahren ein Kind verloren haben und immer noch nicht in der Lage sind weiterzumachen. Ich verstehe das, aber ich möchte ihnen sagen, dass sie einen Weg finden müssen, eine neue Beziehung zu ihrem Kind aufzubauen. Das tue ich gerade. Ich lerne, eine neue Beziehung zu Matt einzugehen. Egal, wie sehr ich mit den Füßen aufstampfe und schreie, ich kann Matt nicht physisch zu mir zurückholen. Aber ich kann einen neuen Weg finden, mit ihm in Kontakt zu treten, und das habe ich getan.«

Die Zeichen, die Matt Fran schickt, lassen sie glauben, dass es ihm gut geht, sagt sie. »Und das macht es mir möglich, das Leben zu führen, von dem ich weiß, dass Matt es für mich gewollt hätte.«

Das ist Liebe: zu einem geheimen Himmel zu fliegen, hundert Schleier in einem Moment fallenzulassen, das Leben loszulassen. Und dann einen Schritt ohne Füße zu machen.

Rumi

16

Tanzende Kerzen

Vor einigen Jahren ließ ich mir die Haare in einem Salon auf Long Island schneiden, in dem ich noch nie zuvor gewesen war. Henry Bastos, der nette Herr, der mich frisierte, wusste nicht, dass ich ein Medium war, und ich hatte auch nicht vor, es ihm zu sagen. Aber als ich auf seinem Stuhl saß, spürte ich, wie jemand für ihn durchkam. Es war kein sehr starkes Signal, aber es wollte nicht verschwinden. Schließlich gestand ich ihm, dass ich ein Medium bin.

Er war nicht sonderlich beeindruckt. Und obwohl er ein spirituelles Leben führe, glaube er nicht wirklich an *solche* Dinge, wie er sagte. Ich erklärte ihm, wie ich Botschaften von der anderen Seite empfange und dass wir offen sein müssen, damit sie bei uns ankommen. Okay, sagte Henry, er werde versuchen, offen dafür zu sein. Kaum hatte er das gesagt, kam sein Großvater Hernan mit einer Nachricht für ihn.

»Er zeigt mir ein Taschenmesser«, sagte ich. »Es ist ein Taschenmesser in einem Lederetui. Er sagt, dass die Person, die dieses Messer hat, denkt, sie sei für seinen Tod verantwortlich. Aber das ist nicht der Fall, und er will sie wissen lassen, dass es nicht ihre Schuld war.«

Henry staunte ungläubig. Wie konnte sein Großvater, der vor sechzig Jahren gestorben war, plötzlich hier sein und uns eine Nachricht für jemand anderen schicken?

»Okay«, sagte er schließlich, »ich werde meine Mutter in Costa Rica anrufen und sie nach einem Taschenmesser fragen.«

Ich hörte, wie Henry seine Mutter Elizabeth anrief und mit ihr auf Spanisch sprach. Als der Anruf beendet war, schien Henry etwas verwirrt zu sein.

»Als ich sie nach dem Messer fragte, sagte sie: ›Woher weißt du davon?‹«, berichtete Henry. Sie erzählte ihm, Hernan habe seinem Onkel Luis das Taschenmesser gegeben, bevor er starb. Luis glaubte lange, er sei für Hernans Tod verantwortlich, weil er nicht zu Hause gewesen war, als Hernan starb. Er trug diese Schuld sechzig Jahre lang mit sich herum, bis Hernan ihm über Henry die Nachricht zukommen ließ, dass er an einer Krankheit gestorben sei und niemand etwas hätte tun können, um ihn zu retten.

Hernan hatte noch eine Botschaft für Henry. »Er möchte, dass ich Ihnen das sage: Es geht ihm gut, und er arbeitet jeden Tag daran, ein Paradies für Ihre Großmutter zu bauen, das für sie bereit sein wird, wenn sie dort ankommt. Er möchte sie wissen lassen, dass sie zusammen auf der Veranda sitzen und den Sonnenuntergang genießen werden. Er zeigt mir ein Bild, auf dem er mit einem kleinen Messer eine Orange für sie aufschneidet.«

Henrys Gesicht wurde blass, und seine Augen füllten sich mit Tränen. »Meine Großeltern lebten in einem kleinen Haus mit Blick auf den Strand, und sie saßen immer zusammen auf der Veranda und genossen den Sonnenuntergang«, erzählte er mir. »Mein Großvater saß mit seinem kleinen Taschenmesser da und schnitt Orangen für meine Großmutter. Alles war genau so, wie Sie es mir jetzt erzählen.«

Henry hatte schon immer ein spirituelles Leben geführt, aber jetzt glaubte er an die wunderbaren Lichtstrahlen, die uns alle verbinden. »Ich habe verstanden, dass auf der anderen Seite etwas auf uns wartet, was über das hinausgeht, was wir hier sehen«, sagt er. »Etwas, was noch schöner ist als all die Schönheit hier. Und das macht es mir möglich, auf eine andere Art mit den Menschen in meinem Leben abzuschließen, die auf die andere Seite gehen.«

Eine dieser Personen war Henrys geliebte Großmutter Emma. »Meine Mutter hat in den ersten vierzehn Jahren meines Lebens sehr viel gearbeitet. Deshalb wurde ich hauptsächlich von meiner Großmutter aufgezogen, die ich ›Mami Emma‹ nannte«, sagt Henry. »Sie war meine Vertraute. Sie war diejenige, die sich wirklich um mich gekümmert hat.«

Als Henry zwanzig Jahre alt war, verließ er Costa Rica, um seinen Traum zu verwirklichen, in der Modebranche zu arbeiten. Es dauerte eine Weile, aber es gelang ihm schließlich, sich eine erfolgreiche Karriere als Haarstylist aufzubauen. Als ich ihn kennenlernte, war seine Großmutter Emma 99 Jahre alt und in einem schlechten Gesundheitszustand.

Bevor »Mami Emma« starb, hatte Henry ihr versprochen, den Wallfahrtsort Unserer Lieben Frau von Fátima in Portugal zu besuchen und ihr zu Ehren eine Kerze anzünden.

»Wir glauben, dass Unsere Liebe Frau von Fátima den Menschen hilft, innerlich zu heilen, sich zu erholen und den schrecklichen Schmerz nicht mehr zu fühlen«, sagt Henry. »Meine Großmutter hat mir immer gesagt, ich solle zu ihr beten und sie um Hilfe bitten, damit ich auf dem richtigen Weg bleibe.«

Nachdem seine Großmutter gestorben war, buchte Henry einen Flug nach Portugal und fuhr nach Cova da Iria, wo eine kleine Kapelle am Ort des Wunders errichtet worden war. Henry kaufte zwei kleine Kerzen und ging damit zu der Seite der Kapelle, an der die Menschen Kerzen für ihre Lieben anzünden. Dort standen Hunderte und Aberhunderte kleiner Kerzen, und Henry fand einen Platz, wo er noch zwei weitere hinstellen konnte.

Er zündete die erste Kerze an und sprach ein Gebet für den Weltfrieden und für alle Menschen in seinem Umfeld, die Hilfe und Führung brauchten.

»Dann habe ich die zweite Kerze angezündet«, sagt Henry, »und Fatima die Kerze nur für meine Großmutter gewidmet. Ich sagte: ›Mami, ich bin hier. Ich halte mein Versprechen, das ich dir gegeben habe. Und ich weiß, dass du hier bei mir bist.‹«

Es wehte nicht das leiseste Windchen, und alle anderen Kerzen hatten kleine Flammen, die scheinbar bewegungslos brannten. Doch als Henry begann, mit seiner Großmutter zu sprechen, fing die Flamme seiner Kerze an zu flackern und zu wachsen – von 2,5 auf fast 25 Zentimeter.

»Diese Flamme, ich sage es Ihnen, diese Flamme schien bis zum Himmel reichen zu wollen und tanzte von einer Seite zur anderen«, sagt Henry, immer noch bewegt und überrascht von dem, was er gesehen hatte. »Ich habe ein Foto davon gemacht. Man sieht, wie hoch sie ist. Hunderte andere Kerzen – nichts. Aber diese Kerze, diese Flamme, sie hat sich bewegt. Sie hat getanzt. Und ich fing an zu weinen und weinte, so wie ich noch nie in meinem Leben geweint hatte.«

Henry wollte nicht gehen. Die Flamme züngelte immer noch, er weinte immer noch, und die Präsenz seiner Großmutter wurde immer stärker. »Schließlich sagte ich: ›Mami, es ist okay. Das ist kein Abschied, nur bis wir uns wiedersehen.‹ Als ich das sagte, erlosch die Flamme langsam. Und dann war es wie bei allen anderen Kerzen auch. Ich weiß, das ergibt keinen Sinn, aber ich habe Fotos davon. Jeder dort hat es gesehen. Es ist wirklich passiert. Es war das Unglaublichste, was mir je in meinem Leben passiert ist. Ich werde immer daran denken.«

Als ich Henry nach seiner Rückkehr aus Portugal wiedersah, erzählte er mir alles über diese wundersame Flamme. Er zeigte mir die Fotos, und tatsächlich überragte die Flamme von »Mami Emmas« Kerze alle anderen. Ich sagte ihm, es sei nicht ungewöhnlich, wenn unser geliebter Mensch auf der anderen Seite brennende Feuer und Kerzen nutzt, um uns Zeichen und Botschaften zu senden. Luft und Licht, Wind und Feuer sind Elemente, die die andere Seite manipulieren kann. Dass er eine Kerze angezündet hatte, um mit seiner Großmutter in Kontakt zu treten, war eine großartige Gelegenheit für sie, ihm eine Botschaft zurückzuschicken.

So wurde das zu ihrem Zeichen: eine flackernde Kerze.

»Es ist nicht so, dass ich jedes Mal, wenn ich eine Kerze anzünde, meine Großmutter bitte, irgendwelche Tricks damit zu machen«, sagt Henry. »Aber es gibt Momente, in denen ich ihre Anwesenheit wirklich spüren muss. Dann zünde ich eine Kerze an, und sie wird mich immer wissen lassen, dass sie da ist.«

Nachdem eine gute Freundin von Henry an Krebs gestorben war, war Henry besonders traurig, weil sie es nicht geschafft hatte, seinen Weihnachtsbaum zu sehen, wie sie besprochen hatten. Er war so traurig, dass er dieses Jahr keine Motivation mehr hatte, seinen Baum aufzustellen. Stattdessen setzte er sich in sein Wohnzimmer, zündete eine kleine Kerze an und unterhielt sich mit seiner verstorbenen Freundin.

»Ich habe ihr gesagt, dass ich sie liebe, sie vermisse und weiß, dass sie bei mir ist. Dann schaute ich auf die Kerzenflamme«, sagt er. »Ich dachte, sie würde sich bewegen, aber das tat sie nicht.«

Henry schickte seiner Großmutter eine Nachricht.

»Ich sagte: ›Mami, ich weiß, dass du da bist, also sag meiner Freundin bitte, dass ich meinen Weihnachtsbaum nur für sie aufstelle.‹ Und die Kerze spielte verrückt. Die Flamme begann zu tanzen. Es war kein Fenster offen oder so. Alles war ganz still. Aber die Kerze fing an zu tanzen.«

Henry spricht nicht mit vielen Menschen über seine Kerzen, aber wenn er eine für seine »Mami Emma« anzündet und sie in der windstillen Luft flackert und tanzt, erzählt Henry mir immer davon.

»Es ist etwas sehr Persönliches für mich und etwas, an das ich glaube«, sagt er. »Es gibt mir so viel Frieden, und ich kann so gut mit etwas abschließen. Ich habe das Gefühl, dass ich verstehe, wie die andere Seite funktioniert. Jedes Mal, wenn ich das Zeichen erhalte, ist es diese schöne Botschaft der Hoffnung, der Sicherheit und der Einheit, dass wir alle miteinander verbunden sind, dass unsere Familien weiterbestehen und dass wir in Zeiten der Not immer füreinander da sein können.«

17

Schildröten und Meerjungfrauen

Stephanie Muirragui arbeitete als Barkeeperin in einem japanischen Restaurant in Florida. Alle liebten sie – Kunden, Kollegen, einfach alle. Sie war so beliebt, dass sie oft gebeten wurde, Doppelschichten zu arbeiten, nur weil sie so viele Leute an die Bar lockte. Innerhalb von 20 Tagen arbeitete Steph mehr als 120 Stunden. »Sie war wie ein Magnet«, sagt ihre Mutter Gio. »Jeder kannte sie, jeder fühlte sich zu ihr hingezogen. Sie arbeitete so lange, dass es schien, als käme sie nie nach Hause.«

Nach einer anstrengenden vierzehnstündigen Samstagsschicht stieg Steph gegen halb zwei Uhr morgens in ihr Auto, um nach Hause zu fahren. Sie war müde, aber auch aufgeregt, denn später am Tag sollte die Erstkommunion ihrer Nichte stattfinden. Aus irgendeinem Grund, wahrscheinlich aus Erschöpfung, versäumte sie, sich anzuschnallen.

Sie schlief am Steuer ein und prallte gegen einen Baum. Sie war sofort tot. Ein Polizist fand ihr Handy und rief ihre Mutter an, aber Gio hörte es nicht klingeln. Die Polizei kam zu ihrem Haus, doch Gio hörte das Klopfen nicht. Später am Morgen kam ein Polizist wieder. Diesmal öffnete Gio.

»Kann ich reinkommen?«, fragte er.

Da wusste Gio es.

»Steph war so ein wunderbarer Mensch, so liebevoll, fürsorglich und großzügig«, sagt Gio. »Sie stellte alle über sich selbst.

Zu ihrer Beerdigung kamen so viele Menschen, die wir nicht einmal kannten.«

Der Schmerz war fast unerträglich. Alles schien so plötzlich, so sinnlos. »Das Einzige, was uns geholfen hat, war, dass wir nie aufgehört haben, uns ›Ich liebe dich‹ zu sagen«, sagt Gio. »Wir standen uns so nah und haben alles geteilt.« Am Morgen des letzten Tages, an dem sie sich sahen, hatte Gio ihre Tochter noch gebeten, vorsichtig zu sein.

»Sie sah mich an und sagte: ›LudaMom‹ – sie nannte mich ›LudaMom‹, weil ich den Rapper Ludacris mag –, ›mir geht es gut, mir wird es gut gehen.‹ Das war das letzte Mal, dass wir miteinander sprachen.«

Einen Monat später lag Stephs Collegediplom (sie hatte gerade ihren Abschluss in Kommunikationswissenschaften mit dem Nebenfach Meeresbiologie gemacht) im Briefkasten der Familie – eine traurige Erinnerung an eine Zukunft, die es nicht mehr geben würde.

»Es ergab keinen Sinn«, sagt Gio. »All die Liebe zwischen uns, und plötzlich verschwindet das alles? Einfach so? Nein, das kann nicht sein. So eine Liebe kann sich nicht einfach in Luft auflösen.«

• • •

Ich lernte Gio und ihren Mann Pat einige Monate nach Stephs Tod bei einer Veranstaltung der Forever Family Foundation kennen.

Als die Sitzung begann, zog mich etwas sofort dorthin, wo Gio saß. Jemand kam für sie durch, sehr klar und sehr energisch. Es war eine Frau. Sie erzählte, was ihr passiert war.

»Sie ist vor ihrer Zeit gestorben, und das tut ihr leid«, sagte ich. »Aber sie ist glücklich. Es geht ihr gut. Sie sagt mir, dass sie sich für Ihre Familie entschieden hat.«

Steph fuhr fort und erklärte, was sie damit meinte. Ihre Eltern waren beide schon einmal verheiratet gewesen und hatten jeweils Kinder mit in die Ehe gebracht. »Sie haben drei Kinder mitgebracht«, sagte ich und zeigte erst auf Pat und dann auf Gio, »und Sie haben zwei mitgebracht. Und das hat schon früh zu Problemen geführt.«

Gio nickt. »Unsere Ehe war am Anfang sehr holprig«, sagt sie. »Es war für uns alle eine schwierige Umstellung, wie vielleicht für die meisten Patchworkfamilien. Und dann bekamen wir Stephanie. Sie kam genau zum richtigen Zeitpunkt und hat uns alle zusammengebracht. So wie sie es immer getan hat.«

»Sie war der Klebstoff, der ihre Familie zusammengebracht hat«, sagte ich zu Gio in der Sitzung, bevor Steph mich und ich mich selbst korrigierte. »Eigentlich sagt sie, dass nicht sie der Klebstoff war. Es war die *Liebe.*«

Jetzt weinten Gio und Pat, weil sie glaubten, ihre Tochter sei da, um ihnen zu versichern, dass es ihr gut gehe. Aber wie so viele trauernde Eltern brauchten sie mehr. Sie brauchten eine Möglichkeit, mit ihrem geliebten Menschen in Kontakt zu treten. Sie mussten wissen, dass die Verbindung zwischen ihnen *noch lebendig war.*

Aber Gio wusste es bereits. Sie wusste nur einfach nicht, dass sie es wusste … Also hat ihre Tochter sie durch mich daran erinnert.

»Sie erwähnt Ihre Halskette«, sagte ich zu Gio, die instinktiv danach griff. »Sie möchte Sie wissen lassen, dass sie sie liebt und mit ihr verbunden ist.«

Gio war verblüfft. Sie wusste, dass Steph die Kette nie gesehen hatte. Eine Freundin hatte sie Gio nach Stephs Tod als Erinnerung an sie geschenkt. Aber Gio verstand sofort, warum Steph die Kette erwähnte.

Schon als kleines Mädchen liebte Steph Tiere. Alle Tiere. »Als Kleinkind kroch sie durch den Dreck und suchte nach Insekten«, sagt Gio. »Sie war furchtlos und mutig. Sie liebte alles, was lebte, aber am liebsten hatte sie Schildkröten. Wir hatten alle möglichen Haustiere – Hunde, Katzen und sogar Sugar-Glider (Kurzkopfgleitbeutler) –, aber ihr Lieblingshaustier war eine kleine Schildkröte, die sie ›Pollo‹ nannte.«

Steph liebte Schildkröten über alles, was ihr den Spitznamen »Turtle« einbrachte. Während ihrer Highschoolzeit arbeitete sie als Betreuerin in einem Rettungszentrum für Hunde. Im Studium engagierte sie sich ehrenamtlich im Loggerhead Marinelife Center, einer Organisation in Florida, die sich dem Schutz von Schildkröten widmet. »Sie träumte von einem Beruf, in dem sie Schildkröten und anderen Lebewesen helfen konnte«, sagt Gio.

Einige Wochen nach Stephs Tod, an ihrem dreißigsten Geburtstag, gab ihre Familie eine Party zu ihren Ehren. »Pat hatte ein großes Aquarium gebaut, das ihren Namen trug, und es mit rosa Korallen und Kaiserfischen gefüllt, die Steph so sehr geliebt hatte.«

Etwa zu dieser Zeit hörte Gio von einem von Stephs Freunden. Steph hatte ihn ermutigt, Künstler zu werden. »Er hat nie an sich geglaubt, aber Steph hat ihn zum Malen gedrängt«, sagt Gio. »Nach ihrem Tod begann er, diese wunderbaren Bilder zu malen. Er hat sie ihr zu Ehren gemalt. Er sagte, er verdanke ihr seine Karriere.«

Die Bilder waren allesamt wunderschöne Darstellungen von Meerjungfrauen mit Stephs hübschem Gesicht.

Kurze Zeit später organisierte eine Nachbarschaftsgruppe einen Spendenverkauf, bei dem man auch das riesige Gemälde einer Meerjungfrau erwerben konnte. »Ich habe es zur Erinnerung an Steph gekauft«, sagt Gio. »Es war sogar eine kleine Schildkröte drauf.«

Gio hatte immer kleine Schildkrötenfiguren für Steph gekauft. Und auch nach ihrem Tod kaufte sie noch jede Schildkröte, die sie sah. Und Gio sagt: »Sie tauchen einfach immer auf.«

Gio suchte verzweifelt nach einer Möglichkeit, mit ihrer Tochter in Kontakt zu treten. Sie suchte nach dem Schlüssel, der all die Liebe aufschließen würde, die sie geteilt hatten, als Steph noch lebte. Sie musste nur das Eine finden, was sie davon überzeugen würde, dass Steph noch bei ihr war und immer bei ihr sein würde – für immer.

Aber was war das? Was war »das Eine«?

Es war das Naheliegendste auf der Welt: »Als Laura Lynne sagte, dass Steph meine Halskette liebte, ergab alles einen Sinn. Es war nur ein einfaches schwarzes Lederband mit einem goldenen Anhänger. Aber in dem Anhänger war eine silberne Schildkröte.«

Die Liebe, die wir auf Erden empfinden, geht mit uns, wenn wir sterben. Die Liebe, die wir füreinander empfinden, und die Liebe zu allem, mit dem wir in Verbindung standen, während wir hier waren. In Stephs Fall wurde ihre Leidenschaft für Tiere und insbesondere für Schildkröten durch den Tod nicht geschmälert. Und so würde sie jetzt die Schildkröten nutzen, um eine Verbindung zu ihrer Mutter herzustellen.

Schildkröten sollten ihr Zeichen sein.

Tief im Inneren wusste Gio das sicher schon. Jedes Mal, wenn sie eine Schildkrötenfigur, eine Schildkrötenpostkarte oder ein Schildkröten-T-Shirt sah, dachte sie an ihre Tochter. Und in diesem Moment der Erinnerung erlebte Gio die Liebe wieder! Die Schildkröten gaben Gio das Gefühl, dass ihre Tochter immer noch bei ihr war. Ja, die Art, wie sie kommunizierten, war jetzt anders. Aber die Liebe, die sie füreinander empfanden, war so echt, so lebendig und so *lebensbejahend* wie eh und je.

Gio sah alles ganz deutlich. Ihre Tochter sprach die ganze Zeit mit ihr! Sie erzählte beispielsweise, dass sie einige Monate nach Stephs Tod nach der Arbeit in die Kirche ging, um für ihre Tochter zu beten. Ihre örtliche Kirche war um diese Zeit nicht geöffnet. Also fand sie eine andere, die allerdings viel weiter von ihrem Zuhause entfernt war. Am ersten Abend fühlte sie sich dort traurig und fehl am Platz. »Ich war in diesem fremden Gebäude und kannte niemanden«, sagt sie. »Ich fühlte mich irgendwie verloren.«

In diesem Moment betrat eine Frau die Kirche und setzte sich direkt vor sie auf die Bank. Sie war Krankenschwester und trug immer noch ihren Kittel. »Ich sah sie an und bemerkte das Muster auf ihrem Kittel«, erzählt Gio. »Es waren Schildkröten. Hunderte von Schildkröten! Die Kirche war nicht so voll, und sie hätte überall sitzen können, aber sie hatte sich direkt vor mich gesetzt.«

Gio fühlte sich sofort besser. »Es waren die Schildkröten«, sagt sie. »Sie waren eine Botschaft von Steph. Und die lautete: ›LudaMom, es geht mir gut. LudaMom, ich bin immer noch hier.‹«

Ich glaube nicht, dass Gio die Sitzung mit mir brauchte, um zu verstehen, dass Schildkröten und Meerjungfrauen die Zeichen sein sollten, die sie mit ihrer entzückenden Tochter teilte. Ich glaube, sie hätte es von selbst verstanden.

Aber ich glaube auch, dass es Stephanie war, die ihre Mutter auf meinen Weg gebracht hat, um den Prozess zu beschleunigen und ihrer Mutter zu zeigen, dass sie immer noch auf kraftvolle Weise verbunden waren. Während unserer Sitzung kam Steph mit so vielen deutlichen Affirmationen durch. Sie erzählte Gio, dass sie ihre Schildkrötenkette liebe, aber auch, dass sie es lustig fand, ihren Vater in Schuhen statt in Sandalen zu sehen. (»Das würde sie natürlich zum Lachen bringen«, sagt Gio.) Sie liebte das Aquarium, das ihr Vater für sie gebaut hatte, den Schokoladenkuchen, den ihre Mutter für sie besorgt hatte, und sogar die chinesischen Lampions, die ihre Familie für die Party im Hinterhof aufgehängt hatte.

»Sie ließ uns wissen, dass sie auf der Party war«, sagt Gio.

Tatsächlich ließ Steph ihre Lieben wissen, dass sie stets bei ihnen sein würde, wo auch immer sie waren.

Und obwohl Gio und Steph nicht mehr gemeinsam auf Shoppingtour gehen oder stundenlang auf dem Bett sitzen und reden konnten, wie sie es früher getan hatten, konnten sie sich immer noch »Ich liebe dich« sagen – genau so, wie sie es getan hatten, als Steph noch auf der Erde war.

Nur dass sie jetzt statt Worten Schildkröten und Meerjungfrauen benutzen würden.

Wenn du nur spüren könntest, wie wichtig du für das Leben der Menschen bist, denen du begegnest; wie wichtig du für Menschen sein kannst, an die du vielleicht im Traum nicht gedacht hast. Jedes Mal, wenn du einer anderen Person begegnest, lässt du etwas von dir zurück.

Fred Rogers

18
Die Vermittler

Wenn du diese Worte liest, ist die Wahrscheinlichkeit groß, dass du schon einmal jemandem das Leben gerettet hast oder es eines Tages tun wirst. Es ist wirklich so: Nach dem, was mir die andere Seite gezeigt hat, bekommen die meisten von uns die Gelegenheit, mindestens einem Menschen das Leben zu retten, vielleicht sogar mehreren.

Unsere Leben sind alle miteinander verbunden, und deshalb hat das, was wir einander antun und was wir füreinander tun, weitreichende Konsequenzen, die wir nicht immer sehen können (zumindest so lange nicht, bis wir auf die andere Seite überwechseln und unser Leben in der Rückschau betrachten – dann sehen und verstehen wir *alles*). Während wir hier auf der Erde sind, gehen wir alle unseren eigenen Weg durchs Leben, aber unsere Pfade kreuzen sich mit denen anderer Menschen, und ihre kreuzen sich mit unseren. Diese Schnittstellen sind sehr bedeutsam. Sie geben uns die Möglichkeit, eine wichtige Rolle im Dasein der anderen zu spielen, von der Unterstützung und Führung bis hin zur Rettung von Leben.

Was ich in meinen Tausenden von Readings gesehen habe, ist, dass die andere Seite diese Schnittstellen nutzt, um uns auf unseren höchsten Weg zu führen. Sie rekrutiert auch Menschen hier auf der Erde für unser Lichtteam, die uns auf diesem Weg begleiten. Ich nenne diese Leute »Lichtarbeiter«.

Lichtarbeiter sind die »Fußsoldaten« der anderen Seite vor Ort, die mit hochgekrempelten Ärmeln dafür sorgen, dass etwas in die Tat umgesetzt wird und vorankommt. Sie sind – auch ohne es zu wissen – damit beauftragt, die Arbeit der anderen Seite hier auf der Erde zu erledigen. Sie erleichtern unter anderem den Fluss von Ideen, Verbindungen und Zeichen – manchmal einfach dadurch, dass sie zur richtigen Zeit am richtigen Ort sind, ein andermal, indem sie ihre einzigartigen Fähigkeiten und Talente in eine bestimmte Situation einbringen. So wie die andere Seite uns alle möglichen Zeichen und Botschaften sendet, so schickt sie manchmal auch diese Lichtarbeiter in unser Leben.

Wer sind diese Lichtarbeiter?

Das sind *wir*.

Jeder von uns hat das Potenzial, ein Lichtarbeiter zu sein. Wir alle können von der anderen Seite eingesetzt werden, um Dinge für andere geschehen zu lassen. Und das tun wir oft, auch wenn wir keine Ahnung davon haben.

Aber es gibt Menschen, die offenbar mehr als andere in der Lage sind, diese Rolle zu spielen. Menschen, die *immer* zur richtigen Zeit am richtigen Ort zu sein scheinen, um für andere bestimmte Weichenstellungen vorzunehmen. Oder sie funktionieren wie die Telefonistinnen früherer Zeiten, sitzen in Schaltzentralen, stecken Telefonstecker in Telefonbuchsen und stellen Verbindungen her! Es sind Seelen, die – ohne ihr Wissen – einen spirituellen Vertrag mit der anderen Seite geschlossen haben, um ihr zu dienen.

Sie sind das, was ich »die Vermittler« nenne.

• • •

Ich möchte hier von Jill erzählen, einer Freundin und einer der magischsten Vermittlerinnen, die ich kenne.

Jill ist einer dieser besonderen Menschen, die sich sehr wohl in ihrer Haut fühlen. Sie ist nett, schrullig, lustig und absolut offen für die Welt und all ihre Möglichkeiten. Als sie 25 Jahre alt war, traf sie einen indischen Guru und erlebte ein spirituelles Erwachen. Der Guru brachte ihr eine Meditationspraxis bei, und Jill reiste daraufhin durch Indien und machte Erfahrungen, die ihre Vorstellung davon, wie die Welt funktioniert, infrage stellten. »Ich fühlte, wie sich mein Herz öffnete und wie sich die Grenzen von Zeit und Raum ausdehnten«, sagt Jill. »Ich war offen für neue Dimensionen der Wirklichkeit.«

Irgendwann bemerkten Jills Freunde, dass wunderbar seltsame Dinge passierten, wenn sie mit ihr zusammen waren. Eine ihrer guten Freundinnen hat zum Beispiel vor Kurzem ihren Mann verloren. Bevor er starb, hatte der Mann ihrer Freundin ein Buch mit dem Titel *Just Kids* gelesen, geschrieben von der legendären Sängerin Patti Smith. »Also setzte sich meine Freundin in den Kopf, Patti Smith kennenlernen zu wollen«, erzählt Jill. »Sie glaubte, wenn sie Patti Smith begegnete, wäre das ein Zeichen von ihrem Mann.«

Kurz darauf fuhren sie mit dem Amtrak-Zug von Washington nach New York. Für ihre Freundin war es die erste Reise seit dem Tod ihres Mannes. »Plötzlich kam sie im Zug zitternd auf mich zu«, erinnert sich Jill, »und sagte: ›Patti Smith ist in diesem Zug.‹ Ich sagte: ›Du halluzinierst.‹«

Aber Patti Smith war im Zug, und Jill und ihre Freundin hatten den Mut, auf sie zuzugehen. »Am Ende erklärte ich ihr die ganze Geschichte und sagte: ›Sie sind das Zeichen meiner Freundin‹«, sagt Jill. »Und Patti Smith sagte: ›Es macht mich glücklich, ihr Zeichen zu sein!‹«

»Ich weiß nicht, warum«, sagte ihre Freundin zu Jill, »aber wann immer wir zusammen sind, kommen Zeichen.«

Als der Vater einer anderen Freundin starb, ein bekannter Schauspieler, war Jill da, um ihr durch den Trauerprozess zu helfen. »Ich bemerkte, dass all diese seltsamen Dinge passierten, mit Fernsehern, Telefonen und elektronischen Geräten«, erzählt Jill. »Ich sagte zu Susie: ›Das ist die Art, wie dein Vater mit dir kommuniziert.‹«

Auf Susies Handy tauchten Fotos von ihrem Vater auf, die Susie nicht gemacht hatte. Als sie sich mit sechs Freunden zum Gedenken an ihren Vater in ihrem Haus traf, klapperten aus unerklärlichen Gründen die Fenster, sobald sein Name fiel. Das Geklapper hörte auf, wenn über etwas anderes gesprochen wurde. Ständig lief »I Will Survive« von Gloria Gaynor in Susies Autoradio. Die Autokorrektur ihres Mobiltelefons änderte andauernd *does* (»tut«) in *dies* (»stirbt«) und den Namen »Alita« in »Aorta«, was sie an ihren Vater erinnerte, der an einer Herzerkrankung gestorben war.

»All diese seltsamen Dinge passierten einfach immer wieder«, sagt Jill. »Ich riet ihr, eine Liste zu führen, denn es war ihr Vater, der eine Verbindung herstellen wollte.«

Jill fuhr Susie zur Beerdigung ihres Vaters, aber auf dem Rückweg verirrten sie sich. Sie fuhren durch unbekannte Straßen und hielten schließlich an, um herauszufinden, wo sie waren. Sie fanden ein Straßenschild. Der Straßenname war der Nachname von Susies Vater.

»Es war für uns beide sehr tröstlich«, sagt Jill. »Ich sagte immer: ›Du bekommst diese Zeichen!‹ Ich hatte einfach das Gefühl zu wissen, worum es sich dabei handelt, und wenn man etwas weiß, dann weiß man es. Man kann glauben, was man will, aber Überzeugungen sind nicht so wichtig wie Erfahrungen. Und all diese Dinge, die geschahen, waren unmittelbare Erfahrungen der Verbindung. Sie waren real.«

Jills Freunde begannen, ihre unheimliche Fähigkeit, Zeichen um sich herum entstehen zu lassen, in Worte zu fassen. Sie nannten es »manifestieren«, etwa: »Jill hat Patti Smith für ihre Freundin manifestiert.« Jill scheint lebendige, kraftvolle Zeichen von der anderen Seite für die Menschen in ihrem Umfeld zu erbitten.

Jills persönliche spirituelle Reise hat ihre Sicht auf die Welt verändert und sie zu einer idealen Komplizin für die andere Seite gemacht. Ihre intensiven meditativen Erfahrungen, sagt sie, »haben es mir ermöglicht, verschiedene Arten von Beziehungen zu Verstorbenen aufzubauen. Und deshalb sehe ich den Tod nicht als Ende. Ich sage immer, wenn gute Freunde weit weg reisen, bin ich traurig, weil ich nicht mehr physisch mit ihnen interagieren kann, weil sie körperlich nicht mehr anwesend sind. Und so empfinde ich den Tod. Es ist, als wären die Menschen, die wir lieben, nicht für immer verschwunden. Sie sind einfach irgendwo weit weg. Wie in Thailand!«

Jill steckt viel Energie in den Aktivismus und ist eine starke Kämpferin für soziale Gerechtigkeit, nachhaltige Entwicklung und Bildung für alle. Wie eine Freundin von ihr sagt: »Jill hat den Sinn ihres Lebens erkannt und ist durch ihre Arbeit in dieser wunderbaren Position, vermitteln und Kräfte zum Wohl der Menschheit in Bewegung setzen zu können.« Sie blüht in all diesen Welten regelrecht auf, und die Verbindungen zwischen ihnen ergeben sich für sie ganz natürlich und mühelos. Synchronizität ist zur Währung ihres Lebens geworden.

Hier ist ein Beispiel dafür, wie diese Synchronizität funktioniert: Kürzlich erhielt Jill einen Anruf von einer Freundin, die sich für eine Menschenrechtsorganisation engagiert. Die Gruppe hatte ein finanziell wirklich herausforderndes Jahr hinter sich und Schwierigkeiten, ihr Betriebsbudget einzuhalten, als sich eine dringliche humanitäre Situation ergab, die ihre sofortige Hilfe erforderlich machte. Die Freundin fragte Jill, ob sie jemanden kenne, der bereit wäre, ihr bei der Beschaffung von Ressourcen mitzuhelfen.

Jill sagte ihrer Freundin: »Lass mich sehen, was ich tun kann.« Und dann, so Jill, »habe ich die Botschaft gewissermaßen an das Universum gesendet«.

Innerhalb weniger Stunden erhielt Jill einen Anruf von einer anderen Freundin, die wissen wollte, was sie tun könne, um Kindern in Not sofort zu helfen.

»In der Tat«, sagte Jill, »habe ich da vielleicht genau das Richtige für dich.«

Jill stellte die Verbindung her, und innerhalb weniger Tage flog ein Flugzeug mit lebenswichtigen Hilfsgütern zu einigen sehr dankbaren Kindern.

Als ich diese Geschichte hörte, staunte ich, wie schnell das Universum Jill eingesetzt hatte, um etwas Magisches geschehen zu lassen. Sie ist eine wahre Lichtarbeiterin, die von der anderen Seite beauftragt wurde, hier auf der Erde lebenswichtige Verbindungen zu knüpfen.

Und doch hat Jill, abgesehen von ihrem gesteigerten Sinn für Spiritualität, keine Superkräfte, die nur ihr eigen wären. Im Gegenteil, bei den Begabungen, die sie zu einer derart starken Vermittlerin machen, handelt es sich um Fähigkeiten, die wir *alle* haben.

• • •

So wie wir alle Zeichen und Botschaften von unseren Lichtteams empfangen können, können wir auch alle Vermittler für die andere Seite sein.

Manchmal – wie im Fall von Jill – sind wir uns bewusst, dass wir als eine Art Kanal für Zeichen und Botschaften fungieren. Aber oft ist uns das nicht klar. Es geschieht einfach. Alle unsere Wege gehen über unser eigenes Leben hinaus und kreuzen sich wie gesagt mit den Pfaden anderer Menschen, was uns unendliche Möglichkeiten eröffnet, auf den Reisen anderer eine sinnvolle Rolle zu spielen. In unserem Leben geht es nicht nur um uns selbst, *sondern auch um unsere Beziehungen zu anderen Menschen.*

Wir müssen verstehen, dass wir das Leben anderer durch einfache Gesten sinnvoll beeinflussen können. Ein Lächeln für einen Fremden kann weitreichende Folgen haben. Ich habe kürzlich eine Geschichte über eine Frau gelesen, die bei Dunkin' Donuts vorbeikam, einen Obdachlosen sah, ihm eine Tasse Kaffee spendierte und sich fünf Minuten lang mit ihm unterhielt. Das war's, eine Tasse Kaffee und fünf Minuten.

Dann gab sie eine To-go-Bestellung auf, und als sie gerade wieder gehen wollte, drückte ihr der Obdachlose einen kleinen, zerknitterten Zettel in die Hand und ging. Auf dem Zettel stand, dass er sich an diesem Tag hatte umbringen wollen, aber ihr kurzes Gespräch – eine einfache Anerkennung seiner Existenz und seines Wertes als Mensch – hatte für ihn alles verändert und ihm das Leben gerettet.

Ich habe viele, viele solcher Geschichten gehört. Geschichten darüber, wie einfache freundliche Taten Folgen haben können, die weit über das hinausgehen, was wir uns vorstellen. Ein Lächeln, ein Wort, eine Geste, ein Geschenk kann alles verändern.

Und ja, sie können Leben retten, wenn sie es nicht schon längst getan haben.

Wir laufen uns gegenseitig aus unterschiedlichen Gründen über den Weg. Wenn wir diesen Momenten der Verbundenheit mit offenem Herzen und offenem Geist begegnen – mit dem Verständnis, dass das, was wir sagen und tun, einen sehr viel größeren Einfluss auf den Lebensweg eines Menschen haben kann, als wir uns vorstellen können –, werden wir unserer Rolle als Vermittler für die andere Seite besser gerecht.

Es heißt, dass Menschen unsere Wege kreuzen und entweder als Segen oder als Lektion in unser Leben treten. Oft ist es beides. Entweder haben sie uns etwas beizubringen oder wir ihnen. Bestenfalls können wir voneinander lernen. *So* funktioniert diese großartige Kette aus Licht und gegenseitiger Verbundenheit.

Und das ist mit das Schönste an Zeichen und Botschaften: Die andere Seite *braucht unsere Hilfe,* um sie stark und kraftvoll zu machen. Unsere Lichtteams müssen aufmerksam, offen und empfänglich sein, nicht nur für unsere eigenen Zeichen, sondern auch um Zeichen für andere zu ermöglichen. Wir sind dazu bestimmt, ein Leben in gegenseitiger Verbundenheit zu führen. Einfach ausgedrückt: Wir sind alle gemeinsam betroffen.

»Wir gehören zueinander«, wie Mutter Teresa sagte.

Meine Freundin Jill bringt dies auf bemerkenswerte Weise zum Ausdruck. Aber Tatsache ist, dass wir alle Lichtarbeiter und Vermittler sein können. Das Universum ist bereit, jeden und jede von uns einzusetzen. Wir müssen nur bereit sein, uns den Lichtteams der jeweils anderen anzuschließen.

Bis man ein Tier geliebt hat, bleibt ein Teil der eigenen Seele nicht erwacht.

Anatole France

19

Alle Lebewesen, die großen und die kleinen

Ich werde oft gefragt, ob auch unsere Haustiere auf die andere Seite gelangen und ob sie uns ebenfalls Zeichen senden können. Die Antwort auf beide Fragen lautet: »Ja.« Die Tiere, die wir hier auf der Erde so sehr geliebt haben, sind tatsächlich auf der anderen Seite. Und sobald sie dort sind, können sie uns erstaunliche Zeichen senden – und das tun sie auch.

Ich bin in Hunderten von Readings Haustieren begegnet, und sie erscheinen immer als fröhliche Licht- und Energiebündel. Solange sie bei uns sind, sind sie unsere Lehrer und erteilen uns tiefgründige Lektionen über bedingungslose Liebe – Lektionen, die sie auf einzigartige Weise vermitteln können. Und wenn sie sterben, bleiben sie auf authentische und kraftvolle Weise mit uns verbunden und schenken uns Hoffnung, Trost, Unterstützung und natürlich ewige Liebe.

Es mag seltsam klingen, aber Tiere können tatsächlich besser Zeichen senden als Menschen. Warum? Weil sie wunderbar unbefangen sind. Sie werden nicht durch analytisches Denken eingeschränkt und können sich daher frei auf die Energie unserer Verbindung mit ihnen einlassen – so wie es Kleinkinder tun, bevor ihr logisches Denken ins Spiel kommt.

Aufgrund dieser Unschuld und inneren Freiheit sind Tiere sehr empfänglich für den Energiefluss in unserem Universum. Die andere Seite hat mich gelehrt, dass wir hier auf der Erde nur etwa 15 Prozent von dem sehen, was uns umgibt. Beim Rest handelt es sich um unsichtbare Energie- und Lichtverbindungen. Tiere hingegen können weit mehr als 15 Prozent wahrnehmen. Es ist beispielsweise bekannt, dass Tiere schon Tage vor einem Erdbeben und anderen Naturkatastrophen darauf reagieren. Denk mal darüber nach: Ist dir schon einmal aufgefallen, dass dein Hund oder deine Katze plötzlich ganz aufrecht dasitzt und auf ein imaginäres Geräusch oder Ereignis reagiert? Als hätte er oder sie etwas gesehen oder gehört, was du nicht wahrgenommen hast? Die Chancen stehen gut, dass das Tier auf etwas sehr Reales reagiert.

Tiere können auch die Energie von Geistern, die uns auf der Erde besuchen, spüren und sehen.

Vor nicht allzu langer Zeit habe ich ein Reading für eine Frau gemacht, die kurz davor auf tragische Weise ihren Sohn verloren hatte. In unserer Sitzung kam ihr Sohn durch und ließ mich seiner Mutter sagen, der Grund dafür, dass ihr Hund sich am Tag zuvor so verrückt verhalten hatte, sei, dass der Hund ihn gesehen habe – oder besser gesagt: seinen Geist.

»Oh mein Gott«, sagte die Frau. »Das ist passiert. Das ist wirklich passiert. Der Hund ist völlig durchgedreht, und wir haben uns alle gefragt: ›Was in aller Welt ist mit dem Hund los?‹ Wir haben uns tatsächlich laut gefragt, ob er vielleicht gesehen oder gespürt hat, dass unser Sohn uns besucht.«

Wie sich herausstellte, sind unsere Haustiere ziemlich gut darin, die Aktivitäten von Geistern wahrzunehmen, während diese sich hier aufhalten, sowie mit der anderen Seite zu kommunizieren und Zeichen von dort weiterzugeben.

• • •

Melissa, eine meiner ehemaligen Schülerinnen, schrieb mir eine Geschichte über ihre geliebte Hündin Heidi, die 21 (ja, 21!) wunderbare Jahre gelebt hatte. Heidi war ein Hund aus dem Tierheim, verspielt und liebevoll, und hatte gern Schmetterlinge gejagt. Ihr Tod war verheerend für Melissa. Sie war ein sehr wichtiger Teil von Melissas Lebensreise gewesen. Sie vermisste Heidi so sehr, dass sie nicht einmal auf die Idee kam, sich einen anderen Hund anzuschaffen.

Zwei Jahre nach Heidis Tod wurde Melissa auf ihrer Facebook-Seite an ein wichtiges Ereignis erinnert. An diesem Tag wäre Heidis 23. Geburtstag gewesen. Während sie sich an Heidi erinnerte und ihre Liebe zu ihr feierte, kam Melissa ein schöner Gedanke in den Sinn: Jetzt könnte endlich ein guter Zeitpunkt sein, einen weiteren Hund zu adoptieren.

An jenem Tag lud sich Melissa den Antrag einer Hunderettungsorganisation herunter und nahm ihn mit zu ihrer Arbeit als Bademeisterin. »Gerade als ich ihn ausfüllte«, sagt sie, »flog ein Schmetterling direkt über meinen Kopf und tanzte dort herum. Ich bringe Schmetterlinge immer mit Heidi in Verbindung.«

Weil Melissa offen für Botschaften von der anderen Seite war, wusste sie, was der Schmetterling bedeutete. Er war ein Zeichen von Heidi, mit dem sie ihr ihren Segen gab, mit ihr feierte und bestätigte, dass sie mit der Anschaffung eines weiteren Hundes genau das Richtige tat. Melissa adoptierte einen neuen Hund, was ihr Leben – und das des Hundes – von da an erheblich bereicherte.

Dies ist eine der wichtigsten Aufgaben unserer geliebten Haustiere auf der anderen Seite: Sie helfen uns, alle Schuldgefühle loszulassen, die wir wegen ihres Verlusts vielleicht haben, und führen uns zu Entscheidungen, die uns glücklich machen und unsere Erfahrung der Liebe im Hier und Jetzt erweitern – besonders die Entscheidung, ein weiteres Haustier anzuschaffen. Genau wie all unsere Lieben, die sterben, möchten auch unsere Tiere auf der anderen Seite, dass wir glücklich sind.

Wenn du also in einer solchen Situation bist und dich fragst, ob du dir ein anderes Tier anschaffen sollst, scheue dich nicht, dein Haustier auf der anderen Seite um ein Zeichen zu bitten.

Auch meine Mutter hat eine starke Verbindung zu den vielen Hunden, die sie im Laufe ihres Lebens liebgewonnen hatte. Sie sind auch lange nach ihrem Tod in ihrem Leben präsent. Lightning war ein winziger Toy Foxterrier – ein absolut bezaubernder, kleiner schwarz-weiß-hellbrauner Kerl mit krummen Beinen und unerschöpflicher Energie. Mein Bruder hatte ihn für sich ausgesucht, aber Lightning schloss sich meiner Mutter an.

»Er hat einfach entschieden, dass ich sein Frauchen bin«, sagt sie.

Meine Mutter nahm Lightning mit auf einen Familienurlaub am Lake George. Sie wollte mit dem Boot auf den See hinausfahren, also brachte sie Lightning in ein Schlafzimmer im zweiten Stock und schloss die Tür. Ich saß draußen auf der Veranda, als ich plötzlich eine dunkle Gestalt vom Himmel fallen und über den Rasen flitzen sah. Es war Lightning! Er war aus dem Fenster und vom Balkon gesprungen und dann über eine Wiese gerannt, nur um zu meiner Mutter am See zu gelangen.

Ein anderes Mal ließ meine Mutter Lightning bei einem Hundesitter zurück, dessen Hinterhof von einem 1,80 Meter hohen Zaun umgeben war. Niemand hätte gedacht, Lightning könne einen fast 2 Meter hohen Zaun erklimmen, aber natürlich schaffte er es und rannte auf der Suche nach meiner Mutter davon. Da meine Mutter Stunden entfernt war, verließ meine

Tante (die auch übersinnliche Fähigkeiten hat) ihre Arbeit, um nach dem Hund zu suchen. Es zog sie zum Hafen in Huntington, und tatsächlich sah sie Lightning am Wasser entlanglaufen. Sie öffnete ihre Autotür, rief Lightning, und er sprang sofort hinein.

Lightning hatte ein langes und aktives Leben, bevor er starb. Zu diesem Zeitpunkt hatte meine Mutter bereits einen zweiten Hund – einen Labrador namens Cassie. Lightning hatte immer am Fußende des Bettes meiner Mutter geschlafen, während Cassie in einem Hundebett auf dem Boden schlief. Zur Schlafenszeit sprang Lightning immer in Cassies Bett, und Cassie schaute meine Mutter an, als wolle sie sagen: *Siehst du? Siehst du, wie sich Lightning mit mir anlegt?* Meine Mutter scheuchte Lightning aus Cassies Bett, und Lightning sprang auf ihr Bett und legte sich schlafen.

Am Abend nach Lightnings Tod ging Cassie zur Schlafenszeit in das Zimmer meiner Mutter, weigerte sich jedoch, sich in ihr Hundebett zu legen. »Sie war sichtlich beunruhigt«, erinnert sich meine Mutter. »Ich fragte: ›Was ist los? Lightning ist nicht da, du kannst schlafen gehen‹, aber Cassie sah mich immer wieder an und schaute verzweifelt zurück auf ihr Hundebett. Sie wog fast 40 Kilo, hatte kurze Beine und noch nie hoch genug springen können, um in mein Bett zu gelangen, aber in dieser Nacht schaffte sie es irgendwie, auf mein Bett zu kommen, anstatt sich auch nur in die Nähe ihres eigenen zu bewegen. Sie sah verängstigt aus. Ich konnte nichts sehen, aber irgendetwas hatte sie richtig verunsichert.«

War es Lightning, der sie von der anderen Seite aus immer noch neckte?

Am Tag danach kam meine Mutter aus der Dusche und hörte auf der anderen Seite der Badezimmertür leise wimmernde Geräusche. Sie erinnerte sich, dass Lightning immer vor dem

Badezimmer gestanden und so lange gewimmert hatte, bis sie herauskam. Aber Lightning war weg. Wer also machte diese Geräusche? »Ich kenne die Geräusche, die Lightning macht«, sagt meine Mutter. »Ich kenne alle seine Geräusche. Und diese klangen nach ihm. Aber als ich aus dem Badezimmer kam, war natürlich niemand da.«

Ein paar Monate nach Lightnings Tod bekam meine Mutter eine neue Hündin, eine Chihuahua-Pudel-Mischung namens Dobby. Dobby schlief am unteren Ende des Bettes, genau dort, wo Lightning früher geschlafen hatte. »Mitten in der Nacht bewegte ich meinen Fuß und muss, ohne es zu merken, versehentlich Dobby getroffen haben, denn ich hörte, wie sie vom Bett sprang. ›Dobby‹, rief ich, ›komm wieder rauf, es tut mir leid‹, aber ich hörte nichts.« Sie wusste, dass sich Dobby gern unter dem Bett versteckte, wenn sie sich bedroht fühlte, also nahm sie an, dass sie dort war.

Meine Mutter versuchte wieder einzuschlafen. Als sie sich ausstreckte, stieß ihr Fuß gegen etwas Schweres. Sie war verwirrt. Hatte sie ein Buch auf ihrem Bett liegen lassen? Sie griff nach unten, um zu fühlen, was da war. Es war Dobby, die tief und fest schlief! Sie war ein wenig verunsichert. »Ich weiß, dass ich nicht verrückt bin, aber ich weiß auch, dass ich einen kleinen Hund von meinem Bett auf den Boden springen gehört habe. Wie oft hatte ich im Laufe der Jahre dieses vertraute Geräusch von Lightning gehört? Ich legte mich wieder hin. Und dann hörte ich kleine Hundeschritte auf dem knarrenden Boden im Flur. Ich hörte sie wirklich!«

Meine Mutter ist auch sehr offen für Zeichen und Botschaften, und es dauerte nicht lange, bis sie begriff, was passiert war.

»Es war Lightning«, sagt sie. »Er versuchte mir zu sagen, dass er noch da war. Und er hörte nicht auf, bis ich es endlich kapiert hatte. Und als es so weit war, hörten alle Geräusche auf.«

Wenige Wochen später besuchte meine Mutter meine Schwester in ihrem Haus in New Jersey. Als sie ankam, ließ sie versehentlich Dobbys Leine fallen, und Dobby machte sich auf den Weg. Dobby war ein geretteter Hund, sehr unsicher und Menschen gegenüber sehr ängstlich. Sie war noch nie in dieser Gegend gewesen und hätte daher nicht gewusst, wie sie zum Haus zurückkommen sollte, selbst wenn sie gewollt hätte. Meine Mutter, meine Schwester und ein paar Nachbarn suchten zwei Tage lang nach ihr, konnten sie aber nicht finden. Hinzu kam noch, dass tiefster Winter war. Nach zwei Tagen wusste meine Mutter, dass sie keine andere Wahl hatte, als nach New York zurückzukehren, weil sie zur Arbeit musste. Sie war außer sich.

»Ich war untröstlich«, sagt sie. »Ich fuhr herum, suchte nach Dobby und weinte. Ich sagte: ›Bitte, Lightning, du hast dich zweimal verlaufen, und irgendwie haben wir dich gefunden. Und jedes Mal hat es sich wie ein Wunder angefühlt. Jetzt brauche ich noch ein kleines Wunder. Bitte hilf uns, Dobby zu finden.‹«

Zwei Stunden später klopfte es bei meiner Schwester an der Tür. Eine Nachbarin, die zum Joggen unterwegs war, glaubte, im nahe gelegenen Wald einen kleinen Hund entdeckt zu haben. Sie blieb dort und rief ihren Mann auf dem Handy an. Er kam und holte meine Mutter und meine Schwester ab. Sie fuhren alle in den Wald und begannen mit der Suche. Doch kein Hund war in Sicht. Dobby war klein, sehr unsicher und versteckte sich gern – und ihre gelbbraune Farbe war eine gute Tarnung. Plötzlich entdeckte der Mann aus dem Augenwinkel etwas, was wie ein kleiner Hund aussah, der auf eine winzige Insel mitten in einem Teich zuschwamm. Dann schien der Hund zu verschwinden. Aber er musste da sein! Der Nachbarin und meiner Mutter gelang es, auf mehreren umgestürzten Baumstämmen zu balancieren und so zu der winzigen Insel zu gelangen. Und dort, tief im Unterholz versteckt, fanden sie die schlotternde, kalte, nasse Dobby. »Sie zitterte und fror. Wer weiß, was passiert wäre, wenn wir sie nicht gefunden hätten?«, sagte meine Mutter. »Und sie war so gut versteckt, dass es einem Wunder gleichkam, sie zu finden.«

Meine Mutter wusste, dass Lightning auf ihre Bitte um Hilfe geantwortet hatte. »Lightning hat mir geholfen, mein Wunder zu bewirken. Er hat mir geholfen, Dobby zu finden.«

• • •

Sind unsere Haustiere gestorben, möchten sie uns wissen lassen, dass es ihnen gut geht. Wenn sie am Ende ihrer Zeit auf der Erde gebrechlich waren oder Schmerzen hatten und gelitten haben, wollen sie uns mitteilen, dass sie jetzt schmerzfrei sind und wieder herumtollen, springen und rennen. Und sie wollen, dass wir aufhören, an uns selbst zu zweifeln oder falsche Schuldgefühle zu haben. Unsere Haustiere wissen, dass jede Entscheidung, die wir getroffen haben, in ihrem besten Interesse war. Sie wissen, dass wir alles in unserer Macht Stehende getan haben, um ihren Übergang so angenehm wie möglich zu gestalten. Sie wollen unsere Trauer lindern und unsere gebrochenen Herzen heilen. Und das tun sie, indem sie uns wissen lassen, dass sie immer noch bei uns sind.

Ich habe auch gelernt, dass, wenn unsere Zeit zu sterben gekommen ist, unsere Haustiere oft die Ersten sind, die herbeihüpfen, -springen und -flattern, um uns zu begrüßen. Ich habe es in meinen Readings immer wieder gesehen.

Meine Freundin Joanne Gerber, ebenfalls ein Medium, erzählte kürzlich eine Geschichte über ihren geliebten Hund Louis. Er war ein West Highland White Terrier und spielte eine zentrale

Rolle in Joannes Leben. Ich hatte mich an all die bezaubernden Bilder von Louis gewöhnt, die Joanne auf ihrer Facebook-Seite postete, und freute mich immer darauf. Deshalb war ich sehr bestürzt, als ich las, dass Louis die Diagnose Gehirntumor bekommen hatte und vier Monate später gestorben war.

Louis' Tod war verheerend für Joanne, doch in den folgenden Wochen und Monaten berichtete sie, er sei mehrmals zu ihr gekommen und habe ihr gezeigt, dass er glücklich, mobil und schmerzfrei sei.

Eines Nachts, nur wenige Wochen nach Louis' Tod, hatte Joanne auf dem Highway 90 in Connecticut einen schrecklichen Unfall, an dem drei Fahrzeuge beteiligt waren. Das Auto vor ihr bremste plötzlich scharf, und Joanne wich aus, um einen Auffahrunfall zu vermeiden. Sie geriet auf Glatteis in drei Fahrspuren des Gegenverkehrs. Ein Auto erfasste sie seitlich. Dann erwischte sie ein Sattelschlepper auf der Beifahrerseite, und schließlich prallte ihr Auto gegen eine Leitplanke. Die Airbags wurden ausgelöst, aber Joanne blieb bei Bewusstsein. Sie trat die Tür auf und kroch hinaus in den Schnee. Wie durch ein Wunder trug sie nur Schnittwunden und Prellungen davon.

Ersthelfer halfen, den Unfallort zu räumen, und ein Abschleppwagen kam, um Joannes demoliertes Auto abzutransportieren und sie nach Hause zu fahren. Der Fahrer wollte gerade die abgelöste hintere Stoßstange auf den Rücksitz ihres Auto legen, als er abrupt innehielt und sie fragte, ob sie einen kleinen Hund auf dem Rücksitz hätte … Er glaubte, dort ein kleines weißes Tier gesehen zu haben.

Aber es war kein Tier im Auto. Joanne wusste sofort: Das war *Louis!*

»Ich weiß, dass ich Schutzengel hatte«, schrieb sie über diese Nacht. »Und Louis war einer von ihnen.«

Joannes Geschichte zeigt eindrucksvoll, dass unsere Haustiere nie aufhören, uns beschützen und glücklich machen zu wollen. Die bedingungslose Liebe ist immer noch da. Unsere Verbindung zu ihnen bleibt stark. Sie werden alles versuchen, um uns wissen zu lassen, dass sie noch bei uns sind. Und wenn wir ein Wunder brauchen, sorgen sie vielleicht auch dafür.

Ich bin ziemlich sicher, dass der wichtigste Teil eines Menschen nicht sein physischer Körper ist, sondern seine nichtphysische Essenz, die manche Menschen Seele nennen … Der nichtphysische Teil kann nicht sterben und nicht zerfallen, weil er nicht materiell ist.

Rabbi Harold Kushner

20

Murmeltiere

Meine Lektorin Julie habe ich kennengelernt, kurz nachdem ihr Verlag mein erstes Buch erworben hatte. Ich kam in ihr Büro in Midtown Manhattan, um ein Reading für sie zu machen, aber sie sagte mir schnell, dass sie das Reading an diesem Tag nicht wollte. »Ich bin bereits eine Gläubige«, sagte sie. »Sie müssen mich also nicht überzeugen.« Aber meine Literaturagentin war auch da und bestand darauf. Julie stimmte schließlich widerstrebend zu. Doch ich wusste, dass es einen Grund gab, warum sie zunächst Widerstand leistete, obwohl ich sie nicht unter Druck setzte.

Wir machten uns bereit und legten los. Irgendwann in der Mitte des Readings kam Julies Vater durch. Ich sagte ihr, dass er mit einem Hund da sei.

»Er zeigt mir einen Pfirsich«, sagte ich. »Ich weiß nicht, was ich zu diesem Pfirsich sagen soll, aber das zeigt er mir. Ich weiß nicht – vielleicht Georgia? Wie ein Georgia-Pfirsich?«

Julie wurde sichtlich emotional.

»Georgie Girl«, sagte sie. »Das ist der Hund meiner Kindheit.«

Julies Vater erzählte mir, er habe Informationen über einen anderen Hund. Er gab mir sogar den Namen des Hundes: Alfie.

»Ihr Vater möchte Sie wissen lassen, dass Sie in Bezug auf Alfie die richtige Entscheidung getroffen haben«, gab ich weiter.

Dann zögerte ich einen Moment und legte die Hände zusammen. »Sie wissen, was ich sagen werde ... Aber Ihr Vater möchte Sie wissen lassen, dass Sie das Richtige getan haben. Sie haben ihm viel Zeit verschafft, aber wenn es so weit ist, werden Ihr Vater und Georgie Girl dort sein und auf ihn warten.«

An diesem Punkt war Julie ein weinendes Häufchen Elend. Julies Hund, ein fünfzehnjähriger Tibet-Terrier namens Alfie, hatte sich erst wenige Tage zuvor einer riskanten Operation unterziehen müssen. Deshalb hatte sie sich an diesem Tag zunächst gegen das Reading mit mir gewehrt. Sie war waidwund – und hatte Angst, ihre emotionalen Schleusen zu öffnen. Und natürlich machte sie sich Sorgen darüber, was sie in dem Reading über Alfies Gesundheitszustand erfahren würde.

Die Botschaft ihres Vaters erwies sich als richtig. Die Operation hatte für Alfie die Zeit zurückgedreht. Er erholte sich schnell und erlangte seine Jugendlichkeit und Kraft zurück. Tatsächlich hatte er noch zwei Jahre lang ein gutes Leben, doch dann begann sich sein Gesundheitszustand zu verschlechtern.

Also brachte Julie ihn zu dem Tierarzt in der Stadt, der ihn kannte, seit er ein Welpe war. »Ich wollte wissen, ob Alfie Schmerzen hatte und ob es egoistisch von mir sei, ihn am Leben zu halten«, erzählte sie mir später. Schweren Herzens saß sie im Wartezimmer, Alfie lag ihr zu Füßen. Da fielen ihr die Flyer über vermisste Hunde auf, die an einer Pinnwand gegenüber angebracht waren. Sie stand auf und ging direkt zu einem Aushang, auf dem ein entlaufener Shiba Inu gesucht wurde. »Mir kam der Gedanke: *Ich frage mich, wo dieser Hund zuletzt gesehen wurde,* und fuhr mit dem Finger zur entsprechenden Information. Es war die Adresse des Hauses in Brooklyn, in dem meine Mutter aufgewachsen war.« Julie schickte ihrer Schwester ein Foto des Flyers als Handynachricht. »Schau dir die Adresse an«, schrieb sie. Ihre Schwester antwortete: »Unglaublich – bis hin zur

Wohnungsnummer!« Julie hatte dieses Detail noch gar nicht bemerkt: Nr. 1A, genau die Wohnung, in der ihre Großeltern fast fünfzig Jahre lang gewohnt hatten. Als Julie ein kleines Mädchen war und die Familie ihre Großeltern besucht hatte, war Georgie Girl aus dem Auto gesprungen, die Stufen des Gebäudes hinaufgerannt, war nach links abgebogen und hatte sich mit wedelndem Schwanz vor die Wohnungstür gesetzt.

»Ich habe es sofort verstanden«, erzählte mir Julie später. »Ich war beim Tierarzt, weil ich wusste, dass wir am Ende waren, und hier war ein unverkennbares Zeichen, das widerspiegelte, was Sie mir in unserer Lesung gesagt haben. Als es für Alfie an der Zeit war zu sterben, waren Georgie Girl, mein Vater und sogar meine Großeltern da, um ihn willkommen zu heißen.«

Nun, da sich ein Kommunikationskanal zwischen Julie und ihrem Vater eröffnet hatte, kam er gelegentlich durch, wenn wir ein Meeting oder einen Telefontermin hatten. Eines Tages telefonierten wir und besprachen die bevorstehende Veröffentlichung meines ersten Buches. Am Ende des Gesprächs fragte ich sie: »Ist heute ein besonderer Tag? Ihr Vater war bei mir und hat gesagt, dass es eine Art Feier geben werde, eine Party?«

Julie hielt inne. Ich merkte, dass sie einen Moment brauchte. »Heute ist der Geburtstag meines Vaters«, sagte sie. »Zweiter Februar, Tag des Murmeltiers.«

Julie hatte eine besondere Beziehung zu ihrem Vater, der etwa zwölf Jahre zuvor gestorben war. »Ich war sein Kumpel, sein Flügelmann«, erklärt sie. »Sein Geschäft lag nicht weit von meiner Schule entfernt. Also fuhr er mich jeden Tag zur Schule und wieder zurück. Wir verbrachten morgens und abends viel Zeit miteinander. Er war ein Fels in der Brandung – fleißig, zuverlässig, energisch, immer in Bewegung. Er sah gut aus – wie ein Filmstar –, und alle seine Kunden vergötterten ihn.«

Julie war in ihren Dreißigern, als ihr Vater nach langer Krankheit starb. »Er hat sich nie beschwert. Er hatte so eine Würde. Es war, als sei seine Seele irgendwie aufpoliert worden und als habe er zu einer tiefen Zufriedenheit mit seinem Leben gefunden. Es war schrecklich zu sehen, wie dieser Mann, der so sportlich und tüchtig gewesen war, körperlich eingeschränkt wurde. Aber das, was vor seiner Krankheit schön an ihm gewesen war, wurde noch schöner.«

Ein paar Monate nach unserem Anruf hielt sich Julie in ihrem Wochenendhaus in einem ländlichen Teil von Long Island auf. Es war Vatertag, der Tag, der in den Jahren seit dem Tod ihres Vaters immer bittersüße Gefühle in ihr hervorrief. Sie machte gerade den Abwasch und schaute aus dem Fenster über den Hof auf einen an das Grundstück angrenzenden Bauernhof. Plötzlich entdeckte sie aus dem Augenwinkel ein kleines braunes Tier, das aus einem Waldstück auftauchte und mitten im Hof stehen blieb.

»Kommt her und schaut euch das an«, rief sie ihrem Mann und ihrem Sohn im Nebenzimmer zu. »Was ist das? Eine seltsam aussehende Katze? Ist es ein Biber?«

»Es sieht aus wie ein Murmeltier … vielleicht?«, sagte ihr Mann. »Google mal – wie sieht eigentlich ein Murmeltier aus?«

Ihr Sohn googelte und fand das Foto eines Murmeltiers, das auf seinen Hinterbeinen saß. »Ja, das ist es.« Sie schauten auf das Murmeltier im Garten, das genau die gleiche Pose einnahm wie das auf dem Foto.

»Oh mein Gott«, sagte sie. »Heute ist Vatertag.«

Ein paar Monate später bekamen Julie und ihre Familie übers Wochenende Besuch von einem Freund aus Collegezeiten. Dem Freund, der vor Jahren ebenfalls seinen Vater verloren hatte, erzählte sie die Geschichte von dem Murmeltier, das sie am Vatertag gesehen hatte. Sie fügte hinzu, dass ich die Leute ermutigt hätte, die andere Seite um Zeichen zu bitten und sich keine Sorgen darüber zu machen, dass sie vielleicht zu speziell sind. Die andere Seite kann damit umgehen. Während sie sprach, blickte Julie aus dem Küchenfenster und hoffte insgeheim, das Murmeltier würde auf wundersame Weise wieder auftauchen. *Aber,* dachte sie, *das wäre wohl zu viel verlangt.*

Sie ging nach oben, um die Betten zu machen, und schaute aus dem Fenster. Zwei Kardinäle, ein Pärchen, saßen auf einem Ast direkt in ihrem Blickfeld.

»Ich sehe sie von Zeit zu Zeit«, sagt sie. »Ich habe sie ›Mr. und Mrs. Cardinal‹ getauft. Sie erinnern mich an meine Großeltern, die 54 Jahre lang verheiratet waren. Ich nahm sie zur Kenntnis und sagte – laut, weil niemand in der Nähe war –: ›Ich freue mich so, euch beide zu sehen. Ich freue mich immer, euch zu sehen, aber wisst ihr, was mir heute wirklich gefallen würde? Ich würde das Murmeltier gern wiedersehen.‹«

Julie machte die Betten fertig, ging wieder nach unten und räumte das Frühstücksgeschirr ab. Sie stand am Spülbecken und schaute aus dem Fenster. Da war das Murmeltier und wartete auf sie.

Sie wagte nicht, sich zu bewegen. Sie stand stocksteif da und sah zu, wie das Murmeltier langsam über den Hof ging und schließlich im Gebüsch verschwand.

Obwohl sie »eine Gläubige« war, wie sie mir bei unserer ersten Begegnung versichert hatte, zögerte Julie nach der zweiten Sichtung des Murmeltiers, auf Abruf um ihr Zeichen zu bitten. Sie hatte Angst, dass das Murmeltier nicht auftauchen würde und sie dann enttäuscht wäre. Doch über ein Jahr später, nachdem sie eine schwierige Zeit durchgemacht hatte, dachte sie: *Ich wünschte, ich hätte gewusst, dass mein Vater bei mir ist, jetzt, wo ich es überstanden habe.*

Später an jenem Tag joggte sie eine bewaldete Landstraße entlang. Auf dem Rückweg sah sie etwa hundert Meter vor sich ein kleines braunes Tier über die Straße spazieren. »Ich konnte nicht sagen, ob es eine Katze, ein Waschbär oder was immer war«, sagt Julie. »Ich rannte darauf zu, aber bevor ich es erreichen konnte, überquerte es die Straße und huschte zwischen die Bäume.«

Na ja …, dachte sie. Aber als sie an die Stelle kam, wo das Tier die Straße überquert hatte, sah sie, dass sie nicht vollständig bewaldet war. Es gab eine kleine Lichtung direkt jenseits eines Dickichts, und dort auf der Lichtung wartete das Murmeltier auf sie. »Mir blieb echt die Luft weg«, sagt sie. »Wir schauten uns ein oder zwei Momente lang an. Dann ist es in den Wald geflüchtet.«

In Rekordgeschwindigkeit lief Julie nach Hause, begleitet von einem leuchtend gelben Schmetterling, der über ihr flog. Sie war begeistert. »Die Welt fühlte sich an wie ein wohlwollender Ort«, beschreibt sie es. Sie konnte es kaum erwarten, allen zu erzählen, was sie gesehen hatte. »Ich hatte das Gefühl, dass das Murmeltier eine eindeutige Botschaft meines Vaters war, dass er wusste, was ich durchgemacht hatte, und bei mir war. Ich habe meine Angst vor Enttäuschung überwunden. Ich habe gefragt, und er hat geantwortet – genau in dem Moment, in dem ich es am meisten brauchte.«

21

Wie du deine eigene Sprache mitgestalten kannst

Wenn ich Readings für andere mache, begebe ich mich an einen ruhigen Ort und bringe meine Energie bewusst in einen Zustand völliger Empfänglichkeit. Ich nenne es »mich für die andere Seite öffnen«. In gewisser Weise mache ich mich leer. Ich höre auf, Laura Lynne zu sein, damit ich eine bessere Botin für unsere Lichtteams sein kann. Alles, was durch mich kommt, hat seinen Ursprung auf der anderen Seite. Ich bin einfach nur der Kanal.

Es war nicht immer einfach, mich in diesen Zustand zu versetzen. Als Heranwachsende verstand ich die Impulse nicht, die ich von der anderen Seite bekam. Ich hatte Angst vor ihnen. Ich *wollte* nichts über lebende oder tote Menschen wissen, was ich nicht hätte wissen dürfen. Es hat lange gedauert, bis ich meine Gabe verstanden hatte und annehmen konnte, und noch länger, bis ich gelernt hatte, mit ihr umzugehen. Schließlich kam ich an den Punkt, an dem ich den Informationsfluss von der anderen Seite kontrollieren konnte, sodass ich nicht 24 Stunden am Tag davon überschwemmt wurde.

Als ich mehr Vertrauen gefasst und mich immer weiter entwickelt hatte, lernte ich die geheime Sprache des Universums. Wie ich schon mehr als einmal erwähnt habe, wurde mir klar, dass diese Sprache für uns alle verfügbar ist. Und ich habe verstanden, dass es Teil meiner Reise ist, andere für diese Möglichkeit zu sensibilisieren.

Die folgenden Leitlinien sollen dir dabei helfen, gemeinsam mit deinen wunderbaren Lichtteams deine eigene ganz besondere Sprache zu entwickeln. Ich hoffe, die Geschichten, die ich bisher erzählt habe, waren hilfreich, um dich auf den ersten Schritt vorzubereiten, der darin besteht, deinen Verstand und dein Herz für die andere Seite zu öffnen.

RUHE BITTE

Ich rate dir, diesen Prozess damit zu beginnen, dass du dir zehn Minuten Ruhe gönnst. Nicht zehn Minuten auf dem Sofa mit eingeschaltetem Fernseher oder zehn Minuten mit dem Handy in der Hand. Ich spreche von echter Ruhe. Von meditativer Ruhe. Der Art von Ruhe, die es dir möglich macht, den Kopf freizubekommen, deine Energie zu lenken und dich möglichst weit vom Alltag zu lösen.

Such dir zunächst einen ruhigen Ort zum Sitzen. Das ist vielleicht gar nicht so einfach. Glaub mir, ich weiß das. Ich habe einen Mann, drei Kinder, zwei Hunde und eine Katze. Schließ deine Schlafzimmertür. Lass dir ein heißes Bad ein. Setz dich auf ein Kissen. Setz dich mit gekreuzten Beinen auf eine Yogamatte. Oder leg dich mit den Handflächen nach oben auf den Rücken. Wenn Lärm in deinen ruhigen Ort eindringt, lege beruhigende Musik auf. Versuche, eine möglichst ruhige und ungestörte Umgebung zu schaffen.

Wenn du dir jeden Tag diese kostbaren ruhigen Minuten nehmen kannst und dabei bleibst, wirst du lernen, deine Energie zu verändern und kraft deiner Absicht in einen anderen

Bewusstseinszustand zu gelangen. Es ist wie bei den Träumen. Wir versuchen, unser logisches Denken auszuschalten. Wir wollen unser Bewusstsein von unserem Körper befreien. Wir wollen das ganze Geplapper im Frontallappen unseres Gehirns zum Schweigen bringen, das oft als »Affengeist« bezeichnet wird.

Wir wollen an einen Ort gelangen, an dem wir die andere Seite hören und Verbindung zu ihr aufnehmen können. Finde also deinen ruhigen Ort. Mach es dir körperlich bequem. Schließ die Augen. Mach lange und tiefe Atemzüge, atme durch die Nase ein und durch den Mund aus. Richte deine Aufmerksamkeit auf deinen Atem. Einatmen, ausatmen. Lass die Gedanken sanft davonziehen.

Wenn du das Gefühl hast, dass du ein Bild brauchst, um deinen Geist zur Ruhe zu bringen, dann stell dir einen wunderschönen, leuchtenden See voll schimmerndem Licht direkt über dir vor und lass zu, dass das Licht durch die Krone, den obersten Punkt deines Kopfes, strömt und deinen Körper von Kopf bis Fuß ausfüllt. Das nenne ich »das Licht hereinbringen«.

Mach dies eine Minute lang und dann noch eine weitere Minute. Mach es, bis du dein Zeitgefühl verlierst. Bleib an diesem friedlichen, ruhigen Ort. Mach nichts anderes, als die Stille zu genießen.

Hier sollte ich anmerken, dass es Zeiten in unserem Leben gibt, in denen wir unbeabsichtigt in diese veränderten Zustände geraten, ohne es überhaupt zu merken. Das passiert, wenn wir Aufgaben erledigen, die für uns selbstverständlich sind und nicht viel Nachdenken erfordern. In solchen Momenten schaltet unser Gehirn »auf Autopilot«. Ein gutes Beispiel ist das Duschen. Beim Duschen sind wir in Bewegung und tun, was getan werden muss, aber wir *denken* nicht über das nach, was wir tun. Alles geschieht praktisch automatisch. Dadurch wird unser

Gehirn entlastet, und wir driften in einen leicht abgekoppelten Zustand.

Das kann auch passieren, wenn wir eine Strecke fahren, die wir schon x-mal gefahren sind, oder wenn wir Geschirr spülen: Aufgaben, die nicht viel aktives deduktives Denken erfordern.

Ich habe buchstäblich *Hunderte* Geschichten von Menschen gehört, die beim Duschen Kontakt zu ihren verstorbenen Lieben aufgenommen haben. Ich selbst habe diese Erfahrungen gemacht. Das Geräusch von fließendem Wasser hat etwas an sich, das uns beruhigt und fasziniert und es uns möglich macht, unsere Energie zu verändern. Das gleichmäßige Rauschen eines Schauers übertönt zudem tendenziell alle anderen Geräusche und erzeugt eine wunderbare Art von Stille (ganz zu schweigen von der Wirkung negativer Ionen, auf die wir in einem späteren Kapitel noch zu sprechen kommen). Unter der Dusche können wir uns angenehm isoliert fühlen oder vom warmen, rauschenden Wasser umarmen lassen. All dies schafft eine ideale Umgebung, in der die andere Seite auf uns zugehen kann – und wir sie *hören* können.

Ich sage nicht, dass du ins Badezimmer stürmen, dich unter die Dusche stellen und versuchen solltest, mit deiner verstorbenen Tante oder deinem verstorbenen Onkel zu reden. Das wäre zu bemüht und kontraproduktiv. Ich sage, dass wir uns bewusst sein sollten, was in unseren denkenden Geist hinein- und aus ihm herausfließt, wenn wir uns in solchen versehentlich abgekoppelten Zuständen befinden. Sie geben der anderen Seite wunderbare Gelegenheiten durchzukommen. Und uns geben sie Einblick in die Geisteshaltung, in der wir sein möchten, wenn wir den ersten Schritt in die Stille tun.

BITTE UM DEINE ORANGE

Schritt zwei besteht darin, um ein Zeichen zu bitten, das du dir wünschst. Es ist wirklich so einfach!

Erinnerst du dich, als ich die andere Seite gebeten habe, mir eine Orange zu schicken, als Zeichen dafür, dass ich auf dem richtigen Weg war? Ich tat das in einem ruhigen Moment, als ich hinter der Bühne war. Und schon nach kurzer Zeit hatte ich meine Orange – sogar Tausende davon. Überleg also, welches Zeichen du gern von der anderen Seite geschickt haben möchtest, und bitte dann einfach darum.

Ein paar Tipps: Du kannst laut oder nur in Gedanken um ein Zeichen bitten. Sie kannst um ein längeres Gespräch mit einem geliebten Menschen bitten oder einfach sagen: »Schick mir einen grünen Affen.« Du kannst einige Elemente verwenden, aus denen Standardzeichen bestehen, da diese für die andere Seite einfacher einzusetzen sind – jedoch mit einer Wendung, die das Zeichen unverwechselbar macht. Oder du erschaffst ein Zeichen, das ganz deiner Fantasie entspringt.

Versuch nicht, um etwas zu bitten, was so gut wie unmöglich oder in irgendeiner Weise negativ ist. Beispielsweise solltest du vielleicht nicht gerade die Landung einen Jumbo-Jets im Central Park beobachten wollen. Du *kannst* aber sehr wohl darum bitten, ein glänzendes Flugzeug an einem ungewöhnlichen Ort zu sehen. Die Reaktion darauf könnte ein Modellflugzeug im Fenster eines Spielzeugladens sein, eine Anzeige mit einem Flugzeug in deinem Facebook-Feed oder ein Papierflieger, der plötzlich und sanft auf deinen Arm fällt. Du solltest also nicht um etwas wirklich Absurdes oder nahezu Unmögliches bitten, wohl aber um etwas, das einzigartig und sogar herausfordernd ist.

Noch ein Tipp: Nimm dir etwas Zeit, um dein Zeichen zu sehen. Ziemlich oft bekommen Menschen die gewünschten

Zeichen innerhalb von drei Tagen. Es kann aber auch sein, dass sie bereits einen Tag oder erst eine Woche später eintreffen. Rechne nicht damit, das Zeichen sofort zu sehen. Die andere Seite ist wirklich erstaunlich, aber selbst unsere Lichtteams können nicht dafür sorgen, dass sich etwas vor unseren Augen materialisiert (oder zumindest *glaube* ich nicht, dass sie es können). Allerdings habe ich mit Dutzenden von Menschen gesprochen, die tatsächlich innerhalb weniger Augenblicke, nachdem sie darum gebeten hatten, ein Sign bekommen haben. Manchmal arbeitet die andere Seite *wirklich* schnell. Aber in der Regel ist es gut, ihr ein wenig Zeit zu geben, für das Zeichen offen zu bleiben und es so wahrscheinlicher zu machen, dass wir es bemerken, wenn es eben kommt.

Bitte abschließend um etwas Persönliches. Bitte um etwas, was dich mit einem geliebten Menschen auf der anderen Seite verbindet. Vielleicht hat er Porzellandelfine gesammelt. Wenn ja, bitte um Delfine. Oder bitte um etwas, was dir gefällt und für dich sehr persönlich ist. Es geht darum, es zu *deinem* Zeichen zu machen – etwas, was für dich und/oder deinen geliebten Menschen besonders ist. Dies wird das zutiefst schöne Gefühl der Liebe und Verbundenheit verstärken, das mit einem Zeichen einhergeht.

Du kannst verschiedenen Personen auf der anderen Seite auch unterschiedliche Zeichen zuweisen. Du kannst deine Großmutter bitten, dir ein rosa Herz mit dem Wort »Liebe« darauf zu schicken, und deinen Großvater, dir ein blaues Nilpferd zu senden. Du kannst deine Geistführer bitten, dir die Zahl 555 zu schicken. Es liegt ganz bei dir, die Sprache zu gestalten, die du mit ihnen gemeinsam haben wirst. Und je mehr Zeichen du nennst und etablierst, desto flüssiger wird die Sprache. Die Worte »Ich liebe dich«, die Zahl 333, Neil Diamonds »Sweet Caroline«, eine Biene: Je mehr Zeichen du kreierst, desto weiter wird die Sprache.

Sicher können wir nicht gerade eine Tasse Kaffee mit einem geliebten Menschen trinken, der verstorben ist. Aber wir können einen schönen Moment teilen, in dem wir uns wieder verbunden fühlen. Wir müssen nur darum bitten.

DU KANNST AUCH UM HILFE BITTEN

Wir beschränken uns nicht auf Zeichen, wir können auch um konkrete Hilfe bitten. Die andere Seite ist bestrebt, uns zu unterstützen. Und ich spreche hier nicht von abstrakter Hilfe – zum Beispiel: »Helft mir, ein besserer Mensch zu werden« (das tun deine Teams ohnehin). Ich spreche von Support bei ganz konkreten Anlässen: »Ich habe heute einen wirklich wichtigen Test. Bitte helft mir, ruhig und konzentriert zu bleiben.« – »Mein Freund und ich streiten. Bitte helft mir, darüber nachzudenken, was ich sagen kann, um die Dinge wieder in Ordnung zu bringen.« – »Ich habe Schulden. Bitte helft mir, die Schritte zu unternehmen, die meine Finanzen verbessern.« – »Ich brauche heute einen Parkplatz in der Nähe des Ladens. Bitte helft mir, einen zu finden.« Konkrete Hilfe für konkrete Probleme. Echte, ehrliche Hilfe. Ich habe selbst schon oft darum gebeten.

Wenn du also das Gefühl hast, am Ende deiner Kräfte zu sein, und nicht weißt, an wen du dich wenden kannst, dann konsultiere dein Lichtteam. Betrachte es als ein Gebet, wenn du möchtest. Sei konkret und ehrlich. Und bitte um die Hilfe, die du brauchst.

SEI EMPFÄNGLICH

Ich habe darüber geschrieben, dass wir Zeichen übersehen können, die uns von der anderen Seite gesendet werden. Wenn wir nicht danach suchen, kann es sein, dass wir sie einfach ignorieren. Aber ich habe auch Geschichten von Menschen gehört, die um ein bestimmtes, anspruchsvolles Zeichen gebeten haben, es erhielten und es trotzdem übersehen haben. Das habe ich aus nächster Nähe mitbekommen.

Vor nicht allzu langer Zeit bat meine Mutter meinen Vater, der kürzlich verstorben war, ihr ein Zeichen zu schicken. Sie bat um etwas ganz Bestimmtes – einen lila Elefanten. Sie erzählte mir, sie habe ihr Zeichen, bereits einen Tag nachdem sie diese Bitte ausgesprochen hatte, in Form einer riesigen aufblasbaren Rasendekoration in Form eines lila Elefanten im Vorgarten eines Nachbarn bekommen!

Eine Woche später kam meine Schwester Christine aus New Jersey. Wir hatten eine schwierige Aufgabe vor uns. Wir wollten zum Friedhof gehen und dann einen Grabstein bestellen. Meine Mutter fuhr uns zum Friedhof. Anschließend ging es zum Mittagessen in eine nahe gelegene Stadt. Später mussten wir zurück zum Friedhof und von da aus weiter. Ich schaute aus dem Fenster und sah über einem neuen Restaurant ein riesiges Schild, das mir vorher gar nicht aufgefallen war:

DER LILA ELEFANT

Vor dem Restaurant stand sogar die Figur eines lila Elefanten, dessen Rüssel in den Himmel gereckt war! Mein Vater hatte sich wirklich selbst übertroffen. Er schickte meiner Mutter genau das, was sie verlangte, und zwar so, dass sie es gar nicht übersehen konnte. Und doch war es uns allen zunächst nicht aufgefallen!

»Mom, hast du das gesehen?«, schrie ich.

»Was denn?«

Ich sorgte dafür, dass sie umkehrte und direkt zu dem Restaurant fuhr, damit sie einen schönen, langen Blick darauf werfen konnte.

»Oh wow«, sagte sie, als sie es endlich sah. »Wie wär's denn damit? Scheint auch ein toller Ort zum Mittagessen zu sein.«

Die Lektion hier: Wir müssen nicht nur sehen, sondern auch *hin*sehen. Dafür müssen wir nichts an unserem Leben ändern, außer unsere Art der Wahrnehmung leicht zu modifizieren.

Im Golfsport raten positiv denkende Trainer den Spielern, erhobenen Hauptes über das Fairway zu gehen und die Landschaft um sich herum völlig in sich aufzunehmen, statt den Kopf hängen zu lassen und nur das Gras vor sich zu sehen. Dadurch sollen Golfer stärker beteiligt, aufmerksamer und empfänglicher werden und besser auf ihren nächsten Schlag vorbereitet sein.

Das Gleiche können wir auch in unserem Alltag tun. Wir können die Gegend ringsumher besser wahrnehmen, indem wir einfach nach oben schauen. Das ist eine kleine, feine Veränderung unserer Fokussierung, eine leichte Erhöhung unserer Aufmerksamkeit. Eine Verpflichtung zu mehr Achtsamkeit. Wenn wir diese Verpflichtung eingehen, sind wir viel besser vorbereitet, sobald das nächste Zeichen von der anderen Seite kommt.

SEI DANKBAR

Wenn wir ein Zeichen bekommen, ist es wichtig, dass wir uns die Zeit nehmen, unsere Dankbarkeit zum Ausdruck zu bringen. Haben wir unsere Großmutter gebeten, uns einen Monarchfalter zu schicken, sollten wir sagen: »Danke, Oma, für den schönen

Schmetterling.« Wir sollten das Zeichen anerkennen und dafür dankbar sein, entweder in Gedanken oder mit Worten.

Warum? Sich bei der anderen Seite für ein Zeichen zu bedanken, ist eine Möglichkeit, die starken Bande zu würdigen, die zwischen uns bestehen. Es ist auch eine Gelegenheit, den Anblick des Zeichens zu etwas *Gemeinsamem* zu machen – zu einem Moment der freudigen Gemeinschaft zwischen uns und unseren verstorbenen Lieben. Nach allem, was ich beobachtet habe, genießen sie es sehr, mit uns in Kontakt zu treten. Es lässt sie wissen, dass ihre Anwesenheit immer noch spürbar ist, und vermittelt ihnen, dass sie nach wie vor als Teil des Lebens ihrer Lieben hier auf Erden anerkannt werden. Ein Dankeschön zu hören, ist die beste Bestätigung dafür.

Am wichtigsten ist vielleicht, dass *auch wir* uns besser fühlen, wenn wir uns für ein Zeichen bedanken. Dadurch fühlen wir uns mehr verbunden und weniger allein. Wie kann man allein sein, wenn man sich mit einem geliebten Menschen unterhält, der einem gerade ein wunderbares Zeichen geschickt hat? Indem wir danke sagen, würdigen wir den Segen unserer Verbundenheit und erzeugen einen mächtigen Funken der Freude und des Wohlbefindens, der sich durch die Dimensionen ausbreitet.

SPRICH ÜBER DEIN ZEICHEN

Ich habe mit so vielen Menschen gesprochen, die unglaubliche Zeichen empfangen, aber nie jemandem davon erzählt haben. Vielleicht hatten sie Angst, dass die Leute ihnen nicht glauben oder denken würden, sie hätten den Verstand verloren. Aus welchem Grund auch immer haben sie dieses erstaunliche Erlebnis als »Privatsache« ad acta gelegt.

Das kannst du natürlich tun, und das Zeichen wird trotzdem bedeutungsvoll für dich sein. Aber ich rate dir, deine Geschichte mit der Welt zu teilen. Wenn du Lust hast, in deinem Freundeskreis davon zu erzählen, dann tu das! Bei dem Phänomen Signs geht es nicht nur darum, dass wir mit unseren Lieben auf der anderen Seite in Kontakt treten. Es geht auch darum, dass wir uns hier auf der Erde *miteinander verbinden.*

Wenn du davon überzeugt bist, dass ein Zeichen echt ist, dann mach dir keine Sorgen darüber, dass irgendjemand dir nicht glaubt oder denkt, bei dir sei eine Schraube locker. Das wird sowieso passieren, und zwar bei vielen verschiedenen Diskussionsthemen. Es wird immer Kritiker geben, die sich auf jede Meinung stürzen, die von ihrer eigenen abweicht. Aber die Sache ist die: Wenn du jemandem deine Story erzählst, ist es genauso wahrscheinlich, dass du völlige Akzeptanz für deine Erfahrung erlebst. Die Tatsache, dass du deine Geschichte erzählst, kann auf einen anderen Menschen sogar derart befreiend wirken, dass er endlich über seine eigene Geschichte spricht! Und Freude mit jemandem zu teilen, steigert und verbreitet diese Freude noch. Sei also gesprächig. Erzähl deine Geschichte. Sprich über deine Zeichen.

Sei dir vor allem bewusst, dass es im Leben nicht nur um unsere eigenen Entscheidungen und Wege geht. Wir beeinflussen die Welt und die Menschen um uns herum auf sehr reale und tiefgreifende Weise. Wir spielen eine wichtige Rolle auf der Reise anderer, und das bedeutet, dass es wichtig ist, wie wir unsere Energie durch die Welt tragen. Es ist wichtig, was wir mit anderen teilen wollen. Wenn wir nicht über derart wichtige Momente in unserem Leben sprechen, erweisen wir unseren Freunden und Angehörigen einen schlechten Dienst. Wir sind alle gemeinsam auf dieser wilden und schönen Reise. Die wahre Freude allen Daseins ist genau diese Verbundenheit. Und je mehr wir sie würdigen, indem wir unsere Geschichten, unsere Energie und unser Licht mit der Welt teilen, desto mehr wird unser Dasein bereichert.

...

Das sind die Grundelemente, um gemeinsam mit der anderen Seite deine eigene einzigartige Sprache zu schaffen: Achtsamkeit, Offenheit, Stille, Dankbarkeit, Energie, Gemeinschaft. Eine gewisse Bereitschaft, um Zeichen zu bitten, und die Bereitschaft, diese anzunehmen. Eine Wertschätzung unserer Verbundenheit und eine Neigung, mit anderen über die eigene Erfahrung des Staunens und der Ehrfurcht zu sprechen.

Im nächsten Teil möchte ich einige Geschichten über Menschen erzählen, die eine zutiefst persönliche Sprache entwickelt haben, um mit ihren Lieben auf der anderen Seite in Kontakt zu kommen, und die entdeckt haben, dass die darauffolgenden tiefgreifenden Momente der Verbundenheit ihnen halfen, schwere Lebenskrisen zu meistern und lebensverändernde Entscheidungen zu treffen.

Diese Momente der Verbundenheit stehen uns allen zur Verfügung. Die Geheimsprache des Universums muss nicht geheim bleiben. Die Macht der Zeichen ist unbegrenzt und uneingeschränkt. Das Passwort ist, was immer wir wollen.

TEIL DREI

Durchs Dunkel navigieren

Ich habe beschlossen, mich an die Liebe zu halten …
Hass ist eine zu große Last.

Martin Luther King jr.

Setz dich mit Stift und Papier hin und schreib alle wichtigen Ereignisse deines Lebens auf: Geburt, erstes Date, erster Job, berufliche Veränderungen, Heirat(en), Kinder. Male jeweils einen Kreis um jedes Ereignis und ordne sie gegebenenfalls noch einmal chronologisch von links nach rechts an. Zeichne dann eine Linie, die alle Kreise verbindet. Diese durchgehende Linie ist dein Lebensweg.

Aber du sollst wissen, dass dies nicht der einzige Weg ist, der dir zur Verfügung steht. Das Universum lehrt uns, dass es für uns alle mehrere Wege gibt, die uns durchs Leben führen können, einschließlich unseres höchsten, erfüllendsten und authentischsten Weges. Sie alle führen uns vom Start zum Ziel, aber wie wir dorthin kommen – wie wir unseren Weg durchs Leben finden –, hängt davon ab, welchen Weg wir wählen.

Das Universum schickt uns Zeichen, die uns auf unsere höchsten Wege führen.

Es ist nicht immer leicht, von einem Weg auf den anderen zu wechseln. Veränderungen zu akzeptieren und sich den Ängsten zu stellen, die uns zurückhalten, kann sehr schwierig sein. Manchmal weigern wir uns, den einmal eingeschlagenen Weg zu verlassen. Es ist, als würde man ein Paar Schuhe tragen, die eine Nummer zu klein sind. Wir können uns entscheiden, in diesen Schuhen weiterzugehen, und schließlich werden wir dort ankommen, wo wir hinwollen. Aber das ist nicht die erste Wahl.

Zeichen werfen ein Licht auf unsere Ängste, damit wir durch die Dunkelheit navigieren und den höheren, besseren Weg wählen können. Die folgenden Geschichten erzählen von Menschen, die auf die Zeichen geachtet haben, welche ihnen halfen, schicksalhafte Lebensentscheidungen zu treffen – in Momenten, in denen sie der Angst direkt ins Gesicht geschaut und sich dann für den Weg der Hoffnung und Liebe entschieden haben.

22

Camouflage, ein Gewehr und eine neue Aufgabe

Vor einigen Jahren nahm ich an einer Veranstaltung der Forever Family Foundation auf Long Island teil. Es war ein vertrauliches Treffen mit den Angehörigen von zehn verstorbenen Kindern in einem Konferenzraum. Als ich den Raum betrat, drehten sich alle auf einmal zu mir um und sahen mich mit einer Mischung aus Hoffnung und Schwermut an. Man musste kein übersinnliches Medium sein, um den Schmerz und die Sehnsucht in ihren Gesichtern zu sehen.

Nach ein paar einleitenden Worten schloss ich kurz die Augen, öffnete mich für die andere Seite und wartete darauf, zu jemandem hingezogen zu werden. Der Erste, der durchkam, war ein Junge, der mich zu seiner Mutter und seiner Schwester auf der linken Seite des Raumes drängte. Er hatte eine erstaunliche Energie und viele tröstende Botschaften für sie. Das Reading war unglaublich fröhlich und hoffnungsvoll, und die Energie im gesamten Raum veränderte sich. Aber während ich sprach, fiel mir auf, dass ein anderer Elternteil allein auf der anderen Seite des Raumes saß.

Er war ein großer, stämmiger Mann mit Schnurrbart in den Fünfzigern, der eine schwarze Lederweste, blaue Jeans und Motorradstiefel trug. Seine Arme waren über der Brust verschränkt, und er starrte auf seine Füße. Ab und zu schaute er auf und funkelte mich an. Seine Körpersprache ließ darauf schließen, dass er verschlossen, abwehrend und voller Wut war. Ehrlich gesagt, machte er mir irgendwie Angst, aber ich spürte auch, dass sein schrilles Äußeres ein Schutzschild gegen einen sehr tiefen Schmerz war. Ich wusste, dass ich da war, um zu versuchen, ihm in seinem Schmerz zu helfen, aber dennoch machte sich ein Teil von mir Sorgen darüber, was wohl passierte, wenn ich zu ihm gezogen würde. Wie würde er die Nachricht aufnehmen, die die andere Seite ihm schickte?

Und dann führte mich die andere Seite natürlich direkt zu ihm hin.

Es war eine sehr starke Anziehung. Ich ging hinüber und stellte mich vor ihn, aber er ließ den Kopf gesenkt und starrte wütend auf den Boden. Um ihn herum war so viel Wut und Anspannung, so viel negative Stimmung. Ich wusste nicht, wie ich anfangen sollte. Also platzte ich mit einem »Hallo!« heraus, und zwar in einem lächerlich munteren Ton.

Er blickte langsam auf. Sein Blick traf meinen. Ich war überrascht. In seinen Augen lag eine Sanftheit, die in krassem Kontrast zu seinem schroffen Äußeren stand. Es war herzzerreißend.

Sofort hatte ich ein Mädchen von der anderen Seite auf dem Schirm. Älter als ein kleines Mädchen – ein Teenager oder höchstens Anfang zwanzig. Sie kommunizierte sehr schnell und bombardierte mich mit Worten, Symbolen und Bildern. Und was sie mir zeigte, war schrecklich.

»Sie haben eine Tochter, die gestorben ist«, sagte ich zu ihm.

Tränen traten ihm in die Augen, und er räusperte sich laut. »Ja«, sagte er.

»Und sie ist gestorben, weil …« Ich zögerte. »… Sie erzählt mir, dass sie hinübergegangen ist, weil sie ermordet wurde.«

Der Mann schaute wieder nach unten und sagte kein Wort.

Das musste er auch nicht. Die Geschichte seiner Tochter flimmerte über meinen Bildschirm. Sie war ermordet worden, und eigentlich wusste jeder, wer ihr Mörder war – ihr Ex-Freund. Doch aus irgendeinem Grund war er nicht angeklagt worden. Und das war, wie mir das Mädchen zeigte, eine Quelle der Qual für ihren Vater. Die Ungerechtigkeit des Geschehenen war unerträglich.

Dann zeigte mir das Mädchen etwas, was wie ein Filmausschnitt über meinen Screen lief. Das passiert manchmal – ein Strom von Bildern, der so klar und lebendig ist, dass er mir wie eine Szene aus einem Film vorkommt. Das Mädchen zeigte mir ihren Vater, allein in seinem Haus, von Kopf bis Fuß in schwarze Sachen und einen Camouflageanzug gekleidet. Sie zeigte mir mehrere Gewehre, die auf seinem Bett lagen.

»Sie erzählt mir, dass sie den ganzen Tag versucht hat, Sie aufzuhalten«, sagte ich. »Sie war die ganze Zeit dort und hat Sie angefleht, es nicht zu tun – ihren Ex-Freund nicht zu töten. Aber Sie haben nicht auf sie gehört. Sie hatten Ihre Waffen und haben sie in Ihr Auto geladen und nicht auf sie gehört. Sie zeigt mir, dass Sie entschlossen waren, Ihre eigene Gerechtigkeit zu finden. Sie sagt, sie habe den ganzen Tag versucht, zu Ihnen durchzudringen, aber Sie hätten sie einfach ignoriert.«

Der Mann starrte auf den Boden. Im Raum war es ganz still. »Sie wollten ihn in dieser Nacht töten«, sagte ich.

Er räusperte sich erneut und wischte sich die Tränen weg. »Ja«, sagte er. »Wollte ich.«

»Aber … aber das haben Sie nicht getan. Sie haben ihn nicht getötet.«

Er sagte nichts.

»Sie haben auf sie gehört. Ihre Tochter sagt, Sie hätten endlich auf sie gehört. Sie waren so wütend, dass Sie ihren Tod rächen wollten, aber dann haben Sie sie endlich gespürt und gehört und ihr zugehört. Sie haben ihr zugehört.«

Er fing an zu weinen.

»Sie möchte Sie wissen lassen, dass es nicht Ihre Aufgabe ist, sie zu rächen«, fuhr ich fort. »Das ist nicht Ihre Aufgabe. Ihre Aufgabe ist es, sie weiterhin zu lieben und ihr Leben in Ehren zu halten. Und sie möchte, dass Sie Ihr Leben lebendig und engagiert leben und Wege der Liebe wählen, die Ihre Seele erheben, und nicht Wege der Wut, des Hasses und der Dunkelheit, die Ihr Licht schwächen würden. Damit würden Sie ihr keine Ehre erweisen. Sie sagt, dass Karma etwas Reales ist und jede Seele Verantwortung für ihre Taten übernehmen muss. Ob hier auf der Erde oder wenn sie stirbt, jede Seele wird zur Rechenschaft gezogen. Aber das ist nicht Ihre Aufgabe. Und wenn Sie sich dafür entschieden hätten, hätten Sie einen Weg der Dunkelheit gewählt. Sie hätten noch mehr Dunkelheit geschaffen, kein Licht.«

»Und jetzt«, fuhr ich fort, »will Ihre Tochter danke sagen. Danke, dass Sie ihr zugehört haben, und danke, dass Sie es nicht durchgezogen haben. Danke, dass Sie sie immer lieben. Sie ist einfach so dankbar und glücklich, dass Sie zugehört haben.«

• • •

Mein Reading für diesen trauernden Vater hatte eine tiefgreifende Wirkung auf alle im Raum, mich eingeschlossen. Als seine Tochter durchkam, erteilte sie uns allen eine sehr wirkungsvolle Lektion. Eine Lektion über Lebenswege.

Auf unserer Reise kann es vorkommen, dass wir verwirrt sind und, statt den höchsten Weg zu gehen, einen niedrigeren wählen, einen, der uns einschränkt, verlangsamt und in Sackgassen führt. Einen Weg, der uns weg von der Liebe und in die Dunkelheit führt. Wenn das passiert, führen wir am Ende das, was ich »ein

Schattenleben« nenne – ein Leben, das nur ein Schatten dessen ist, was es wirklich sein kann. Ein Leben, das nicht unsere wahren Stärken und Potenziale widerspiegelt. Eines, das uns nicht erlaubt, unser wahres Licht, unsere Liebe und Energie mit der Welt zu teilen. Ein *schwächeres* Leben.

Ich habe Readings für Menschen gegeben, die in einem Schattenleben gefangen sind, weil sie sich auf Angst und Wut konzentrieren. In vielen dieser Fälle habe ich gesehen, dass die andere Seite niemals aufgibt und immer versucht, uns vom Weg durch ein Schattenleben auf einen höheren Weg der Liebe, des Lichts und der Sinnhaftigkeit zu führen.

Warum tut die andere Seite das? Weil unsere Lichtteams – unsere Lieben, unsere Geistführer und die Energie Gottes – nichts anderes wollen, als dass wir glücklich sind und uns verwirklichen. Sie wollen, dass wir ein Leben führen, das auf Liebe basiert und nicht auf Angst.

Manche ihrer Zeichen sollen Hallo sagen und uns wissen lassen, dass unsere verstorbenen Lieben immer noch bei uns sind und uns Halt geben. Andere Zeichen sollen uns aber auch helfen, die richtigen Entscheidungen in unserem Leben zu treffen. Diese Zeichen erscheinen, wenn wir an eine Weggabelung kommen, und stellen uns vor die Wahl zwischen einem geringeren und einem höheren Weg. Das sind die Momente, in denen die andere Seite uns geradezu *anschreit,* um unsere Aufmerksamkeit zu erregen und unsere Wahl zu beeinflussen.

Und dem Mann im Tarnanzug ist dies passiert: Aufgezehrt von Kummer und Wut, war er auf einem Weg des Hasses und des Schmerzes. Hätte er seinen Plan verwirklicht, hätten seine Taten nichts an der Vergangenheit geändert, wohl aber seine Zukunft. Er hätte Blut an seinen Händen und in seiner Seele gehabt, wäre ins Gefängnis gewandert, und sein Leben wäre ruiniert gewesen.

Das ist es, was seine Tochter ihm so unbedingt sagen wollte: Es war nicht seine Aufgabe, ihren Verlust zu rächen, denn das ist nicht unsere Aufgabe hier auf der Erde. Es kann niemals unsere Aufgabe sein, einen Weg des Hasses zu beschreiten. Unsere höchsten und hellsten Lebenswege sind *immer* Wege der Liebe.

Seine Tochter begriff, dass es ihre Aufgabe war, ihn auf diesen höheren Lebensweg zu führen. Das Zeichen, das sie ihm schickte, war kein visuelles Zeichen. Es war kein Vogel, kein Regenbogen, kein Nummernschild. Es war das, was ich »ein hellhörig und hellfühlend wahrgenommenes Zeichen« nenne. Hellhörigkeit bedeutet, dass wir etwas mit anderen Mitteln als unserem weltlichen Hörsinn hören, zum Beispiel ein Wort oder ein Satz in unserem Kopf, das oder der nicht von uns kommt, ein Gedanke, der nicht unser Gedanke ist, eine Stimme, die nicht unsere Stimme ist. Ist dir schon einmal etwas Relevantes und Überraschendes in den Sinn gekommen – etwas, was scheinbar aus dem Nichts kam?

Es kam keineswegs aus dem Nichts. Es kam von der anderen Seite. Ein hellfühlend wahrgenommenes Zeichen kann ein Bauchgefühl sein, das wir nicht mehr loswerden. Wir haben möglicherweise das unbeschreibliche Gefühl, dass ein geliebter Mensch anwesend ist. Vielleicht »hören« wir mittels hellhöriger Wahrnehmung die Stimme eines geliebten Menschen in unseren Gedanken.

Die Tochter des Mannes im Camouflageanzug wandte sich an diesem schicksalhaften Tag, als er am Scheideweg stand, immer wieder an ihn, aber entweder kam die Botschaft nicht bei ihm an, oder er nahm sie nicht zur Kenntnis. Dennoch blieb sie hartnäckig. Selbst als er seine Gewehre bereits ins Auto geladen hatte, schickte sie ihm immer wieder dieselbe Nachricht.

Tu es nicht. So zeigst du mir deine Liebe nicht.

Und endlich, *endlich* hörte er sie.

Er erklärte uns allen in diesem Raum: »Ich habe sie gehört. Ich habe gehört, wie meine Tochter mir sagte, ich soll das nicht tun. Ich habe gespürt, dass sie bei mir war und mir sagte, ich solle das nicht tun.«

Er hat auf seine Tochter gehört! Er hat sich für ihre Botschaft geöffnet! Er hat sie gehört, als sei sie bei ihm gewesen – was sie auf eine sehr reale Weise auch war.

Und weil er das getan hat, war er nicht dazu verdammt, ein Schattenleben zu führen, eingesperrt in eine Gefängniszelle mit einem Makel auf seiner Seele. Mit der Hilfe seiner Tochter wählte er einen höheren Lebensweg – einen Weg, der ihm die Chance gab, seine schreckliche Trauer in etwas Gutes zu verwandeln.

Und genau das tat er bereits, indem er beschloss, an dem Treffen teilzunehmen, und seine Tochter vorbeikommen ließ, um uns diese kraftvolle Lektion zu erteilen.

Wie die Menschen in den folgenden unglaublichen Geschichten stehen wir alle vor Entscheidungen, die den Verlauf unseres eigenen Lebens ebenso beeinflussen wie das Leben anderer – an Wegkreuzungen, die unterschiedliche Lebenswege nahelegen. Was wir verstehen müssen und was uns die tapfere Tochter dieses Mannes lehrt, ist, *dass wir an den Scheidewegen nicht allein sind.* Wir müssen diese schwierigen Entscheidungen nicht allein treffen. Unsere Lichtteams versuchen so sehr, in diesen schwierigen Momenten zu uns durchzudringen. Sie sind fest entschlossen, nicht zuzulassen, dass uns unsere Angst, unsere Trauer oder unsere Unsicherheit unseren höchsten Lebensweg verbaut.

In diesen Momenten müssen wir auf die Zeichen, die uns die andere Seite schickt, hören und sie würdigen:

- ein Satz oder eine Idee, die uns in den Sinn kommt,
- ein Bauchgefühl, das wir nicht loswerden können,
- die Stimme eines geliebten Menschen, der verstorben ist,
- das Gefühl, dass der geliebte Mensch anwesend ist.

Die Zeichen sind da! Sie werden immer da sein! Die andere Seite wird nie aufhören, uns diese unglaublichen Zeichen zu senden. Sie wird nie aufhören, es zu versuchen.

Deshalb müssen wir ihnen gegenüber offen bleiben, wirklich auf sie achten, auf sie hören und ihnen erlauben, uns auf unseren besten, glücklichsten und höchsten Lebensweg zu führen. Denn die Entscheidungen, die wir treffen, und die Energie, die wir annehmen, beeinflussen wie gesagt nicht nur unseren eigenen Lebensweg, sondern auch den kollektiven Weg der Liebe, den wir alle gemeinsam gehen.

23

Babys und Bären

Nur wenige Entscheidungen im Leben sind so weitreichend wie die, ein Kind zu bekommen. Denn Kinder verändern alles. Ich muss es wissen, ich habe drei, und sie sind die absolute Liebe meines Lebens, meine größte Freude, mein kostbarster Segen. Ich kann mir ein Leben ohne Ashley, Hayden und Juliet nicht vorstellen. Sie sind die besten Entscheidungen, die ich je getroffen habe, abgesehen von der Entscheidung, meinen wunderbaren Mann Garrett zu heiraten.

Trotzdem können diese Entscheidungen beängstigend, verwirrend und überwältigend sein. Darum ist es so hilfreich, sich an die andere Seite zu wenden, wenn man sie trifft.

Und oft greifen das Universum und unser Lichtteam ein, um uns zu führen, ohne dass wir überhaupt darum bitten müssen. Deshalb schickt uns das Universum viele aktuelle und kraftvolle Botschaften über Babys. Das passiert oft in meinen Readings. Während die Menschen bei zahlreichen wichtigen Lebensentscheidungen unsicher sind, ist die Entscheidung für ein Kind von besonderer Dringlichkeit und Schwere. Da sind viele tiefe Emotionen im Spiel und ein vielleicht beängstigendes Gefühl der Endgültigkeit. Schließlich kann man einen Job kündigen, aber nicht seine Kinder. Nach meiner Erfahrung wissen unsere Teams auf der anderen Seite, wie belastend diese Entscheidung sein kann, und senden uns Zeichen und Botschaften, um uns dabei zu unterstützen.

Die nächsten Geschichten zeigen, wie folgenreich und lebensverändernd diese erstaunlichen Zeichen sein können.

• • •

Als sich Clayton und Natali Morris zum ersten Mal begegneten, schauten Millionen Menschen zu. Clayton moderierte eine beliebte Morgenshow im Fernsehen, und Natali war bei ihm zu Gast. »Sie kam ans Set und hat mich einfach umgehauen«, erinnert sich Clayton. »Ihretwegen war ich im ersten Augenblick völlig perplex, und ich glaube, ich habe während der ganzen Sequenz sehr schnell gesprochen.«

»Ich habe das Band aufgehoben«, sagt Natali, die damals Redakteurin bei einer Nachrichten-Website und Co-Moderatorin eines einflussreichen Technologie-Podcasts war. »Ich erinnere mich, wie ich Clayton ansah, als müsste ich ihn kennen, wüsste aber nicht, woher. Es ist erstaunlich, dass wir diesen Moment auf Film bannen konnten.« (Ich nenne das »den Seelenpartner erkennen«.)

Wenige Jahre später gab es einen weiteren sehr wichtigen Moment für Clayton und Natali, wieder live vor Millionen Zuschauern, mich eingeschlossen. Diesmal ging es um die Entscheidung, ein Kind zu bekommen.

Clayton und Natali hatten noch nicht einmal über das Heiraten gesprochen, als Natali zum ersten Mal schwanger wurde. »Es war eine Überraschung für uns beide«, sagt sie. »Ich war 31, aber ich erinnere mich, dass ich dachte, ich sei zu jung dafür. Ich habe viel gearbeitet, und meine Karriere war ein großer Teil meiner Identität. Ein Kind zu bekommen, fühlte sich an, wie durch den Spiegel zu gehen.«

Sie beschlossen, das Baby zu bekommen, und pünktlich zum errechneten Geburtstermin kam ihr wunderschöner Sohn Miles zur Welt. Doch weil Natali während der Schwangerschaft gemischte Gefühle gehabt hatte, fühlte sie sich schuldig. »Schon früh musste Miles medizinisch behandelt werden, und ich fragte mich, ob das Problem durch ein Trauma im Mutterleib verursacht worden war«, sagt sie. »Weil wir nicht verheiratet waren und ich mir nicht sicher war, fühlte sich die Schwangerschaft für mich traumatisch an, und das löste bei mir noch mehr Schuldgefühle aus.«

Jahre später, als Natali und ich uns begegneten, machte ich ein Reading für sie, bei dem mir die andere Seite das Bild einer Arztpraxis zeigte.

»Warum erzählt man mir so viel über Ärzte?«, fragte ich sie.

Daraufhin beschrieb Natali ihre Ambivalenz und ihre Schuldgefühle.

»Deshalb hat die andere Seite darauf hingewiesen«, sagte ich, »weil Schuld ein giftiger Gedanke ist, den man loswerden muss.« »Dein Sohn ist gekommen, um dich zu heilen, eine Familie mit dir zu gründen und dir den richtigen Weg zu zeigen. Befreie dich also von der Schuld, die du mit dir herumträgst. Lass einfach alles los.«

Natali und Clayton heirateten drei Monate nach Miles' Geburt im Standesamt von Manhattan. »Da ich Wochenendschichten übernahm, war ich in den ersten Monaten viel bei ihm zu Hause«, sagt Clayton. »Wir wurden sozusagen in die Rollen von Mutter und Vater geworfen, merkten aber nach und nach, dass wir ganz gut darin waren. Wir waren ziemlich gute Eltern.«

Schließlich entschieden sie sich für ein weiteres Kind, und die wunderschöne Ava kam zur Welt.

»Danach«, sagt Natali, »hatte ich das Gefühl: Wir sind komplett.«

Aber Clayton war sich nicht so sicher.

»Wir hatten uns darauf geeinigt, bei zwei Kindern aufzuhören, und wir waren uns auch einig, dass wir eine tolle kleine

Einheit von vier Leuten waren und dass das genug war, aber dann fing ich an, auf ein fünftes Mitglied zu drängen«, sagt Clayton. Auch Natali hatte darüber nachgedacht, aber »mein ehrliches Gefühl war, dass ich wirklich kein weiteres Kind haben wollte«, sagt sie. »Die Schwangerschaften waren anstrengend, und ich wollte wieder arbeiten gehen. Deshalb hatte ich große Probleme damit. Ich war in einem großen Konflikt. Nach einer Weile musste ich Clayton sagen, er solle aufhören, mich darum zu bitten.«

Da kam ich ins Spiel.

Als Clayton in Spring Township, Pennsylvania, aufwuchs, wurde ihm die Neugier auf die Geheimnisse des Universums in die Wiege gelegt. »Als Kind lief ich in einem Ghostbusters-Kostüm herum und wollte überall Geister finden«, sagt er. »Später habe ich eine kleine Show über das Paranormale aufgezeichnet und die einzelnen Episoden bei YouTube eingestellt. Als ich älter wurde, habe ich Mauern aus Stress und Lebensangst aufgebaut und aufgehört, mir diesen Raum, diese Neugier nutzbar zu machen. Aber ich war immer offen dafür.«

Natali, eine gebürtige Kalifornierin, wurde als Zeugin Jehovas erzogen, wandte sich aber mit zwanzig von diesem Glauben ab. »Ich hatte keinen Glauben gefunden, der für mich wirklich funktionierte«, sagt sie. Erst als sie anfing, Bücher über das Leben nach dem Tod und das Bewusstsein zu lesen, begann sie, eine ausgeprägte Weltanschauung zu entwickeln. »Es war, als wäre alles, was ich bis dahin über das Leben geglaubt hatte, völlig falsch gewesen!«, sagt sie. »Diese Bücher haben wirklich grundlegend die Art und Weise beeinflusst, wie ich über mein Leben denke.«

Gemeinsam erforschten sie und Clayton die Spiritualität, indem sie noch mehr Bücher lasen, meditierten und einfach versuchten, »unsere Fähigkeit, uns auf der Schwingungsebene mit der Welt zu verbinden, nicht einzuschränken«.

Es war dieser Wunsch nach mehr Verbindung und mehr Offenheit, der Clayton und Natali zu meinem Buch *Das Licht zwischen uns* führte. »Sobald wir das Buch gelesen hatten, sagten wir beide: ›Oh, sie sollte in der Show sein!‹«, erinnert sich Natali. Doch bevor Clayton es irgendjemandem vorschlagen konnte, schickte sein Produzent schon am nächsten Tag eine E-Mail an alle Moderatoren der Show. Sie lautete: »Also, wer möchte das übersinnliche Medium Laura Lynne Jackson interviewen?«

»Das werde ich tun«, antwortete Clayton prompt.

Am Tag der Aufzeichnung kam ich ins Studio der Show im Rockefeller Center. Kurz vor Beginn der Sendung machte ich es mir auf einem Sofa bequem, das gegenüber von Clayton auf der Bühne stand. Natali wollte während des Interviews am Set sein. So stand sie hinter den Kameras und hörte aufmerksam zu. Clayton wie auch Natali suchten – und hofften auf – genau das Gleiche: ein Zeichen, ob sie ein drittes Kind bekommen würden.

Als wir mit den Aufnahmen begannen, sprachen Clayton und ich eine Weile über das Buch, aber die andere Seite hatte einen anderen Plan. Jemand kam sehr energisch durch, und seine Botschaft war sehr klar.

»Okay, ich starte jetzt ein Reading für dich«, sagte ich zu Clayton. »Du hast doch jetzt zwei Kinder, oder?«

Clayton bejahte.

»Okay. Nun, ich sehe ein drittes Licht, das auf dich wartet.«

Hinter den Kameras brach Natali in Tränen aus.

»Ich hatte große Angst und hatte so viel Widerstand aufgebaut, aber als Laura Lynne diese Worte sagte, war es nicht mehr beängstigend«, sagt sie. »Ich stand da und lachte und weinte, weil ich wusste, dass sie das sagen würde.«

Aber da war noch mehr. Das Wesen, das von der anderen Seite durchdrang, war Claytons Großmutter Alma. Sie nannte mir ihren Namen, den ich Clayton als Bestätigung geben sollte, und zeigte mir auch etwas über ein neues Paar Stiefel. Es war, als mache sie sich über Natali lustig.

»Laura fragte Clayton, ob ich gerade Stiefel gekauft hätte, und natürlich trug ich ein neues Paar kniehohe schwarze Stiefel«, sagt Natali. »Aber weil ich wusste, dass Clayton sagen würde, dass sie den anderen schwarzen Stiefeln, die ich schon hatte, sehr ähnlich waren, versuchte ich, die Einkaufstasche vor ihm zu verstecken. Und dann kam Alma durch und sprach darüber.«

Noch wichtiger war, dass Alma mir die Angst und die Unsicherheit zeigte, die sowohl Clayton als auch Natali fühlten.

»Sie ist hier und sagt, ihr habt Angst. Ihr denkt, ihr kriegt das mit eurer Familie oder eurer Karriere und einem weiteren Kind nicht hin, aber es wird großartig. Also macht es einfach, bekommt einfach das dritte Kind«, sagte ich ihnen. »Wenn ihr euch dafür entscheidet, wird es großartig. Aber entscheidet euch nicht aus Angst *dagegen*.«

Vier Wochen später war Natali wieder schwanger.

»Diesmal habe ich die Schwangerschaft genossen wie nie zuvor, weil ich Vertrauen in das hatte, was passieren würde«, sagt sie. »Ich hatte Vertrauen in unsere Entscheidung. Ich ließ alle Ängste und Unsicherheiten los. Und es war unser drittes Kind, das mich vollständig geheilt hat. Diese hartnäckige kleine Seele kam und hat mich geheilt.«

Ihr drittes Kind – ein hübsches kleines Mädchen – wurde geboren. Doch Natali und Clayton konnten sich auf keinen Namen einigen. Claytons Co-Moderatoren wollten die Geburt live in der Sendung bekanntgeben, aber wenige Minuten vor Beginn der Übertragung hatte das Paar *immer noch* keinen Namen.

»Ich stand in der Lobby des Krankenhauses und wollte gerade hinaufgehen und Natali besuchen. Ich stand einfach da mit meinem Coffee-to-go-Becher, holte tief Luft und wartete auf einen Geistesblitz«, sagt Clayton. »Und dann traf es mich.«

Oben in ihrem Krankenzimmer fiel auch Natali ein Name ein. »Ich habe gerade gefrühstückt. Da ist mir einfach einer eingefallen – und er fühlte sich richtig an«, sagt sie. »Und dann platzte Clayton herein und sagte: ›Ich weiß ihren Namen.‹«

Er nannte ihr einen Namen. Sie nannte ihm einen Namen. Es war derselbe.

»Also schickte ich in den wenigen Minuten, die noch blieben, eine SMS mit dem Namen an meinen Produzenten. Dann gingen sie auf Sendung und gaben die Geburt bekannt«, sagt Clayton.

So wurde Eve Morris der Welt vorgestellt.

Seit der Geburt von Eve sind Clayton und Natali noch offener für Zeichen von der anderen Seite. Vor Kurzem kämpfte Clayton mit der Entscheidung, seinen Job beim Fernsehen zu behalten oder zu kündigen und sein eigenes Immobilieninvestment-Unternehmen zu gründen. »Ich habe immer gespürt, dass mein Krafttier ein Bär ist, weil ich oft Bären sehe, und jedes Mal, wenn ich einen erblicke, passiert etwas Erstaunliches«, sagt er. »Weißt du, ich sehe einen Bären, und innerhalb einer Stunde passiert so allerhand.«

An dem Tag, an dem er schließlich beschloss, die Show zu verlassen, rief er beim Produzenten an, um ihm seine Entscheidung mitzuteilen. »Kurz nach dem Anruf – wirklich *kurz* danach – saß ich in meinem Auto, und dieser riesige Schwarzbär lief direkt vor mir auf die Straße«, sagt Clayton. »Ich starrte ihn nur an und schaute ihm hinterher. Es war das Universum, das bestätigte, dass mich die Entscheidung, die ich gerade getroffen hatte, auf meinen höchsten Weg führte.«

Heute führen Clayton und Natali ein wirklich schönes und authentisches Leben zusammen. Jetzt, da sie ihre eigenen Ängste und Unsicherheiten bewältigt haben, sind sie beide wahre Lichtarbeiter.

Sie haben mich nicht gebraucht, um ihnen zu sagen, dass ein drittes Kind unterwegs war. Sie mussten nur auf das vertrauen, was sie bereits in sich spürten. Sie mussten erkennen, welche Wahl auf den Weg der Angst und welche auf den Weg der Liebe führte. Am Ende läuft jede Entscheidung, die wir hier auf der Erde treffen, darauf hinaus, den Weg der Angst oder den der Liebe zu wählen. Es ist unsere Aufgabe, den Unterschied zu erkennen – und den Weg der Liebe zu wählen. Das ist immer der höhere Weg.

»Wir hatten keine Angst mehr und ließen geschehen, was geschehen sollte, und das veränderte alles – unsere Finanzen, unsere Familiendynamik, unsere Zukunft«, sagt Natali. »Es geht darum, den Zeichen zu vertrauen und dem, was das Universum uns sagen will. Wir lassen Dinge geschehen, wenn wir erkennen, dass wir die Macht dazu haben«, fügt sie hinzu. »Wir alle können Wunder in dieser Welt bewirken. Wir müssen nur daran glauben.«

24

Flackernde Lichter und Funken

Woher wissen wir, ob das, was wir tun, wirklich das ist, was wir in diesem Leben tun sollen? Wie finden wir unsere höhere Bestimmung? Woher wissen wir, ob wir auf dem richtigen Weg sind?

Viele von uns suchen nach dem Sinn ihres Tuns und fragen sich, ob sie ihr bestes Leben führen. Danielle Perretty fragte sich das, besonders als sie sich an einem Scheideweg befand. »Ich war in einer Situation, in der ich mich fragte: ›Setze ich meine Fähigkeiten – das, wofür ich brenne – ein, um Menschen zu helfen?‹«, erinnert sie sich. »Ich wollte das Gefühl haben, wirklich etwas in der Welt zu bewirken. Ich wollte das Gefühl haben, dass alles in meinem Leben auf dem richtigen Weg ist.«

Es ist nicht so, als sei Danielle in einer schlimmen Notlage gewesen oder als hätte sie einen Tiefpunkt erreicht. In der Tat schien ihr Dasein, von außen betrachtet, wunderbar zu sein. Sie hatte einen Job, den sie mochte, einen Freund, den sie liebte, und ihre Zukunft sah rosig aus. Sie hatte nicht das Gefühl, dass es ein offenkundiges Bedürfnis gab, mit dem sie sich beschäftigen musste, oder eine große Chance, die sie verpasst hatte. Im Großen und Ganzen hatte sie das Gefühl, auf dem richtigen Weg zu sein.

»Es war nichts Überwältigendes«, sagt Danielle. »Es war einfach dieses Gefühl, dieses leise Rufen. Wie ein Flüstern, das sagte: ›Du kannst mehr tun. Du kannst mehr *sein*.‹«

Also hörte Danielle auf das Flüstern. Und als sie es tat, war nichts mehr wie zuvor.

Danielle hörte das Flüstern zum ersten Mal, als sie 2010 an einer Designkonferenz teilnahm. Damals arbeitete sie als Marketing Director für ein angesehenes Unternehmen für Produktentwicklung und -design. Sie lebte auch schon seit zehn Jahren mit ihrem Freund zusammen und plante, zu heiraten und eine Familie zu gründen. Auf der Konferenz traf Danielle eine Freundin, Angela, und die beiden fuhren gemeinsam nach Hause. Während der Fahrt erzählte Angela Danielle von einem Medium, das sie konsultiert hatte – von mir.

Nicht viel später meldete sich Danielle bei mir. Es war ihr nie in den Sinn gekommen, ein Reading für sich durchführen zu lassen, aber sie hatte das Bedürfnis, eine Verbindung herzustellen. Das war das erste Flüstern.

In unserer ersten Sitzung kam Danielles Großmutter durch. Sie hieß Sally. Sally war in Danielles Kindheit eine Bezugsperson gewesen. Ihre Eltern hatten sich scheiden lassen, als sie fünf Jahre alt war. »Ich habe viel Zeit allein verbracht – mit Schreiben, Wandern, Musikhören. Die Natur war mein Trost.« Und sie hatte Sally, von der sie sagt, sie sei »ein Mensch voller Freude, Glück und Licht« gewesen. »Sie war für mich eher eine Mutter als eine Großmutter. Wir haben die Wochenenden zusammen verbracht, haben Sachen gebacken, Spiele gespielt, Geschichten erzählt und Lieder gesungen. Sie war kreativ und modebewusst und hatte so viel Energie und Begeisterung für das Leben und für die Menschen, die sie liebte.«

Sally starb, als Danielle sechzehn war. Und jetzt, fast zwanzig Jahre später, versuchte sie, wieder Kontakt zu ihr aufzunehmen. Sally drängte sich in dem Reading durch und wartete nicht einmal darauf, dass ich den Prozess damit begann, den Weg für sie freizumachen.

»Sie beschützt dich sehr«, sagte ich zu Danielle. »Sie wacht die ganze Zeit über dich. Sie sagt: ›Erinnerst du dich, wie wir die Wochenenden zusammen verbracht haben?‹ Nun, sie sagt, das tut ihr immer noch. Sie ist jedes Wochenende bei dir.«

Sally war auch sehr hartnäckig, wenn es darum ging, ihre Botschaft weiterzugeben. »Sie ist ein echter Hitzkopf«, sagte ich zu Danielle. »Es ist, als ob sie mit dem Fuß aufstampft und sagt: ›Das reicht, wir möchten, dass es in deinem Leben vorangeht. Du musst energischer sein, gesprächiger und weniger geduldig.‹«

Danielle verstand, wovon Sally sprach: über ihren Freund. Die Beziehung war nicht perfekt. Er hatte Schwierigkeiten, sich zu binden. Jedes Mal, wenn sie über das Heiraten sprachen, gab es etwas, was es verzögerte. »Mir wurde langsam klar, dass er sich nicht so entwickelte und nicht auf dem gleichen Weg war wie ich«, sagt Danielle. »Aber ich habe ihn trotzdem geliebt. Es ist eine Sache, Schluss zu machen und jemanden zu verlassen, wenn es aus ist und man bereit ist zu gehen. Es ist etwas ganz anderes, mit jemandem Schluss zu machen, den man liebt, aber auch zu wissen, dass man weiterziehen muss, wenn man wachsen will.«

Danielle haderte mit der Entscheidung, ihren Freund zu verlassen, bis sie schließlich den Mut fand zu gehen.

Aufgrund einer Wirtschaftsflaute verlor Danielle ihren Job. Ihre Vorgesetzten waren sehr freundlich und gaben ihr eine großzügige Abfindung, aber trotzdem war es ein Schock. »Fast zur gleichen Zeit beendete ich eine zehnjährige Beziehung und verlor einen Job, den ich mehr als acht Jahre lang gehabt hatte«, sagt sie. »Plötzlich war ich ganz auf mich gestellt.«

In unserem nächsten Reading hatte ihre Großmutter eine sehr direkte Botschaft für sie: »Das ist kein Irrtum«, gab ich weiter. »Das ist kein Zufall. Das Universum hat dich aus deinem sicheren Raum geholt. Das Universum hat das mit Absicht getan. Es führt dich auf deinen höchsten Weg.«

Diese Worte linderten weder ihren Schmerz, noch ließen sie ihre Angst verschwinden. Jedenfalls nicht sofort. Aber nach einer Weile ergab alles einen Sinn für Danielle.

»Es war das Universum, das für einen klaren Schnitt gesorgt hat«, sagt sie.

Danielle ging für ein halbes Jahr auf Reisen, kam dann zurück und begab sich auf die Suche nach einer neuen Stelle. Schon bald erhielt sie interessante Angebote. »Ich bekam ein paar von Firmen in Boston und San Francisco, und es waren alles tolle Angebote«, sagt sie. »Die Sorte Jobs, bei denen man verrückt wäre, sie nicht anzunehmen.« Sie entschied sich für eine der Firmen und beauftragte den Personalvermittler, mit dem sie zusammenarbeitete, ein höheres Gehalt auszuhandeln.

Dann stellte ihr ein Freund eine ganz einfache Frage: »›Wenn Geld keine Rolle spielte, was würdest du dann mit deinem Leben anfangen?‹ Das hatte mich noch nie jemand gefragt, und es brachte mich zum Nachdenken.«

Danielle hatte in der Tat eine geheime Leidenschaft. Die Natur war für sie schon immer ein Zufluchtsort. Seit ihrem zwölften Lebensjahr ernährte sie sich vegetarisch und achtete auf einen bewussten und gesunden Lebensstil. Als sie sich erlaubte zu träumen, dachte sie darüber nach, wie sie Menschen helfen könnte, die perfekte Balance in ihrem Leben zu finden. Sie träumte von einer eigenen Produktlinie frischer Säfte und davon, Yogalehrerin zu werden.

»Bei dem Gedanken, eine Saftbar zu eröffnen und Yoga zu unterrichten, wurde ich ganz aufgeregt, aber gleichzeitig sagte ich mir: ›Oh, das machst du nie‹«, sagt sie. »Ich habe nie wirklich darüber nachgedacht, es zu tun. Ich war Single. Ich konnte es mir nicht leisten. Ich musste alles allein machen … Ich habe all diese Mauern errichtet. Und dort blieb der Traum, begraben hinter Mauern.«

Stattdessen konzentrierte sie ihre ganze Energie auf das Stellenangebot. Eines Abends telefonierte sie mit ihrem Personalvermittler, der ihr von dem neuen Angebot der Firma berichtete. »Es war eine Menge Geld«, sagt Danielle. »Alles wurde mir praktisch auf dem Silbertablett serviert, damit ich den Job annehme.«

Doch während des Telefonats hörte sie ein Knacken. »Ich schaute zur Steckdose und sah, wie Rauch und Funken herausflogen«, sagt sie. »Es funkte und rauchte wie bei einem echten Feuer. Und das Seltsame ist, dass kein Stecker in der Steckdose war.«

Sie teilte dem Personalvermittler mit, sie werde über das Angebot nachdenken, und legte hastig auf. Sofort kam der Funkenflug zum Erliegen.

Am nächsten Tag verlangte Danielle bessere Konditionen von der Firma, und am selben Abend rief der Personalvermittler zurück – mit einem noch verlockenderen Angebot, ein lukrativer Bonus eingeschlossen. Da fing die Steckdose wieder an zu rauchen und Funken zu schlagen.

Ähnliche Dinge waren schon früher passiert: Die Lichter in ihrer Wohnung flackerten und wurden schwächer, Glühbirnen brannten unerwartet durch, sie ging ins Haus einer Freundin, und auch dort begannen die Lichter zu flackern.

»Ich habe auch viele ›Geisteranrufe‹ bekommen«, fügt sie hinzu. »Das Telefon klingelte, und niemand war dran. Und wenn ich die Nummer zurückrief, wurde die Verbindung unterbrochen. Das passierte die ganze Zeit.«

Durch ihre Gespräche mit mir wurde Danielle immer offener für Zeichen aus dem Universum – und insbesondere für solche, die mit Elektrizität zu tun haben. Die andere Seite kommuniziert oft über die elektromagnetische Kraft, die physikalische Wechselwirkung zwischen elektrisch geladenen Teilchen und Magnetfeldern. Da diese Kraft fließend ist, lässt sie sich leicht manipulieren, wenn auch nicht genau, so doch zumindest spürbar. Meiner Erfahrung nach sind Geisteranrufe, flackernde Lichter, totale Stromausfälle und funkensprühende Steckdosen markante Interaktionen zwischen der anderen Seite und uns.

Danielle kam zu dem Schluss, dass Sally Elektrizität benutzte, um ihre Botschaft zu übermitteln, denn mit diesen perfekt getimten Ereignissen ging das Gefühl eines Downloads einher. »Die Tatsache, dass dies während der Telefongespräche mit dem Personalvermittler passierte – das war Sally, die mich wissen ließ, dass sie da war, und mich dazu drängte, es zu lassen und ein neues Abenteuer zu beginnen«, sagt sie. »Sally wollte, dass ich ein freudigeres Leben führe. Sie hat stets auf mich aufgepasst, und sie wacht immer noch über mich. Sie wollte mich glücklich und zufrieden sehen.«

Danielle lehnte den Job ab.

Dann begann sie, die Mauern einzureißen, die sie zwischen ihrem Leben und ihren Träumen errichtet hatte.

Einige Zeit nach diesen ungewöhnlich aufgeladenen Telefongesprächen wurde Danielle Inhaberin und Produzentin einer Saftlinie namens »Beacon Blend« (»Leuchtfeuer-Mischung«). »Ein Leuchtfeuer ist ein Wegweiser, und das war und ist meine Großmutter für mich«, sagt Danielle. »Und genau das soll mein Unternehmen sein und auch mein Leben: ein Leuchtturm des Wohlbefindens und der Freude.« Das Beacon-Blend-Logo basiert auf einer Halskette, die Sally früher getragen hat. Danielle hat ein Produkt für reines Wohlbefinden geschaffen. Und das ist für sie eine wirklich schöne Art, ihrer Großmutter die Ehre zu erweisen.

Es war schwierig und manchmal ziemlich beängstigend, ihr Unternehmen von Grund auf aufzubauen – und gleichzeitig mehrmals pro Woche Yogakurse zu geben. »Ich bin gut im Marketing und ernähre mich pflanzlich, aber ich habe keinen Abschluss in Betriebswirtschaft«, sagt sie. »Ich habe keinen Geschäftspartner. Außer meinen Ersparnissen hatte ich eigentlich kein Geld. Ich musste den Sprung ins kalte Wasser wagen und quasi von einer Klippe springen. Und jeden Tag gab es eine neue Klippe, von der man springen konnte.«

Was Danielle hilft, sich durchzuschlagen, sagt sie, »sind die Zeichen. Die Zeichen von meiner Großmutter. Ich habe diese schwierigen Tage, an denen ich wirklich von ihr hören möchte und sie um ein Zeichen bitte, und sie kommt immer durch. Die Lichter flackern. Das Telefon klingelt. Sie lässt mich stets wissen, dass sie bei mir ist und auf mich aufpasst. Sie gibt mir Kraft.«

Was auch wirklich hilft, ist, dass Sally bei der Arbeit immer dabei ist.

»Ich bat sie, mir Elefanten zu schicken«, sagt Danielle. »Und etwa zu der Zeit, als ich mein Unternehmen gründete, schenkte mir jemand zufällig eine kleine Elefantenfigur als Glücksbringer.« Offen für diese Zeichen zu sein »und ihnen vertrauen zu lernen«, hat Danielles Leben für immer verändert.

»Ich habe das Gefühl, dass ich eine Art Leichtigkeit mit der Welt teilen kann«, sagt sie. »Wir alle sind in der Lage, unser ganzes Leben neu zu gestalten. Es kann so viel größer und schöner sein, als wir uns vorzustellen vermögen. Es liegt ganz an uns. Wir müssen uns fragen: ›Wie möchte ich mein Leben wirklich gestalten?‹ Und wenn wir die Antwort finden, wird das Universum uns unterstützen und zum Erfolg verhelfen.«

25

Schleifen und Kleeblätter

Amy, eine junge Sängerin und Musikerin aus Kalifornien, wachte eines Freitagmorgens mit Übelkeit auf. Sie versuchte, ihr Tagesprogramm durchzuziehen, aber sie wurde ihre Übelkeit und Erschöpfung einfach nicht los. Dann übergab sie sich.

»Und, weißt du, ich muss mich nie übergeben«, sagt Amy. »Ich denke, da wusste ich, was los war. Und sagte: ›Oh-oh.‹«

Amy fuhr zur Apotheke und kaufte einen Schwangerschaftstest. Wenig später hatte sie das Ergebnis: positiv.

»Ich schaute auf das Stäbchen und sagte: ›Das muss falsch sein‹«, erinnert sie sich. »Also bin ich in den Laden gegangen und habe mir noch einen Test besorgt.« Auch das Ergebnis dieses Tests war positiv.

Also kaufte Amy einen dritten Test.

Und einen vierten.

Und einen fünften.

Nachdem sechs Tests positiv ausgefallen waren, ging sie nicht mehr zur Apotheke.

»Ich sagte: ›Mist, ich bin schwanger‹«, erinnert sich Amy. »Dann dachte ich: *Okay, aber ich werde dieses Baby nicht behalten.*«

In dieser Nacht hatte Amy einen schrecklichen Albtraum: Bewaffnete Kämpfer kamen und nahmen ihr Baby mit. Die nächsten beiden Tage verbrachte sie zusammengekauert und weinend auf ihrem Sofa. In den folgenden zwei Wochen vermied sie den Kontakt zu fast allen Menschen. »Es war eine dunkle, schreckliche Zeit«, sagt sie. »Ich stand unter Schock. Ich war hin- und hergerissen, ob ich das Baby bekommen sollte oder nicht. Ich wollte es behalten, aber der Gedanke, es zu behalten, kam überhaupt nicht infrage. Ich war so verloren.«

Schließlich entschied sich Amy für das, was ihrer Meinung nach ihre einzige echte Option war. Sie rief eine Klinik an und machte einen Termin für einen Abortus.

Es war nicht so, dass Amy kein Baby wollte. Sie wollte eins. Nur der Zeitpunkt war schrecklich für sie. Erst ein Jahr zuvor war ihr Vater – ein einflussreicher Fernsehproduzent – mit einer Lungenentzündung ins Krankenhaus eingeliefert worden. Zwanzig Tage später starb er. »Ich war am Boden zerstört«, sagt Amy. »Er war gesund und hat wirklich auf sich aufgepasst. Es war extrem verwirrend, unfair und schmerzhaft.«

Etwa zu dieser Zeit war Amy auch gerade dabei, eine zweijährige Beziehung zu beenden. »Mir gefiel das Gefühl nicht, das er mir gab«, sagt sie. »Er war wirklich schlecht für mich. Ich hielt durch, weil ich immer dachte, wir könnten heiraten und Kinder bekommen. Aber das sollte nie passieren.«

Amy hatte mit Trauer und Depressionen zu kämpfen und suchte Trost im Alkohol. »Ich war in einer schrecklichen Verfassung«, sagt sie. »Es war eine wirklich unsichere Zeit. In gewisser Weise fühlte ich mich wie ein Kind, das nicht für sich selbst sorgen kann. Es war die schlimmste Zeit meines Lebens.«

Ein paar Monate später schenkte Amys Tante ihr ein Reading mit mir. Amy saß gerade im Auto, als ich sie für das Reading erreichte. Sie hielt an, und wir legten los. Ihr Vater, der, wie ich später erfahren sollte, hier auf Erden sehr dominant gewesen war,

war es auch dort. Er kam sofort durch und gab mir eine Reihe von Bestätigungen, die ich an Amy weitergeben sollte, damit sie sicher sein konnte, dass sie es mit ihm zu tun hatte.

»Ich erzählte Laura Lynne, was ich durchmachte und wie schwer es für mich war«, sagt Amy. »Ich sagte, dass ich heiraten und ein Kind haben wollte, aber jetzt kam es mir so vor, als würde das nie passieren. Da erzählte Laura mir, dass mein Vater lachte. Er sagte: ›Amy, du wirst viel früher ein Baby bekommen, als du denkst.‹ Ich sagte: ›Okay, Dad, das ist nicht lustig. Darüber macht man keine Witze.‹«

Drei Monate später wachte Amy mit Übelkeit auf.

»Ganz ehrlich, ich sah keine Möglichkeit, das Baby zu behalten«, sagt sie. »Die Leute erzählten mir: ›Du schaffst das, Babys sind toll‹, aber ich dachte nur: *Ich schaffe das nicht allein. Es ist zu schwer. Es ist zu beängstigend.*« Sogar ihr Bruder sagte: »Du behältst dieses Baby nicht.« Das, sagt Amy, »war ein so schmerzhafter Moment. Ich stand unter so großem Druck, das Baby nicht zu bekommen.«

Auch nachdem sie sich entschieden hatte, die Schwangerschaft abzubrechen, blieben das Grauen und die Verwirrung bestehen. »Etwas sagte mir, ich solle das Baby bekommen, obwohl ich wusste, dass das eine schreckliche Vorstellung war. Ich war so hin- und hergerissen. Ich hatte das Gefühl, verrückt zu werden, als gäbe es niemanden auf der Welt, der nachvollziehen konnte, was ich durchmachte.«

Wenige Tage vor ihrem Termin schickte mir Amy eine dringende E-Mail mit der Bitte um ein weiteres Reading. Mein Terminkalender war komplett voll, aber ich verspürte den Drang, sie anzurufen. Außerdem wusste ich, dass das Reading ein Geschenk ihres Vaters sein sollte. Das bedeutete, dass ich kein Honorar für das Reading verlangen durfte. Hin und wieder kommt jemand von der anderen Seite durch und besteht darauf, dass ein Reading ein Geschenk ist. Und wenn die andere Seite etwas sagt, halte ich mich daran. Ich vereinbarte also einen Termin für unser Gespräch. Was ich nicht wusste: Das Reading sollte einen Tag vor Amys geplantem Termin in der Klinik stattfinden.

Amy erzählte mir, sie sei schwanger und glaube nicht, dass ihr Ex-Freund in Zukunft für sie da sein würde. Sie fragte mich, was sie tun solle. Sie suchte verzweifelt nach einer Antwort – nach irgendeiner Antwort. Ich sagte ihr, was ich allen erzähle: Es war ihre Entscheidung, allein ihre Entscheidung. Sie musste diejenige sein, die darüber entschied, welchen Lebensweg sie einschlagen wollte.

Dann sah ich die Verbindung zwischen Amy und ihrem ungeborenen Kind – zwischen ihrer Seele und der Seele des Kindes. Ich sah, dass sie auf einer tiefen Seelenebene miteinander verbunden waren. Die andere Seite zeigte mir die Konsequenzen, die Amys Entscheidung haben würde. »Dieses Baby zu bekommen, kann ein wunderbarer Weg für dich sein, aber es ist nicht der einzige«, sagte ich ihr. »Du musst die Entscheidung treffen, und du musst sie unabhängig von deinem Freund treffen. Das Baby ist mit dir verbunden. Wenn dein Freund sich meldet, ist das großartig, aber wenn er es nicht tut, musst du verstehen, dass es hier nicht um ihn geht, sondern um dich und das Baby. Es geht darum, wie eure Seelen miteinander verbunden sind.«

Amy musste sich fragen, was ihre Entscheidung motivierte. Wenn es Angst war, würde die sie immer auf einen niederen Weg führen. Aber wenn sie der Liebe folgte, würde sie ihren höchsten Weg finden.

Ich musste Amy noch etwas anderes erzählen – über ihren Vater. Er drängte sich durch und ließ mich wissen, dass er Amy viele Zeichen und Botschaften geschickt hatte, aber sie hatte sie einfach nicht angenommen. Sie war zu sehr in ihrer Angst und Verwirrung gefangen. Er zeigte mir eine Geschenkbox mit einer großen blauen Schleife.

»Dein Vater schickt dir eine Botschaft«, sagte ich zu Amy. »Dieses Baby kann ein Geschenk für dich sein. Finde dich selbst und vertrau dem, was dich anzieht. Lass dich nicht durch das Geschrei der Angst davon abhalten, auf das zu hören, was diese innere Stimme dir sagt.«

Amy gab zu, dass es ihr schwerfiel, Zeichen von ihrem Vater entgegenzunehmen. Selbst jetzt, da er durchkam, war ich nicht sicher, ob sie wirklich gehört hatte, was er ihr sagen wollte. Es war, als brauche sie ein Zeichen, das direkt von ihm kam.

Ich sagte ihr, sie solle weiter nach Zeichen Ausschau halten, damit ihr Vater ihr die Bestätigung seiner Botschaft direkt zukommen lassen konnte. Sie solle sich daran erinnern, dass er mir ein Geschenk mit Schleife gezeigt hatte. Ich erinnerte sie daran, dass sie vom Universum geliebt und unterstützt wurde – dass sie nicht allein war. Sie hatte immer ein Lichtteam von der anderen Seite um sich.

Zwei Stunden später fuhr Amy zu ihrer Freundin Sue. Sue stand am Tisch und stellte Blumen für die bevorstehende Hochzeit eines Freundes in eine Vase.

»Ich schaute auf die Vase, und mir fiel die Kinnlade runter«, sagt Amy. »Eine große, schöne Schleife war darum gebunden. Eine riesige blaue Schleife.«

In ihrem Inneren hörte sie eine leise kleine Stimme, die ein wenig lauter wurde.

Ja, sagte die Stimme. *Ja.*

Amy griff sofort zum Telefon und rief in der Klinik an.

»Ich habe meinen Termin abgesagt«, erinnert sie sich, »und zu Sue sagte ich: ›Ich bekomme dieses Baby.‹«

Die Zeichen kamen während ihrer gesamten Schwangerschaft immer wieder. Sie sah zwei Kinder mit Geschenken in der Hand auf sich zukommen, jedes mit einer Schleife verziert. Amy entwickelte allmählich eine konkretere Sprache im Umgang mit ihrem Vater und bat ihn um ihr eigenes Zeichen, nämlich den Song »Sweet Caroline«, den sie immer zusammen gesungen hatten. Als sie zum ersten Mal darum bat, war dies der erste Song, der nach dem Zufallsprinzip auf ihrem iPhone abgespielt wurde.

Und sie bat um Kleeblätter. Ihr Vater war Ire, und als Amy klein war, schien es überall irische Kleeblätter zu geben. Jetzt wollte sie sie wieder sehen. Er erfüllte ihren Wunsch und schickte sie in Werbeanzeigen, auf Werbetafeln, sogar als echte Kleeblätter, die Amy flach auf dem Boden liegend fand, ohne dass eine Wiese mit Klee in Sicht gewesen wäre.

»Mein Vater hat mit mir gesprochen«, sagt Amy. »Er hatte die ganze Zeit mit mir gesprochen. Er sagte, ich hätte eine wunderbare Entscheidung getroffen, dieses Baby zu bekommen.«

Amy brachte einen gesunden Jungen zur Welt, den sie James nannte. »Er hatte dieses süße Grübchen. Er war der perfekte kleine Mann, und ich liebte ihn sofort, nur dass es eine neue Art von Liebe war, so tief und innig«, sagt sie. »Ich habe ihm den Spitznamen ›mein kleiner Buddha‹ gegeben, weil er so glücklich war und die ganze Zeit lächelte.«

Dennoch waren ihre ersten gemeinsamen Monate nicht leicht. James, sagt Amy, sei nur »eine Handvoll« und sie und James' Vater seien kein Paar mehr. Also sei sie eine alleinerziehende Mutter. »Es gibt Tage, an denen ich laut mit meinem Vater rede: ›Dad, bitte hilf mir bei alldem. Schick mir bitte Zeichen, damit ich weiß, dass du auf uns aufpasst und uns beschützt‹«, sagt sie. »Es gibt Tage, an denen ich immer noch große Angst habe.«

In diesen Tagen denkt Amy über die Verbindung zwischen sich und ihrem Sohn nach, aber auch zwischen ihrem Sohn und ihrem Vater. »Wie ich es sehe, hat James Zeit mit meinem Vater im Himmel verbracht, bevor er zu mir kam«, sagt sie. »Wenn ich also wirklich traurig bin, denke ich darüber nach. Ich weiß, dass dieses Baby mit meinem Vater zusammen war, und das macht mich sehr glücklich. Ich habe das Gefühl, als sage mein Vater: ›Ich war noch nicht bereit, dich zu verlassen. Deshalb schicke ich dir jetzt dieses Kind, das ein Geschenk der Liebe in deinem Leben ist.‹«

In meinem Reading für Amy habe ich eine weitere unglaubliche Lektion über die Arbeitsweise des Universums gelernt.

Manchmal führt uns unser höchster Weg aus der Beziehung mit jemandem fort, den wir lieben oder zu lieben glauben, einfach weil diese Person nicht bereit ist, mit uns einen anderen Weg zu gehen. Wir müssen erkennen: Auch wenn wir einen Weg wählen, der sie nicht einbezieht, bedeutet das nicht, dass wir sie nicht mehr lieben oder dass unsere gemeinsame Zeit nicht »der richtige Weg« war. Wir begegnen einander aus einem bestimmten Grund, nämlich um uns gegenseitig nützliche Lektionen zu erteilen und uns beim Wachsen zu helfen. Aber manchmal müssen wir uns, um weiter wachsen zu können, allein auf einen neuen, höheren Weg begeben. Und das ist in Ordnung. Man kann jemanden lieben, und es kann *trotzdem* nicht die eigene Bestimmung sein, ein ganzes Leben mit diesem Menschen zu verbringen.

Amys Beziehung zu ihrem Kind ist allerdings anders. Sie sind auf einer tiefen Seelenebene miteinander verbunden, und wenn sie sich nicht in diesem Leben begegnet wären, hätten sie sich in einem anderen getroffen. Indem Amy sich entschieden hat, das Kind jetzt bei sich zu haben, hat sie diese besondere Verbindung gewürdigt – unabhängig von ihren Zukunftsängsten. Sie hat eine Entscheidung getroffen, die ausschließlich auf Liebe gründet. Und wenn wir Entscheidungen treffen, die auf Liebe und nicht auf Angst basieren, sind wir auf einem höheren Lebensweg.

Heute sagt Amy: »Ich habe das Gefühl, dass mein Vater James zu mir geschickt hat. Und ehrlich gesagt hat er mir damit auf ganz reale Weise das Leben gerettet. Ich habe wirklich das Gefühl, dass dieses Baby mir das Leben gerettet hat.«

Amys Kind hat auch ihre Beziehung zu ihrem Vater wiederbelebt. Nachdem sie ihn auf so schmerzliche Weise verloren hatte, als er starb, und dann Schwierigkeiten hatte, ihn zu finden, als sie ihn am meisten brauchte, ist sie nun erneut auf eine Weise mit ihm verbunden, die ihre Beziehung weiter wachsen lässt. »Wie schwer es auch wird, ich habe ein paar wirklich starke Engel, und ich habe meinen Vater«, sagt Amy. »Er war Chef, als er noch auf Erden war. Er hat dafür gesorgt, dass Dinge erledigt wurden, und er hat nie ein Nein als Antwort akzeptiert. Und jetzt hilft er mir, in meinem Leben genauso zu sein.«

Und wenn es richtig herausfordernd wird?

»Dann spreche ich einfach mit meinem Vater und bitte um ein Zeichen«, sagt Amy. »Und wenn er es mir schickt, habe ich das Gefühl, ich habe es irgendwie mit Gott zu tun.«

26

Regenbögen

Von allen Zeichen, die uns die andere Seite sendet, sind nur wenige so schön und spektakulär wie ein Regenbogen – ein fantastisches Farbspektrum, das sich über den Himmel erstreckt. Für die meisten von uns ist der Anblick eines Regenbogens eine freudige Überraschung, ein Hauch von Magie an einem ansonsten gewöhnlichen Tag. Immer wenn ich einen Regenbogen sehe, weiß ich, dass die andere Seite versucht, mir etwas zu sagen – und wenn nicht mir, dann irgendjemandem, irgendwo. Das liegt daran, dass die andere Seite *liebend gern* Regenbögen nutzt, um unsere Aufmerksamkeit zu erregen.

Regenbögen sind großartige Zeichen, weil sie relativ selten vorkommen. Wenn wir also einen sehen, werden wir wirklich aufmerksam. Und doppelte Regenbögen sind noch seltener: Einen zu sehen, kann sich anfühlen, wie ein Einhorn zu entdecken. Regenbögen entstehen, wenn Sonnenlicht von Regentropfen am Himmel reflektiert und gebrochen wird, und die andere Seite ist sehr gut darin, Licht zu manipulieren. Außerdem sind Regenbögen hell und strahlend und heben unsere Stimmung. Im Laufe der Geschichte haben viele Kulturen Regenbögen als kraftvolle und positive Botschafter der Liebe und Hoffnung gesehen. In der nordischen Mythologie gilt ein Regenbogen sogar als übernatürliche Brücke zwischen den Menschen auf der Erde und den Göttern auf der anderen Seite.

Meiner Erfahrung nach sind Regenbögen spektakuläre Zeichen, die uns von unseren jenseitigen Lichtteams geschickt werden. Regenbögen sind in Dutzenden meiner Readings aufgetaucht, ebenso wie in vielen Geschichten, die ich über Zeichen gehört habe.

Eine dieser Geschichten sticht besonders hervor, und ich möchte sie hier gern erzählen. Es ist eine Geschichte, die bar jeder Logik, aber dennoch wahr ist.

Ich weiß es, weil ich mittendrin war. Und ich habe beobachtet, wie sich alles auf höchst magische Weise entfaltete.

Vor ein paar Jahren flog Susan mit ihren drei Söhnen von Kalifornien nach New Orleans, um ihren Mann Marc zu besuchen. Marc war Produktionsdesigner und arbeitete an einem Film, der in der Stadt gedreht wurde. Die Familie hatte ein schönes, langes gemeinsames Wochenende geplant.

Während Marc mit den Jungs eine Bootsfahrt machte, ging Susan in die Stadt und besuchte ein Voodoo-Museum. Aus einer Laune heraus erlaubte sie einem Mann, der dort arbeitete, die Tarotkarten für sie zu lesen. »Er war gerade aus Haiti zurückgekommen und schien sehr nett zu sein. Also setzten wir uns hin, und er legte mir die Karten«, sagt Susan. »Auf jeder einzelnen Karte ging es um den Tod oder das Sterben. Es war sehr beängstigend und intensiv.«

Susan konnte sehen, dass der Tarot-Leser selbst überrascht war. Er fragte sie: »Geht es Ihrem Mann gut?«

Sie versicherte ihm, dass es Marc gut gehe.

»Ich habe das Gefühl, dass er Kopfschmerzen hat«, sagte der Kartenleger. Er schaute sich die Karten noch einmal an und fügte hinzu: »Was ich Ihnen sagen kann, ist, dass Sie die größte Veränderung Ihres Lebens durchmachen werden. Aber am Ende wird es Ihnen gut gehen.«

Susan hatte Angst. Aber sie zuckte die Achseln, und am nächsten Tag flog die ganze Familie zurück nach Los Angeles. Ein paar Tage später kehrte Marc nach New Orleans zurück, um den Film fertigzustellen.

Marc war gesund und vital und hatte keine größeren gesundheitlichen Probleme, doch an dem Morgen, an dem er nach New Orleans zurückkehrte, erlitt er auf dem Weg zum Filmset eine Gehirnblutung. Sechs Tage später starb er im Kreis seiner Familie.

• • •

Susan war am Boden zerstört. Das Gefühl des Verlusts war unerträglich. »Ich hatte unglaubliche Freunde und unglaubliche Unterstützung, aber diese Monate waren eine so dunkle, schreckliche Zeit«, sagt sie. »Eigentlich waren es nicht nur einige Monate. Es waren eher zwei Jahre.«

In dieser Zeit rief Susans Freundin Jill – die Vermittlerin, die wir bereits in Kapitel 18 kennengelernt haben – bei mir an, um für Susan ein Reading am Telefon zu vereinbaren.

Gleich zu Beginn kam Susans Mann durch. Er wusste, dass sein Tod sie an einem wirklich dunklen und einsamen Ort zurückgelassen hatte und wie schwer ihr Leben gewesen war. Aber er hatte einen Plan, dies alles zu ändern.

»Er sagt, dass eine neue Beziehung auf dich wartet«, sagte ich zu Susan. »Er sagt, dass du jetzt nicht unbedingt dazu bereit bist, aber er möchte dich wissen lassen, dass du nicht dazu bestimmt bist, allein zu sein. Du bist dazu bestimmt, sehr lebendig zu leben, und er möchte dir dabei helfen. Er wird es von der anderen Seite aus organisieren.«

Susan war verständlicherweise bestürzt. Sie hatte ihren Mann verloren. Das Letzte, woran sie dachte, war eine andere Beziehung. Und doch sagte *ihr Mann,* er werde ein »Date« für sie vereinbaren.

Marcs Botschaft war klar. Er wollte Susan zu ihrem Glück verhelfen, aber es würde nicht sofort geschehen. Tatsächlich, so sagte er, würde es vom Zeitpunkt seines Todes an viereinhalb Jahre dauern. Susan akzeptierte, was Marc sagte, aber mir war klar, dass sie es nicht wirklich glaubte. Allein der Gedanke, eine neue Beziehung einzugehen, muss ihr wie ein Verrat an ihrer gemeinsamen Liebe vorgekommen sein.

Ich verstand, warum sie so fühlte, aber ich weiß auch, dass das Universum nicht so funktioniert. Und so sehen es unsere Lieben auf der anderen Seite nicht. Sie wollen, dass wir *glücklich* sind.

Wenn wir sterben, nehmen wir die Liebe mit, die wir auf Erden empfunden haben. Und wenn wir erst einmal auf der anderen Seite sind, wird diese Liebe nur noch intensiver. Aber selbst wenn sie wächst und wächst, wird sie nie besitzergreifend. Wir nehmen einer Person die Liebe nicht weg, indem wir sie einer anderen geben. Auf der anderen Seite gibt es eine *Überfülle* an Liebe. Daher ist Liebe kein Nullsummenspiel. Marc würde es also nicht als Verrat betrachten, wenn er sähe, dass seine Frau Susan ihre Liebe mit jemand anderem teilt, oder auch nur als Andeutung, dass ihre Liebe zu ihm oder seine zu ihr in irgendeiner Weise geschmälert würde.

Im Gegenteil, dadurch, dass sie ein Leben voller Liebe und Lebendigkeit führte, würde Susan ihre Liebe zu Marc *in Ehren halten.* Sie würde ihm das größte Geschenk machen, das er sich überhaupt wünschen konnte: sie auf ihrem höchsten Lebensweg zu sehen.

Ich habe für vielen Menschen Readings gehalten, die Angst hatten, jede neue Beziehung könne einen geliebten Menschen verletzen, der gestorben war. Und jedes Mal kam die Ehefrau oder der Ehemann von der anderen Seite energisch durch, um zu erklären, dass das einfach nicht wahr ist. Tatsächlich waren sie nicht nur mit einer neuen Beziehung einverstanden, die zu wahrem Glück und echter Erfüllung führen würde, sie spielten auch sehr oft eine wichtige Rolle beim Zustandekommen dieser Beziehung!

Dennoch erlebte ich bei Susan zum ersten Mal, dass mir jemand von der anderen Seite im Voraus erklärte, wie er den Heiratsvermittler spielen würde. Deshalb war ich gespannt, wie das ausgehen würde.

Ein paar Wochen später war ich in Los Angeles und traf mich mit Susan und Jill zum Frühstück. Susan stellte mir keine weiteren Fragen zu unserer Sitzung, aber ich hatte das Gefühl, dass sich jemand für sie durchdrängte. Es war nicht ihr Mann Marc, es war jemand anders. Ich bekam einen Namen mit R als Anfangsbuchstaben.

»Da kommt etwas sehr Starkes durch«, sagte ich zu Susan. »Sein Name … sein Name ist Randy.«

»Randy?«, fragte Susan völlig ratlos.

»Ja, Randy. Er steht hier und geht nicht weg. Er sagt, er kennt dich.«

Susan dachte einen Moment nach. Dann fragte sie: »Randy D.?«

»Ja!«, sagte ich. »Er steht hier. Und er ist hier mit Marc. Sie stehen zusammen.«

»Das ist wirklich seltsam«, sagte Susan. »Randy ist vor siebzehn Jahren gestorben. Ich denke nicht wirklich oft an ihn. Er war mit meiner guten Freundin Barbara verheiratet. Wow, ich habe mich schon eine ganze Weile nicht mit Barbara unterhalten …«

»Nun, er ist hier, und Marc sagt, dass er Randy dafür gewonnen hat, bei der Suche nach einem Mann für dich zu helfen.«

Ich konnte sehen, dass Susan nicht wusste, was sie davon halten sollte. Sie sagte, sie habe immer ein paarmal im Jahr mit

Barbara gesprochen, aber in letzter Zeit keinen Kontakt mehr zu ihr gehabt. Es gab wirklich keinen Grund, warum sich Marc auf der anderen Seite mit Randy zusammentun sollte.

Wenig später klingelte Susans Handy. Als sie die Nummer sah, erstarrte sie. Es war Barbara. Sie wollte »sich ›einfach so‹ mal wieder melden« …

Jetzt wusste Susan wirklich nicht, was sie denken sollte.

Aber ich wusste es: Randy war das fehlende Puzzleteil.

Viereinhalb Jahre sind eine lange Wartezeit. Also begann Marc, Susan Zeichen zu schicken, um sie auf seine Anwesenheit in ihrem Leben aufmerksam zu machen. In unserem Reading hatte sie bereits erwähnt, sie vermute, dass er ihr Zeichen schicke – und ein Zeichen ganz besonders: Regenbögen.

»Marcs Lieblingslied war ›Over the Rainbow‹«, sagt sie. »Er hat es gern auf dem Klavier gespielt. Nach seinem Tod fuhren wir nach Hawaii, wo Marc und ich geheiratet haben, um seine Asche zu verteilen. Ich erinnere mich, wie ich an diesem wunderschönen Platz am Strand stand, seine Asche verstreute, nach oben schaute und Marc fragte: ›Warum schickst du mir keine Zeichen? Ich hätte gern ein Zeichen.‹«

Nur wenige Minuten später erschien ein wunderschöner Regenbogen am Himmel.

Aber Susan war nicht beeindruckt.

»Ich sagte: ›Marc, das hier ist Hawaii, hier gibt es ständig Regenbögen. Ist das wirklich alles, was du zu bieten hast? Du bist ein Künstler! Du kannst das besser!‹«

Ein paar Minuten später schaute Susan wieder zu dem Regenbogen auf. Der hatte sich verändert. Er war nicht mehr nur ein Regenbogen. Er war ein doppelter.

»Und dann sagte ich: ›Na gut, das ist beeindruckend, Marc.‹«

Nun, wo sie ihr Zeichen etabliert hatten, wurde Marc richtig kreativ. Susan wollte einen Gedenkgottesdienst für Marc in den Sony-Studios, wo er so viel wunderbare Arbeit geleistet hatte. Sie versuchte, einen Termin für den Gottesdienst zu bekommen, aber Bauarbeiten auf dem Parkplatz verhinderten alle Veranstaltungen. Also entschied sie sich für einen späteren Termin.

Am Morgen des Gottesdienstes fuhr Susan mit Jill nach Culver City. Unterwegs schaute Susan aus dem Autofenster, und da bot sich ihr ein atemberaubender Anblick: der größte und leuchtendste Doppelregenbogen, den sie in ihrem Leben gesehen hatte. Susan und Jill wussten sofort, dass Marc ihnen den Weg wies. »Der Regenbogen war so erstaunlich, dass er am nächsten Tag in den Nachrichten landete«, sagt sie. »Als ich ihn sah, fing ich einfach an zu weinen.«

Aber das war nur Marcs Vorprogramm. Als sie bei den Sony-Studios ankamen und auf den Parkplatz fuhren, sah sie das Bauwerk, das den Gottesdienst verzögert hatte. Es handelte sich nicht um einen Neubau oder zusätzliche Parkplätze. Es war ein Regenbogen. Ein riesiger, hoch aufragender Regenbogen.

»Ich war verblüfft«, sagt Susan. »Sie haben ihn über den Parkplatz gebaut als Hommage an den Film ›Der Zauberer von Oz‹, der dort in den 1930er-Jahren gedreht wurde. Und sobald er fertig war, konnte ich meinen Gottesdienst haben. Wir konnten den Gottesdienst nicht durchführen, bevor der Regenbogen fertig war!«

Der Regenbogen war zirka 57 Meter breit, 24 Meter hoch, auf einem etwa 50 000 Kilo schweren Stahlträger errichtet und mit 648 Aluminiumplatten in leuchtenden Farben verkleidet. Es war nicht irgendein Regenbogen. Es war ein herrlicher Hollywood-Regenbogen, für dessen Errichtung zehn Kräne und 115 Leute nötig waren – genau wie für eins der vielen Filmsets, die Marc auf genau diesem Grundstück entworfen hatte.

Und er stand dort, auf ebendiesem Grundstück, und wartete nur darauf, dass Susan ihn sah.

Dreieinhalb Jahre nach Marcs Tod engagierte Susan einen Architekten für einen Auftrag, für den sie den Entwurf machte. Sie freundeten sich an, und eines Tages erzählte der Architekt Susan von einem anderen Kunden.

»Ich baue für ihn ein Haus in Seattle«, sagte er. »Ich möchte wirklich, dass du ihn kennenlernst. Ich habe das Gefühl, dass ihr beide euch mögen würdet.«

Susan war höflich, aber bestimmt.

»Ich sagte: ›Nein, tut mir leid, ich bin noch nicht bereit. Ich möchte ihn nicht kennenlernen.‹ Und das war's. Wir beendeten das Thema und sprachen über etwas anderes.«

Doch ein Jahr später rief der Architekt Susan aus heiterem Himmel an.

»Er sagte: ›Hey, mein Freund aus Seattle ist hier in Los Angeles, ich möchte wirklich, dass du ihn kennenlernst‹«, erinnert sich Susan. »Und wieder sagte ich: ›Nein danke, ich habe kein Interesse.‹«

»Komm schon«, sagte der Architekt, »wir treffen uns einfach alle zum Abendessen und haben eine gute Zeit. Nichts weiter.«

Also traf sich Susan zu einem Abendessen mit dem Architekten und seinem Freund David.

Sie kamen gut miteinander aus. Sie hatten viel gemeinsam. Sie sprachen über Kunst und Architektur, ihre Reisen, ihre Familien und vieles mehr. Nach dem Abendessen fragte David Susan, ob er sie einmal anrufen dürfe, wenn er wieder in Seattle sei. Sie sagte, das sei in Ordnung. Ein paar Tage später rief er an. Am Tag danach rief er erneut an. »Er hat mich oft angerufen«, sagt

Susan. »Wir hatten all diese wunderbaren Gespräche. Und eines Tages war er auf Hawaii und schickte mir eine SMS. Sie enthielt keine Worte, nur ein Bild.«

David schickte ihr das Foto eines wunderschönen doppelten Regenbogens – obwohl er nichts über die Bedeutung von Regenbögen in ihrem Leben wusste.

»Da sagte ich: ›Okay, ich sollte dem mehr Beachtung schenken.‹«

Kurz darauf kam David erneut nach Los Angeles und verabredete sich mit Susan. Dann hatten sie ein zweites Date und dann ein drittes. Susan besuchte David in Seattle, und er zeigte ihr stolz seine Motorradsammlung. Als Susan nach San Francisco reisen musste, traf sie sich auch dort mit David.

»Wir hatten eine tolle Zeit und gingen dann wieder getrennte Wege, ich nach Los Angeles und David nach Seattle«, sagt sie. »Aber auf dem Weg zum Flughafen tauchten zwei weitere Regenbögen am Himmel auf. Zwei separate Regenbögen an zwei verschiedenen Orten. Ich habe sie fotografiert. Ich habe Fotos von allen Regenbögen, die ich in dieser Zeit gesehen habe. Ich schaute aus meinem Schlafzimmerfenster und sah genau dort einen riesigen Regenbogen. Oder ich saß im Auto, bog um die Ecke und fuhr direkt in einen großen Regenbogen. Sie tauchten so auf, dass ich sie unmöglich übersehen konnte.«

Etwa zu dieser Zeit war ich zufällig in Kalifornien und traf Susan wieder. Ich hatte, um ehrlich zu sein, die meisten Einzelheiten meines Readings für sie vergessen, aber als ich sie sah, fiel mir alles wieder ein. Ich fragte sie, ob sie sich an die Wartezeit erinnere, die Marc ihr genannt hatte, bis sie den Mann traf.

Sie sagte: »Ja – viereinhalb Jahre.«

»Und was ist mit Randy?«, fragte ich. »Gibt es eine Verbindung zu Randy?«

»Nein, keine Verbindung zu Randy«, sagte Susan.

Am nächsten Morgen rief Randys Witwe Barbara zufällig noch einmal an, um Hallo zu sagen.

»Und weißt du, was, eine der ersten Fragen, die sie mir stellte, war: ›Bist du mit jemandem zusammen?‹«, sagt Susan. »Ich sagte: ›Ja, aber du kennst ihn sicher nicht.‹ Und ich nannte ihr seinen Namen.«

Am Telefon herrschte Stille. Schließlich sagte Barbara: »Ich kenne ihn.«

»Woher denn das?«, fragte Susan.

»Er war Randys guter Freund. Früher sind sie zusammen Motorrad gefahren. Er besitzt sogar eins von Randys Motorrädern.«

Susan war fassungslos. Sie hatte das Motorrad gesehen. David hatte es ihr gezeigt, als sie in Seattle war. Und jetzt erfuhr sie, dass es Randys Motorrad war. Die Randy-Verbindung! Schließlich erzählte Susan Barbara von allem, was passiert war: von dem Reading, davon, dass Marc gesagt hatte, er würde sie verkuppeln, wie sie von Randy erfahren hatte und schließlich von der Begegnung mit David.

»Ja«, sagte Barbara, »das hört sich an, als hätte Randy etwas damit zu tun.«

»Es war erstaunlich«, sagt Susan jetzt. »Es war wie dieses unglaubliche Puzzle, bei dem alle Teile genau richtig zusammenpassen müssen. Als ich hörte, dass David und Randy Freunde waren, passte alles. Ich wusste, dass Marc und Randy auf der anderen Seite zusammenarbeiteten.«

Susan hatte recht. Marc zog Randy heran, um ihn in seiner Mission zu unterstützen, bei der es darum ging, Susan in eine neue Beziehung zu führen, die ihr helfen sollte, zu wachsen und sich wieder ganz auf das Leben einzulassen. Die andere Seite ist auf brillante Weise in der Lage, Beziehungen für uns hier auf der Erde einzufädeln. Und was mit Susan geschah, ist ein schöner

Beweis dafür, wie sehr unsere verstorbenen Lieben bereit sind, sich zu engagieren, um uns auf unseren höchsten Weg zu führen.

»Ich meine, niemand hätte alles wissen können, was man wissen musste, um das durchzuziehen«, sagt Susan. »David ist sehr rational und glaubt nicht an Zeichen oder so was, aber als ich ihn anrief und von Randy erzählte, war selbst er der Meinung, dass es dafür keine logische Erklärung gab. Er wusste, dass niemand auf der Welt das hätte bewirken können.«

Wir Menschen neigen dazu, an Paradigmen oder Modellen der Wirklichkeit festzuhalten, die wir kennen und verstehen. Und wenn etwas unsere bestehendes Denkmuster infrage stellt, suchen wir nach Möglichkeiten, es so hinzubiegen, dass es passt und rational Sinn ergibt. Wir suchen nach plausiblen Erklärungen. Aber wie lässt sich Susans Wahrheit rational erklären? Selbst wenn jemand Susan, Marc, David und Randy in die Suchmaschine eingegeben und »alles« über sie erfahren hätte, wie hätte er diese Informationen nutzen können, um einen solchen Plan in die Tat umzusetzen? Was mit Susan passierte, ist nicht »googlebar«!

Die einzigen Menschen, die die Fäden ziehen und Susan und David auf so magische Weise zusammenbringen konnten, waren Marc und Randy, die auf der anderen Seite zusammenarbeiten.

Kurz nachdem Susan erkannt hatte, dass sie und David für eine Beziehung bestimmt waren, geschah etwas Bemerkenswertes: Sie sah nicht mehr so viele Regenbögen.

»Hier und da sehe ich noch einen, aber es ist anders«, sagt sie. »Sie sind nicht so hervorstechend. Und ich habe das Gefühl, dass Marc sich ein wenig zurückzieht. Es war, als habe er die ganze Zeit meine Hand gehalten, und jetzt gibt er mir den Raum, den ich brauche, um voranzukommen. Und mit David ist alles so zwanglos. Es fühlt sich alles so unglaublich natürlich an. Und das bewirkt, dass Marc sich genau im richtigen Moment zurückzieht.«

So funktioniert die andere Seite. Unsere Lichtteams halten uns an der Hand, solange wir durch die Dunkelheit gehen, so wie Eltern ihr Kind am ersten Tag in den Kindergarten bringen. Aber sie lassen auch los, wenn es nötig ist, damit wir ungehindert tun können, was wir tun müssen, um auf unseren höchsten Lebensweg zu gelangen.

Okay, aber was, wenn ich nicht dort gewesen wäre, um Susan von Randy oder von Marcs Plan zu erzählen? Wäre sie am Ende doch mit David zusammengekommen? Ich glaube, ja, und zwar aus einem Grund: wegen der Zeichen.

Susan hatte ihr Zeichen mit Marc – Regenbögen – festgelegt, bevor wir uns überhaupt kennengelernt hatten. Und Marc hat dieses Zeichen auf eine Weise bestätigt, die Susan einfach nicht leugnen konnte. Ein riesiger Regenbogen auf einem Parkplatz? Der Parkplatz, auf den Susan am Tag seines Gedenkgottesdienstes fahren musste? Und nachdem Susans Architekt sie David vorgestellt hatte, schickte David ihr das Foto eines Regenbogens per SMS. Das ließ Susan aufmerksam werden. Selbst wenn sie nichts von mir über Randy erfahren hätte, hätte sie wahrscheinlich irgendwann herausgefunden, dass David mit einem ihrer vor Jahren verstorbenen Freunde zu tun hatte, und das wäre sicherlich sehr bedeutungsvoll für sie gewesen.

Mit anderen Worten: Marc hätte mit mir oder ohne mich eine Möglichkeit gefunden, seinen Plan in die Tat umzusetzen. Manchmal bedient sich die andere Seite einer Person wie mir, eines übersinnlichen Mediums, aber meistens tut sie das nicht. Sie nutzt alles, was sie kann, wo immer sie es findet. Sie setzt Regenbögen auf unseren Weg und sogar auf Parkplätze!

27

Leises Flüstern

Wenn wir ein Zeichen von der anderen Seite bekommen, ist das kein Befehl. Zeichen sind keine Anweisungen. Sie können zwar als liebevolle und unterstützende Wegweiser oder Anstöße unserer Lichtteams dienen, aber jeder von uns hat den freien Willen, seine eigenen Wege, Lektionen und Erfahrungen zu wählen. Letztendlich ist es unser freier Wille, der uns ermächtigt. Wir sind es, die entscheiden, was wir tun, nicht eine äußere Kraft. Wir haben immer die Wahl.

Allerdings versucht die andere Seite, uns bewusst zu machen, dass wir tief in unserem Inneren oft schon wissen, was wir tun müssen, um unseren höchsten Weg zu finden. Wir müssen ihr nur vertrauen. Wir sollten nicht zulassen, dass unsere Angst unsere aus freiem Willen getroffenen Entscheidungen überwältigt. Unsere Lichtteams versuchen oft nur, uns dazu zu bringen, unseren Geist und unser Herz für eine Antwort zu öffnen, die bereits in uns steckt.

Und das tun Zeichen: Sie *bekräftigen,* dass wir niemals allein auf dieser Erde sind, dass wir immer von unseren persönlichen Cheerleader-Trupps umgeben sind, dass unsere Lichtteams unermüdlich mit uns mitfiebern – und geduldig darauf warten, dass wir die Dinge tun, die wir tun müssen, um das bestmögliche, authentischste und unserer Bestimmung am besten entsprechende Leben zu führen.

Alle Zeichen sind Botschaften der Liebe. Und jede Entscheidung, die uns auf unseren höchsten Weg führt, ist eine Entscheidung, die auf Liebe gründet und nicht auf Angst. Wenn wir also die kraftvollen Zeichen, die wir von der anderen Seite erhalten, anerkennen und würdigen, erlauben wir ihnen, uns auf den Weg der Liebe zu führen, statt Entscheidungen zu treffen, die von Angst diktiert werden.

Dieses Wissen ist bereits in unseren Herzen. Wenn wir lange genug darüber nachdenken, können wir erkennen, welche unserer Entscheidungen auf Liebe und welche auf Angst basieren. Und wenn wir wirklich zwischen den beiden hin- und hergerissen sind, wenn wir nicht zwischen dem auf Liebe und dem auf Angst gründenden Weg unterscheiden können, versucht die andere Seite, uns Zeichen zu senden. Zeichen sind die Richtungspfeile, die auf den höchsten Weg verweisen.

Aber manchmal handelt es sich hier nicht um externe Zeichen. Manchmal nicht einmal um physische Objekte. Oder ein gesprochenes Wort, ein Musikstück, den Wind. Manchmal ist das Zeichen nur ein leises Flüstern in unserem Herzen.

• • •

Sarah und David Rathke haben sich in einer Bar kennengelernt. Er war damals Barkeeper, und sie bestellte einen Drink. »Das Komische ist, dass er mir gleich bekannt vorkam, als ich ihn zum ersten Mal sah«, erinnert sich Sarah. »Ich war mir nicht sicher, warum, es war einfach so.«

Sie flirteten und verabredeten sich, und sechs Monate später machte David ihr einen Heiratsantrag. »Draußen war es eiskalt, und ich erzählte Sarah, ich wolle ihr ein Boot im Hafen zeigen, weil ich am Wasser einen Heiratsantrag machen wollte«, sagt David. »Und als wir am Dock ankamen, drehte sich Sarah plötzlich zu mir um und fragte: ›Wie sehr liebst du mich?‹ Ich konnte es kaum glauben. Da stand ich mit einem Ring in der Tasche und wollte gerade auf die Knie fallen. Es war die perfekte Szene.«

Sie heirateten und bekamen in den nächsten Jahren zwei Kinder, beide Jungen. Das Leben mit Luke und Daniel war ein unendlicher Segen, aber auch teuer und chaotisch. »Wir leben in Nordkalifornien, was nicht gerade billig ist«, sagt David, der eine gehobene Position im Vertrieb hat (Sarah ist klassische Musikerin). »Wir sind nicht aus reichem Elternhaus. Wir fahren einen Minivan. Wir haben darüber gesprochen, ein drittes Kind zu bekommen, weil Sarah sich wirklich eine Tochter wünschte. Aber es war keine leichte Entscheidung. Um ehrlich zu sein, ich bin nicht gerade vor Freude im Dreieck gesprungen bei dem Gedanken, noch ein Kind zu bekommen.«

»Und ich wollte ihn nicht unter Druck setzen, wenn er es eigentlich nicht wollte«, fügt Sarah hinzu. »Dazu kann man niemanden zwingen.«

Sie waren beide hin- und hergerissen. Sie wollten nicht Ja, aber auch nicht Nein sagen. Und auch die Zeit spielte eine Rolle: Sarah war 39.

Schließlich beschlossen sie, es einfach zu tun. Aber auch dann waren sie nicht wirklich überzeugt, die richtige Entscheidung getroffen zu haben. Selbst nachdem sie es geschafft hatten, beeilten sie sich also nicht mit dem Schwangerwerden. Ihre Angst hielt sie zurück.

Etwa zu diesem Zeitpunkt lernte ich Sarah und David auf einer Hochzeit kennen. Ich war in wirklich toller und festlicher Stimmung und leicht beschwipst, und wenn ich ein paar Drinks zu mir genommen habe, passiert etwas Seltsames. Dann fällt es mir offenbar schwer, die Tür zur anderen Seite »geschlossen« zu halten. Ich werde besonders empfänglich. Als ich mich schließlich in einer Gruppe mit Sarah und David wiederfand, hatte ich keine Möglichkeit, Davids Vater daran zu hindern, dass er zu uns durchkam.

»Dein Vater ist plötzlich gestorben, nicht wahr?«, fragte ich David. Er wirkte verblüfft und antwortete: »Ja, das stimmt.«

»Und sein Vorname fing mit R an?«

»Ja.«

»Okay, also dein Vater ist hier und möchte, dass ich dir ein paar Dinge erzähle.«

Seltsamerweise zeigte mir Richard, Davids Vater, Schuhe, Pyjamas und Zähne. Er ließ mich seinem Sohn ausrichten, dass David, auch wenn er ein schickes Paar Abendschuhe trug, in ein anständiges Paar Turnschuhe investieren solle.

David lächelte. Er trug Gucci-Abendschuhe und brauchte tatsächlich neue Turnschuhe.

Dann sagte ihm sein Vater, er solle, wenn er schon mal dabei war, seinen zerrissenen Pyjama wegschmeißen und sich eine neue Jogginghose kaufen.

»Sein Pyjama hat diesen riesigen Riss an der Seite, und er trägt ihn schon zehn Jahre, lässt aber nicht zu, dass ich ihn wegwerfe«, erklärte Sarah.

Dann forderte Richard seinen Sohn auf, sofort einen Zahnarzt aufzusuchen. »Er sagt, du hast ein Problem mit einem Zahn hinten rechts, und wenn du ihn nicht bald behandeln lässt, wird er zum großen Problem für deine Gesundheit«, sagte ich.

Aber David hatte keine Zahnprobleme.

Dennoch machte er sicherheitshalber einen Termin für eine Zahnreinigung in der nächsten Woche. Und als der Zahnarzt ihn untersuchte, stellte er David schnell eine Frage: »Haben Sie heute Nachmittag noch etwas vor?«

»Warum?«

»Sie haben einen Zahn im hinteren Bereich, der stark vertikal eingebrochen ist, und ich würde Sie gern sofort zur Wurzelbehandlung zum Kieferchirurgen schicken. Wenn Sie das nicht bald machen lassen, könnte sich der Zahn entzünden und Ihr Herz angreifen.«

Mein kurzes Reading für David erwies sich für ihn als äußerst bedeutsam. Nicht nur, weil er seinen Zahn rechtzeitig reparieren ließ, sondern auch, weil sich dies auf seine Beziehung zu seinem Vater auswirkte, der einen Herzinfarkt erlitten hatte und gestorben war, als David gerade 21 Jahre alt war.

»Nachdem mein Vater gestorben war, verbrachte ich die nächsten 23 Jahre damit, eine Art Kiste um ihn herum zu bauen«, sagt David. »Ich habe nicht viel an ihn gedacht oder über ihn geredet. Und ich bin davon ausgegangen, dass diese Kiste für immer dableibt. Sonst wäre es einfach zu hart gewesen. Deshalb habe ich die Kiste gebaut.«

Aber als sein Vater mit Zeichen und Bestätigungen durchkam, »brannte die Kiste nieder«, sagt David. »Sie ist einfach verschwunden. Da wusste ich, dass mein Vater noch bei mir war.«

Während unserem kurzen Reading auf der Hochzeit bat mich David, seinem Vater eine Frage zu stellen. Oder besser gesagt, er machte Witze darüber.

»Lass mich raten«, sagte David damals. »Mein Vater meint, wir sollten ein drittes Kind bekommen.«

»Er sieht eine dritte Präsenz in eurem Leben«, sagte ich zu David und Sarah, »und das ist sehr positiv. Er meint, ich soll euch sagen, dass es ein Mädchen wird. Und er weiß, dass du ein Mädchen willst. Er sagt auch: ›Wenn ihr wartet, bis ihr es euch leisten könnt, noch ein Baby zu bekommen, ist es zu spät. Aber wenn ihr dieses Kind bekommt, werdet ihr euch euer Leben ohne es gar nicht mehr vorstellen können.‹«

Dann rückte Davids Vater mit einer letzten Botschaft für seinen Sohn heraus. »Sag ihm, er solle auf ein Laufband steigen und etwas Gewicht verlieren.«

Für David klang das genau nach seinem Vater.

Ich erinnere mich, dass er nach all diesen wunderbaren Botschaften eine Frage hatte, die er von mir – und nicht von seinem Vater – beantwortet haben wollte: »Wenn mein Vater mir Ratschläge von der anderen Seite gibt, ist es dann so, als sei er immer noch hier auf dem Planeten? Oder ist es so, als sei er allmächtig? Denn als er hier war, hat er eine Menge falsch gemacht.«

»Auf der anderen Seite kann dein Vater alles in seiner Gesamtheit sehen«, erklärte ich. »Er sieht also all diese Dinge und möchte einige davon an dich weitergeben, wenn sie für dein Wohlbefinden wichtig sind. Aber es ist nicht absolut. Es gibt das Konzept des freien Willens. Du hast Wahlmöglichkeiten und musst die Entscheidungen selbst treffen.«

Mit anderen Worten: Nichts, was Davids Vater ihm mitgeteilt hatte, war ein Gebot. Nichts war ein Befehl. Davids Vater brachte ihn nicht zum Zahnarzt. David musste sich entscheiden, zum Zahnarzt gehen, und selbst dorthin fahren. Die Zeichen, Botschaften und Bestätigungen von der anderen Seite sollten ihn in diese Richtung lenken.

»Für mich«, sagt Sarah, »waren es all diese Botschaften, mit denen sein Vater durchkam, die den Ausschlag gegeben haben. Davids Vater war sich so sicher, dass wir noch ein Baby haben wollten. Wir waren beide absolut begeistert von der Idee, und innerhalb eines Monats wurde ich schwanger.«

Als Davids und Sarahs drittes Kind – die kleine Emily – zur Welt kam, änderte sich alles. »Sie ist einfach so glücklich und klug und schön und verspielt, und David ist absolut hin und weg von ihr«, sagt Sarah. »Sie hat der ganzen Familie eine neue und andere Energie gebracht. Sie hat die Jungs irgendwie sanfter gemacht, und sie vergöttern sie. Es stimmt. Wir können uns unser Leben ohne Emily wirklich nicht vorstellen.«

Monate nachdem sie ihrer Tochter den Namen Emily gegeben hatten, erfuhren David und Sarah von einem anderen Verwandten etwas über seine Urgroßeltern. »Ich wusste nichts über sie, aber dann fanden wir heraus, dass der Name meiner Urgroßmutter Emila war und der meines Urgroßvaters Emil«, sagt David. »Es ist, als sei Emily unser Schicksal gewesen.«

So funktioniert das Universum. Seelen sind auf einer tiefen Ebene verbunden und haben einzigartige Verträge geschlossen, die über Jahrhunderte gültig sind, in der Zeit rückwärts und vorwärts, und die uns auf eine Weise binden, die wir nicht wirklich verstehen können. Die strahlenden Liebesschnüre, die sich über Generationen hinweg durch Davids und Sarahs Familie zogen, brachten die beiden zusammen (du erinnerst dich sicher, dass Sarah das Gefühl hatte, David bereits zu kennen, obwohl sie sich noch nie begegnet waren) und brachte schließlich Emily zu ihnen. Diese Verbindungen sind uralt und ewig und in unseren Herzen bereits vorhanden, auch wenn wir uns ihrer nicht immer bewusst sind.

Schließlich trafen David und Sarah die Entscheidung, ein drittes Kind zu bekommen, *bevor* sie mich kennenlernten und Davids Vater, Richard, durchkam. Richard bestätigte lediglich, was sie im Herzen bereits wussten.

Manchmal ist das Zeichen das Flüstern in unserem Herzen, die tiefe und unbestreitbare Anziehungskraft, das inhärente Wissen, dass wir die Antwort schon kennen.

»All diese Verbindungen in unser Leben und aus ihm hinaus, zu Menschen hier und Menschen auf der anderen Seite – sie sind sehr real und führen zu echten Emotionen und echten Veränderungen in unserem Leben«, sagt Sarah. »Wenn wir dafür offen sind, wird das unser Leben wirklich bereichern. Denn das Leben ist so viel mehr, als wir in dieser Dimension sehen können.«

• • •

Marina Romero war in einer großen Familie mit fünf Kindern und vielen Cousins und Cousinen aufgewachsen, und ein Teil von ihr hätte sich vielleicht vorstellen können, selbst eines Tages eine große Familie zu haben. »Ich bin in Spanien geboren, und spanische Familien sind normalerweise sehr groß«, sagt sie. Doch als sie älter wurde, machte sie erfolgreich Karriere als Lehrerin und Therapeutin, und diese Karriere nahm die meiste Zeit in Anspruch. »Der Lebensstil, den ich gewählt habe, war nichts für Kinder«, sagt sie. »Ich habe jede Woche im Jahr sechs Tage gearbeitet und war mit Leidenschaft bei meiner Arbeit. Und so beschloss ich schließlich, keine Kinder zu bekommen.«

Natürlich änderten sich die Dinge, wie so oft im Leben. Marina verliebte sich, heiratete, und zum ersten Mal in ihrem Leben sagte sie: »Ich war mit jemandem zusammen, bei dem ich das Gefühl hatte: *Okay, ja, mit ihm könnte ich Kinder haben.* Es war ein tiefes Gefühl in meinem Herzen.«

Damals war Marina fünfzig Jahre alt.

Trotz ihres Alters beschlossen Marina und ihr Mann Samuel, eine Familie zu gründen. Sie wandten sich an eine Fruchtbarkeitsklinik, und die Ärzte sagten ihr, sie sei mehr als gesund genug, um ein Kind zur Welt zu bringen. Im Alter von 52 Jahren wurde Marina schwanger und erfuhr, dass sie Zwillinge bekommen würde.

Doch nach vierzig Wochen »starben meine Babys kurz vor ihrer Geburt«, sagt Marina traurig. »Es war eine Totgeburt. Die Ärzte sagten, es habe nicht an meinem Alter gelegen, aber sie wussten nicht, warum das passiert war. Danach trauerten wir sehr lange. Ich glaubte allmählich, dies sei die Art und Weise des Universums, mir zu sagen, dass ich nicht dazu bestimmt sei, Mutter zu werden, und ich verabschiedete mich davon. Wir haben versucht zu akzeptieren, dass wir kein Kind bekommen würden.«

Ein paar Monate später nahmen Marina und Samuel an einer sogenannten Visionssuche teil. Sie gingen in den Wald und verbrachten dort mehrere Tage, getrennt voneinander, ohne Essen und mit gerade genug Wasser, um über die Runden zu kommen. »Ich glaube, als ich allein im Wald war, konnte ich endlich die Trauer über den Verlust meiner Zwillinge spüren«, sagt Marina. »Und da hatte ich ein weiteres sehr starkes Gefühl – das Gefühl, es noch einmal versuchen zu wollen.«

Samuel bestärkte seine Frau in ihrer Entscheidung, und mit 53 Jahren wurde Marina erneut schwanger. Diesmal erfuhr ihr Arzt nach zwölf Wochen, dass die Schwangerschaft nicht lebensfähig war. »Das war extrem schwierig«, sagt Marina. »Wir schwankten zwischen lebensfähig und nicht lebensfähig, zwischen ›Ja, wir werden dieses Kind bekommen‹, und ›Nein, wir werden es nicht bekommen‹. Es war sehr schmerzhaft.«

Doch selbst dann beschlossen Marina und Samuel, es noch einmal zu versuchen.

Sie hatten den Prozess in der Fruchtbarkeitsklinik mit mehreren eingefrorenen Embryonen begonnen. Jetzt waren es nur noch vier. »Ich habe es noch einmal mit zwei Embryonen versucht, aber ich wurde einfach nicht schwanger«, erinnert sich Marina. »Ich weiß nicht, warum, es ist einfach nicht passiert. Da sagte ich mir: ›Jetzt ist es wirklich passé.‹«

Marina war 54 und fühlte sich in ihrem Leben verloren. Sie versuchte, sich ihrem Beruf zu widmen, aber an manchen Tagen konnte sie überhaupt nicht arbeiten. »Ich habe meine verstorbenen Jungs vermisst«, sagt sie. »Ich hatte keine Klarheit. Ich war verloren, wirklich verloren. Ich wusste nicht mehr, was ich mit meinem Leben anfangen sollte.«

Wie das Leben so spielt, haben Marina und ich einen gemeinsamen Freund, Ken Ring, einen renommierten Psychologen und Pionier auf dem Gebiet der Nahtodforschung. Ken hat Marina an mich verwiesen. In meinem Reading für sie kam Rafael,

Marinas Vater, recht schnell durch und zeigte mir zwei eigenständige Seelen.

»Dein Vater zeigt mir zwei Kinder«, sagte ich zu Marina. Sie schien überrascht, dass das Thema »Kinder« so schnell zur Sprache kam.

»Ja, ich hatte zwei Kinder«, sagte sie. »Sie sind bei der Geburt gestorben.«

»Dein Vater möchte dich wissen lassen, dass es in keiner Weise deine Schuld war«, sagte ich. »Die Aufgabe ihrer Seelen war es, in den neun Monaten Schwangerschaft deine bedingungslose Liebe zu spüren. Das war ihre ganze Aufgabe und ihre Lektion, einfach bedingungslose Liebe zu spüren. Sie sind jetzt sicher und glücklich auf der anderen Seite und bei deinem Vater. Und nun …«

Ich hielt inne, weil Marinas Vater mir ein weiteres Paar eigenständige Seelen zeigte.

»… Dein Vater möchte, dass du darüber nachdenkst, es noch einmal zu versuchen.«

»Ich war schockiert«, sagt Marina. »Ich hatte mit dem gesamten Prozess, wieder schwanger zu werden, völlig abgeschlossen, aber mein Vater bestand darauf. Er sagte, dass da zwei kleine Seelen darauf warteten, zu mir zu kommen, in dieses Leben zu kommen, wenn ich sie haben wollte. Er sagte, sie seien mit allem einverstanden, was ich tun würde, fragten sich aber, ob ich es tun wolle. Weil sie hier sein wollten.«

Ich merkte, dass Marina verwirrt war. Sie sagte, was sie dachte: Vielleicht waren all ihre Kämpfe ein Zeichen des Universums, dass es *nicht* ihre Bestimmung war, Mutter zu werden – dass sie sich von ihrem Traum verabschieden musste. Ihr Vater wiederholte die gleiche Botschaft und ließ sie wissen, dass die Zwillinge glücklich waren und dass noch zwei weitere Seelen ankommen wollten.

»Er sagt, dass es passieren wird«, sagte ich zu Marina. »Das ist es, was er mir zeigt: Es wird passieren, wenn du dich dafür öffnest.«

Also ging Marina nach Hause und erzählte ihrem Mann von dem Reading und von der klaren Botschaft ihres Vaters.

»Jetzt war es an ihm, schockiert zu sein«, sagt Marina.

In Wirklichkeit war auch Marina wie versteinert. Sie hatte Angst, es noch einmal zu versuchen, Angst, ein weiteres Kind oder sogar zwei weitere Kinder zu verlieren. Sie glaubte wirklich, dass sich die Tür zum Muttersein für sie geschlossen hatte. Aber das war nicht der Fall. Trotz ihres Alters und trotz allem, was sie durchgemacht hatte, machte die andere Seite deutlich, dass die Tür immer noch offen stand.

Marina und Samuel sprachen ausführlich darüber und einigten sich darauf, einen Arzt aufzusuchen. Wenn der Arzt der Meinung war, dass Marina noch gesund genug sei, um ein Kind auszutragen, würden sie nach Hause gehen und noch einmal darüber nachdenken. Tatsächlich gab der Arzt grünes Licht. Dann schickte das Universum ein wirklich großes Zeichen. Die Fruchtbarkeitsklinik teilte Marina mit, sie könne ihre verbleibenden zwei Embryonen nicht über die nächsten drei Monate hinaus aufbewahren. »Es war, als würde alles in diese Richtung weisen«, sagt Marina. »Ich war sehr aufgeregt, hatte aber auch sehr viel Angst.«

Ihre Angst war jedoch nicht groß genug, um die Tür zuzuschlagen.

An ihrem 55. Geburtstag versuchte Marina ein weiteres Mal, schwanger zu werden. »Diese Nacht wurde geradezu überschwemmt von diesen wunderschönen Zeichen von der anderen Seite, die die Worte meines Vaters bestätigten«, erinnert sie sich. »Wir haben getanzt und nicht nur meinen Geburtstag gefeiert, sondern auch die Ankunft neuer Seelen.«

Diesmal wurde Marina schwanger. Und sie erfuhr, dass sie Zwillinge bekommen würde.

Ihr Arzt teilte Marina mit, dass alles gut aussehe, aber als sie sich der Vierzig-Wochen-Marke näherte, konnte Marina nicht anders, als an die Zwillingssöhne zu denken, die sie verloren hatte. Und dabei fühlte sie sich verängstigt und deprimiert. »Ich konnte einfach nicht sicher sein, dass diese Babys in mir es schaffen würden«, sagt sie. Dann, eines frühen Morgens, platzte ihre Fruchtblase. Die Geburt der Zwillinge war erst auf einen Monat später terminiert, aber bei Marina setzten die Wehen ein. Samuel half ihr ins Auto, um sie ins Krankenhaus zu fahren, aber bevor sie losfuhren, schaute Marina in den Himmel. Sie bemerkte, dass Mond und Jupiter in Konjunktion waren, hell leuchteten und zur Schönheit dieses Augenblicks beitrugen. »Ich hatte das Gefühl, dies sei ein liebevoller Wink von der anderen Seite«, sagt Marina.

Die Zwillinge kamen an, kurz nachdem Marina in den Kreißsaal gefahren worden war. Zwei wunderbare, prachtvolle Jungs. Sie waren klein – einer wog vier Pfund, der andere fünf –, aber gesund. Eine Krankenschwester badete und wickelte sie und reichte sie dann Marina.

Als sie ihre Zwillinge endlich in den Armen hielt, »war es, als sei ich an einem anderen Ort, in einer anderen Dimension«, sagt sie. »Als sei ich gar nicht auf dieser Erde. Es war das reinste und kraftvollste Gefühl der Freude, das ich je empfunden habe. Und dann kamen unsere Verwandten vorbei, und alle schauten sich die Babys an, und ich konnte immer noch nicht glauben, was da passierte. Ich konnte nicht glauben, dass diese Jungs tatsächlich *hier* waren.«

Wie durch ein Wunder waren die Jungen fast genau drei Jahre nach dem Tod der anderen Zwillinge geboren worden.

Sie heißen Oceanos und Arthur, und mehr als zwei Jahre später geht es ihnen wunderbar. »Sie sind gesund und schön und zart und auch wild«, sagt Marina. »Ich bin ständig erschöpft, aber auch so glücklich. Ich hätte nicht gedacht, dass das jemals passieren würde, aber dann ist es passiert. Ich bin jetzt Mutter.«

Die Bestätigungen und Botschaften, die sie von ihrem Vater erhalten hat, haben dazu beigetragen, dass Marina eine Entscheidung treffen konnte. Aber Tatsache ist, dass Marinas Verbindung zu ihrem Vater auf der anderen Seite vor unserer Lesung weder besonders klar noch besonders stark gewesen war.

»Selbst wenn ich jetzt versuche, mit meinem Vater zu kommunizieren, kann ich ihn nicht immer direkt spüren«, sagt Marina. »Aber im Unterschied zu früher weiß ich nun, dass er da ist. Wenn die Jungs wirklich anstrengend sind und ich sehr müde bin, necke ich meinen Vater und sage: ›Jetzt steckst du in der Klemme, Dad.‹ Ich mache das, weil ich glaube, dass unser Leben besser wird, wenn wir mit unseren Lieben auf der anderen Seite kommunizieren.«

Hätte Marina nie ein Reading mit mir gehabt und wäre ihr Vater nicht so energisch durchgekommen, hätte sie sich dann von selbst entschieden, es noch einmal zu versuchen? Sie kann es einfach nicht sagen. Vielleicht hätte sie der Bescheid der Kinderwunschklinik zu dieser Entscheidung bewogen. Oder vielleicht hätte ihr Vater irgendwie einen anderen Weg gefunden, seine Botschaft der Hoffnung, des Vertrauens und der Liebe zu überbringen.

»In Anbetracht der Härte der Totgeburt und der Schwierigkeiten mit all den anderen Versuchen, schwanger zu werden, konnte ich die tiefe, sanfte, zarte Stimme in meinem Herzen nicht immer hören«, sagt Marina. »Sie war blockiert, und ich fühlte mich so verloren und wusste nicht mehr, was ich mit meinem Leben anfangen sollte. Aber dann kamen die Jungs, und ich fand nicht nur die Verbindung zu dieser sanften, winzigen Stimme in meinem Herzen wieder, sondern mir wurde auch klar, dass diese Stimme ein Kanal sein kann, über den unsere Lieben auf der anderen Seite Kontakt mit uns aufnehmen können. Auf diese Weise können sie uns ihren liebevollen Rat zuflüstern.«

• • •

Elana wurde von einer gemeinsamen Freundin, die ein ungewöhnliches Kuppeltalent hatte, mit ihrem späteren Ehemann Steven bekannt gemacht. »Sie war sehr, sehr gut darin«, sagt Elana. »Sie hat geflunkert und manipuliert, um uns zusammenzubringen. Und sie hat abgewartet, während wir mit anderen Leuten zusammen waren, und schließlich hat sie mir gesagt, Steven sei wirklich an mir interessiert, und Steven hat sie gesagt, ich sei an ihm interessiert. Und weiß Gott, sie hatte recht. Es stellte sich heraus, dass Steven genau mein Typ war.«

Sie heirateten und bekamen mit Anfang dreißig einen Sohn, Noah. »Er war ein wunderschönes Kind ohne gesundheitliche Probleme«, sagt Elana. »Aber als er etwa vierzehn Monate alt war, merkte ich, dass etwas an ihm anders war. Er sprach kaum, was in Ordnung ist, aber etwas an der Qualität seiner Interaktionen mit anderen Kindern war anders.«

Schließlich wurde bei Noah Autismus diagnostiziert. »Er wurde sehr leistungsfähig, gesellig und erzählte auch gern Witze«, sagt Elana. »Aber es fiel ihm äußerst schwer, ruhig und kontrolliert zu bleiben und mit jeder noch so kleinen Frustration umzugehen. Er konnte sehr aggressiv werden und hatte viele Ausbrüche. Wenn er seine Schuhe nicht fand, zerschlug er Sachen, brüllte und schrie. Er war emotional sehr fragil.«

Elana und Steven hatten immer geglaubt, dass sie ein zweites Kind bekommen würden. Sie waren sich einig, dass Noah kein

Einzelkind sein sollte. Aber die Komplexität seiner Situation – und das Wissen, dass es nicht einfacher werden würde – veranlassten sie, es sich noch einmal zu überlegen.

»Ich wollte wirklich, dass Noah das typische Familienerlebnis mit einem Geschwisterchen hat«, sagt Elana. »Aber gleichzeitig wurde ich das Gefühl nicht los, dass ich schon mehr hatte, als ich verkraften konnte. Ich war überfordert mit dem Gedanken, ein weiteres Baby zu haben, zumal die Chancen, noch ein autistisches Kind zu bekommen, sehr viel größer sind, wenn man schon eines hat. Um ehrlich zu sein, es war wirklich beängstigend. Ich war also zu 99 Prozent davon überzeugt, dass wir kein weiteres Kind bekommen würden.«

Und doch wollte Elana bezüglich dieser Entscheidung die Tür nicht ganz schließen. Als sie 42 Jahre alt wurde, war es ihr Mann, der meinte, dass sie das ein für alle Mal klären müssten. »Er hatte akzeptiert, dass es meine Entscheidung war«, sagt Elana. »Aber er meinte: ›Okay, ist es ein Ja, oder ist es ein Nein? Wir müssen das irgendwie wissen. Mit diesem Fragezeichen können wir nicht leben.‹« Aber Elana konnte sich immer noch nicht entscheiden.

Am Wochenende nach diesem Gespräch mit Steven besuchte Elana ein spirituelles Seminar. Bei einer der Empowerment-Übungen sollte sie einen Brief an Gott schreiben und dann einen zweiten Brief »von Gott an sie«. »Ich hatte immer das Gefühl, dass es mir schwerfällt, Botschaften von der anderen Seite zu empfangen, weil mein Geist zu aktiv und zu gesprächig ist und ich nicht zwischen einem Zeichen, meiner Intuition und dem unterscheiden kann, was bereits in meinem Kopf ist«, sagt Elana. »Aber dann habe ich diese Briefe geschrieben, und als ich mich zurücklehnte und den zweiten Brief las, den ›Brief von Gott‹, war ich vollkommen perplex.«

In dem »Brief von Gott« stand, dass Elana ein weiteres Kind bekommen würde, und zwar ein Mädchen, und dieses Mädchen würde Ahava heißen.

»Obwohl ich es geschrieben hatte, war ich überrascht über das, was ich da las«, sagt sie. »Ich war wirklich erschüttert. Es war so mächtig. Ich rief direkt bei Steven an und sagte: ›Wir bekommen dieses Baby.‹«

Wenig später wurde Elana schwanger. Sie war glücklich, aber »es war kein reines Glück«, sagt sie. »Ich hatte immer noch viel zu große Angst. Es war, als sei ich noch nicht bereit.«

Nur einen Monat später hatte sie eine Fehlgeburt.

Die Fehlgeburt gab ihr noch mehr Anlass, an dem Gefühl zu zweifeln, das sie tief in ihrem Inneren hatte – dass die Geburt eines weiteren Babys die Entscheidung war, die sie wirklich und ehrlich treffen wollte. »Steven und ich gingen zur Beratung, sprachen über alles und versuchten, an einen Punkt zu gelangen, an dem wir bereit sein konnten, es zu tun«, sagt Elana. »Ich habe das Eine in meinem Herzen gespürt, aber dann habe ich immer wieder gedacht: *Was, wenn die Angst berechtigt ist? Was, wenn das mein Leben ruiniert?*«

Eine der Maßnahmen, die Elana ergriff, um Klarheit zu finden, bestand darin, mich zu kontaktieren und ein Reading zu vereinbaren. Ihr Ziel, das sie im Gespräch mit mir formulierte, war einfach und klar: »Ich wollte nur, dass mir jemand sagt, ob ich das Baby bekommen soll oder nicht.«

Aber das ist bei dem Reading nicht passiert. Elana bekam nicht die klare Antwort, die sie so dringend haben wollte. Die andere Seite übermittelte Bestätigungen und Botschaften, aber niemand meldete sich, um definitiv zu verkünden, ob sie ein weiteres Kind bekommen sollte oder nicht.

Stattdessen zeigte mir die andere Seite, dass Elana einen Seelenvertrag mit ihrem Sohn Noah hatte. Sie sollten zusammen sein, aber es war ein lila Vertrag, und die Farbe Lila steht hier für etwas, was sehr kompliziert und schwierig ist. All das ergab Sinn für Elana, die ihren Sohn sehr liebt und sich zu 100 Prozent um sein Wohlergehen kümmert. Doch was die Geburt eines weiteren Kindes betraf, zeigte mir die andere Seite nur, dass das allein Elanas Entscheidung war.

»Mir wurde gesagt, dass es eine freiwillige Entscheidung sei«, sagt Elana, »dass die Reise meines Lebens so etwas wie eine schöne Wanderung sei und dass diese Wanderung mit diesem anderen Begleiter, dieser anderen Seele schöner wäre, es aber auch in Ordnung sei, wenn ich diesen Begleiter nicht hätte. Es war Teil meiner Reise, die Wahl selbst zu treffen.«

Die Botschaft war tief und kraftvoll und voller Liebe. Die Seele des Kindes, das eine Fehlgeburt war, war viele, viele Leben lang mit Elanas Seele gereist, und sie sollten zusammen sein. Wenn es in diesem Leben nicht passierte, dann in einem anderen.

»Du sitzt, was das betrifft, wirklich zwischen den Stühlen«, sagte ich zu Elana. »Du bist jetzt Anfang vierzig. Und wenn du es schaffst, wird das erste Jahr wirklich schwierig. Dein ganzes Leben wird für ein Jahr unterbrochen sein. Aber es ist wirklich in Ordnung, wenn du dich dagegen entscheidest. Irgendwann werdet ihr beide wieder zusammen sein. Und dann wird es sehr, sehr schön werden. Doch wenn du dich für dieses Kind entscheidest, zeigen sie mir, dass es ein Mädchen sein wird.«

Es war nicht ganz die Antwort, die Elana sich gewünscht hätte. Sie wollte ein klares Ja oder Nein.

Aber das war leider einfach nicht das, was ihr die andere Seite geben konnte. Noch einmal: Es lag an ihr, die Entscheidung zu treffen.

Dann fragte Elana: »Wird sie die gleichen Probleme haben wie Noah?«

»Nein«, sagte ich, »der Seelenvertrag mit diesem Kind ist anders. Es wird keinen Autismus haben. Und du wirst die Entscheidung bald treffen. Innerhalb der nächsten zehn Tage oder zwei Wochen.«

An diesem Wochenende hatte Elana vor, in ein Flugzeug zu steigen und mit vier guten Freundinnen an einer Frauenkonferenz teilzunehmen. »Ich sagte mir: ›Okay, am Ende der Konferenz werde ich wissen, was ich tun muss‹«, sagt sie. »›Auf die eine oder andere Weise werde ich es erfahren.‹«

Der erste Tag der Konferenz verging, und Elana war der Klarheit, die sie brauchte, keinen Schritt nähergekommen. Dann verging der zweite Tag. Die Konferenz endete, und Elana hatte immer noch keine Antwort. Sie flog nach Hause und fand sich am Flughafen wieder, immer noch verwirrt, immer noch unentschlossen. »Ich ging in die Flughafentoilette, in eine Kabine und sagte: ›Das ist es. Es wird etwas passieren, und das lässt mich wissen, was ich jetzt tun soll. Bevor ich diese Kabine verlasse.‹«

Und dann … passierte rein gar nichts. Kein Zeichen, keine Nachricht. Nichts. »Okay«, sagte Elana zu sich selbst, »ich denke, ich muss mich einfach entscheiden.«

Sie kam aus der Toilette und sagte zu ihren Freundinnen: »Ich bekomme noch ein Baby.«

Einfach so. Zwei Wochen später war sie schwanger. Neun Monate später wurde ihre wunderschöne Tochter Ahava geboren.

Ahava ist das hebräische Wort für »Liebe«.

»Sie ist unglaublich«, sagt Elana über ihre Tochter, die jetzt drei Jahre alt ist und keinerlei Anzeichen von Autismus zeigt. »Sie ist das absolute Licht unseres Lebens. Und ihre Verbindung zu Steven ist ganz verrückt. Von dem Moment an, in dem ich ihm sagte, meine Antwort sei Ja, und ich schwanger wurde, las er mir

Kindergeschichten vor, küsste meinen Bauch und war einfach so gespannt, sie kennenzulernen. Und als sie ankam, schauten sie sich in die Augen, und jetzt zittert sie vor Freude, wann immer er den Raum betritt. Sie haben eine sehr tiefe Seelenverbindung.«

Auch Elanas Sohn Noah hat eine starke Bindung zu seiner Schwester aufgebaut. »Das erste Jahr war sehr schwer, weil sie Koliken hatte, aber wir haben das überstanden, und jetzt ist Ahava so stark und temperamentvoll und weiß genau, wie man mit Noah umgeht«, sagt Elana. »Sie ist für ihn wie eine kleine Chefin. Sie haben eine sehr süße und liebevolle Beziehung.«

Und für Elana – die sich auf der Toilette eines Flughafens befand, als sie herausfand, dass die Antwort, nach der sie suchte, die ganze Zeit in ihr verborgen war – war Ahavas Ankunft wie eine Prophezeiung, die sich erfüllt hat. »Es war, als hätte sie auf der anderen Seite nur darauf gewartet, dass ich uns die Erfahrung ermögliche, in diesem Leben zusammen zu sein«, sagt Elana. »Ich hatte das Gefühl, sie bereits zu kennen. Ich hatte das Gefühl, dass sie schon in meinem Leben war.«

Elana hatte gewartet und gewartet, um ein klares Zeichen von der anderen Seite zu bekommen, das ihr sagen würde, welchen Weg sie gehen sollte. Aber auf der anderen Seite herrschte, wie sie es ausdrückt, »Funkstille zu dieser ganzen Babysache«. Und doch hat Elana während des gesamten Entscheidungsprozesses – sogar als sie sich selbst fast davon überzeugt hatte, dass ihre Antwort ein Nein sein würde – die Tür zur Geburt eines zweiten Kindes nie ganz verschlossen. Warum nicht? Warum hat sie nicht einfach Nein gesagt?

»Wenn ich jetzt zurückblicke, glaube ich, dass ich schon seit Jahren das starke Bauchgefühl hatte, dieses Kind wirklich haben zu wollen«, sagt Elana. »In meinem tiefsten Inneren wusste ich, dass eine Tochter auf mich wartete. Aber auf einer Schulter saß die Hoffnung und auf der anderen die Angst. Und die Angst hinderte mich daran, meinem Bauchgefühl, meinem inneren Wissen zu vertrauen.«

Letztendlich brauchte sie kein offensichtliches Zeichen und keine Botschaft von der anderen Seite. Die Antwort war bereits da, im »tiefsten Winkel ihres Herzens«. Alles, was sie tun musste, war, auf dieses Bauchgefühl, diesen unbestreitbaren Sog, diese innere Stimme zu vertrauen.

»Ich musste daran glauben, dass Gott mir diesen starken Wunsch ins Herz gelegt hat und dass ich keinen Schuss vor den Bug bekommen würde, wenn ich Ja sage. Ich musste meinem Herzen mehr vertrauen, als an die Angst zu glauben, und das ist eine schwierige Sache. Doch als mir klar wurde, dass ich die Einzige war, die mir eine Antwort geben konnte, blieben mir zwei Szenarien – eines, das mein Herz zum Singen brachte, und eines, das ein Ort des schrecklichen Verlustes und der Verzweiflung war. Also vertraute ich dem Gesang meines Herzens. Ich habe darauf vertraut, dass mich das Universum nicht in die Irre führt.«

• • •

Manchmal ist ein Zeichen nicht mehr als ein leises Flüstern in unserem Herzen. Ein innerer Sog, eine sanfte Stimme oder ein Bauchgefühl. Wir müssen nur lernen, ihm zu vertrauen, ihm gegenüber offen zu bleiben, ihm zuzuhören und es zu ehren, wenn wir es spüren oder hören. Das ist nicht immer leicht, besondere dann nicht, wenn wir durch dunkle Zeiten gehen. Dunkelheit führt zu Verwirrung, und Verwirrung führt zu Angst. Und Angst ist der Feind von Vertrauen, Hoffnung und Liebe.

In diesen dunklen Zeiten werden unsere Lichtteams auf der anderen Seite immer ihr Bestes geben, um uns wissen zu lassen, dass wir nicht allein sind. Sie werden alles tun, was sie können, um uns Zeichen und Bestätigungen sowie Botschaften der Liebe und Hoffnung zu senden. Doch wenn die Angst zu groß und die Dunkelheit zu intensiv ist, nehmen wir diese Zeichen möglicherweise nicht wahr. Vielleicht spüren wir den Sog nicht und hören keine Stimme. Oder uns haben Trauer, Verzweiflung und Angst zu sehr verschlossen, als dass wir für die andere Seite empfänglich sein könnten.

Aber die andere Seite wird nicht aufhören, es zu probieren. Unsere Lichtteams werden immer versuchen, uns zu einer auf Liebe basierenden Entscheidung zu führen und zu den Antworten zu ziehen, die bereits in unserem Herzen schlummern.

Denn in jedem von uns gibt es eine Verbindung zu einer tiefen und wunderschönen Quelle der Liebe und des Wissens. Manchmal ist es am wichtigsten, dass wir eine Möglichkeit finden, selbst still genug zu sein, um das leise Flüstern zu hören.

Wer in deinem Leben hat dir einen solchen Dienst erwiesen? …
Wer hat dir geholfen, das Gute zu lieben, das in dir heranwächst?
Nehmen wir uns einfach zehn Sekunden Zeit, um an ein paar
Menschen zu denken, die uns geliebt haben und im Leben
das Beste für uns wollten – diejenigen, die uns ermutigt haben,
zu dem zu werden, was wir sind …
Wo immer sie sind – hier oder im Himmel –, stell dir vor,
wie sehr sich diese Menschen freuen müssen, wenn sie erfahren,
dass du gerade an sie gedacht hast.

Fred Rogers

28

Ein Geschenk der Liebe und Vergebung

Kurz nachdem ich in einer Fernsehsendung aufgetreten war, um für mein erstes Buch zu werben, wandte sich jemand aus dem Team der Sendung mit einer persönlichen Bitte an mich: »Leslie, die Schwester meines Mannes, hat einen Verlust erlitten und steckt schon lange in ihrer Trauer fest«, schrieb diese Person. »Sie lebt ihr Leben nicht mehr, und wir dachten, Sie könnten vielleicht ein Reading für sie machen und ihr möglicherweise helfen.«

Schon beim Lesen der E-Mail spürte ich den starken Drang, mit dieser Frau zu sprechen. Ich wusste nicht, wer Leslie war oder was mit ihr geschehen war, aber ich wusste, dass sich unsere Wege kreuzen sollten. Ich schrieb zurück und teilte mit, dass ich gern ein Reading für sie durchführen würde.

Als ich jene Tür öffnete, bemerkte ich, wie eine jüngere männliche Präsenz hereinkam. Ich spürte, dass eine »Sohn«-Energie von ihr ausging. Er machte deutlich, dass das Reading ein Geschenk von ihm an seine Mutter sein sollte. Wie gesagt, das bedeutete, dass ich von seiner Mutter kein Honorar für das Reading verlangen durfte.

Das Reading erfolgte ein paar Tage später am Telefon. Gleich zu Beginn kam dieselbe männliche Energie durch. Diesmal gab er mir einen Namen, der mit J anfing: Jon. Er übernahm auch die Verantwortung für seinen Tod. Und er erwähnte schnell, dass der Geburtstag seiner Mutter unmittelbar bevorstehe. Ich fragte Leslie, ob sie einen Sohn habe, der gestorben sei, und ob sein Namen mit J anfange, etwa Jon. Sie sagte Ja. Ich ließ sie wissen, dass er sich entschuldigte und die Verantwortung für seinen Tod übernahm.

»Nun«, sagte ich, »das ist das Geburtstagsgeschenk Ihres Sohnes an Sie.«

Leslie begann zu weinen. Ihr Schmerz und ihre Trauer waren deutlich zu erkennen. Ich spürte, dass ihr Geburtstag für sie und ihren Sohn eine zusätzliche Bedeutung hatte, aber ich wusste noch nicht, welche. Dann erklärte Leslie, warum sie von der Geste ihres Sohnes so berührt war.

»Vor fünf Jahren«, sagte Leslie leise, »hat sich mein Sohn an meinem Geburtstag umgebracht. Ich war diejenige, die ihn gefunden hat.«

Als Leslie gerade zehn Jahre alt war, erhielt sie einen Download aus dem Universum, der ihr mitteilte, dass sie zwei Kinder bekommen würde. Es wurde auch deutlich, dass dem Vater der Kinder etwas zustoßen und Leslie infolgedessen den Rest ihres Lebens wie eine Nonne verbringen würde. Das war eine seltsame Vorahnung für eine Zehnjährige, und in den folgenden Jahren verdrängte Leslie sie größtenteils.

Doch dann bekam sie zwei Kinder, und wenig später verließ deren Vater die Familie. Leslie heiratete nie wieder und widmete den Rest ihres Lebens der Betreuung ihrer Kinder. »Da verstand ich, warum ich mit zehn Jahren die Figur einer Nonne gesehen hatte«, sagt Leslie. »Das war die einzige Möglichkeit, die mein zehnjähriges Ich hatte, zu interpretieren, was in meinem Leben geschehen würde.«

Als Leslie mit ihrem zweiten Kind – ihrem Sohn Jonathan – schwanger war, bekam sie einen weiteren Download aus dem Universum.

»Ich hatte das starke Gefühl, dass mein Sohn kein langes Leben haben würde«, erklärt sie. »Jede Faser meines Wesens sagte mir dies. Ich glaubte sogar zu wissen, wann er sterben würde – im Alter zwischen 22 und 28 Jahren. Ich musste es einfach akzeptieren, weitermachen und versuchen, nicht darüber nachzudenken.«

Jonathan erwies sich als außergewöhnlicher Junge. Er war unglaublich schlau mit einem IQ von über 160 und hochbegabt. Er zeichnete und malte gern, und eines seiner Gemälde aus der Kindheit, eine eindringliche Darstellung zerbrochener Glassplitter, hängt noch immer in Leslies Haus. »Er löste gern Rätsel, las Bücher und drehte diese kleinen Filme von seinen Klassenkameraden«, sagt Leslie. »Er war ein so süßer kleiner Junge. Wir hatten ein sehr enges Verhältnis.«

Jonathan war vier Jahre alt, als sein Vater die Familie verließ und nur noch eine Nebenrolle im Leben seiner Kinder spielte. Das war eine Wunde, sagt Leslie, die nie heilte. »Der Schmerz über den Verlust seines Vaters ließ ihn nie los«, erzählt sie weiter. »Er hat ihn immer gequält.« Als Jonathan vierzehn war, kam ein Klassenkamerad vorbei und bot ihm zum ersten Mal Marihuana an. »Es war, als sei der Teufel selbst zur Tür hereingekommen«, sagt Leslie. »Jonathan fing mit Gras an, und mit siebzehn kam Heroin ins Spiel. Danach war er ständig in Entziehungskur und wieder draußen. Er kämpfte darum, sein Leben zurückzugewinnen.«

Jonathans Kampf gegen die Sucht war langwierig und schmerzhaft. An manchen Tagen kam es ihm vor, als schwinde sein Leben regelrecht dahin. Einen besonders schlimmen Tag verbrachte Jonathan in seinem Schlafzimmer in Leslies Haus, wo er lustlos im Bett lag. »Er wirkte so zerbrechlich«, erinnert sich Leslie. »Er war wie ein kleines Baby. Ich brachte ihm Suppe und fütterte ihn mit dem Löffel. Ich erzählte ihm, dass ich in der Entzugsklinik ein Bett für ihn reserviert hätte, und er sagte: ›Mom, ich bin durch. Ich möchte nichts mehr damit zu tun haben. Ich will einfach nicht.‹«

Leslie bedrängte ihn nicht weiter und sagte, er solle versuchen, sich ein wenig auszuruhen. Als sie sanft seine Schlafzimmertür schloss, dachte sie an etwas, was Jonathan ein paar Tage zuvor zu seiner Großmutter gesagt hatte.

Er hatte gesagt: »Wenn ich nur nicht süchtig wäre.«

Leslie hatte schon oft mit angesehen, wie ihr Sohn diese Momente der Verzweiflung durchmachte. Sie hoffte, dass ihm etwas Schlaf guttun würde. Also schaltete sie das Licht aus und ging nach unten. Leslie ist eine ausgezeichnete Pianistin, die als Klavierlehrerin arbeitete. An diesem Tag kam ein Mädchen zum Unterricht. Gegen Ende der Unterrichtsstunde hörte Leslie ein lautes und alarmierendes Geräusch von oben.

»Es klang, als hätte jemand mit einem Backblech auf den Boden geschlagen«, sagt sie.

Sie entschuldigte sich aus dem Unterricht und ging mit wachsendem Unbehagen nach oben. Sie versuchte, die Schlafzimmertür ihres Sohnes zu öffnen, aber die war verschlossen. Sie klopfte, doch es kam keine Antwort. Sie ging wieder nach unten, wo der Vater des Mädchens zum Glück gerade gekommen war, um sie abzuholen. Sobald sie weg waren, rannte sie zurück in Jonathans Schlafzimmer.

»Ich klopfte an die Tür und rief seinen Namen«, sagt sie. »Schließlich habe ich mich mit meinem ganzen Gewicht gegen die Tür geworfen und sie gewaltsam geöffnet.«

Sie sah ihren Sohn an anderen Ende des Zimmers auf dem Boden liegen. Sein Gesicht war voller Blut. Leslie schrie ins Nichts: »Mein Sohn ist tot.«

»Ich wusste sofort, dass er tot war«, sagt sie unter Tränen. »Ich rief die Notrufzentrale an, und zehn Polizeiautos und drei Krankenwagen kamen. Aber ich wusste, dass er tot war. Mein Sohn war tot. Der Polizei konnte ich nur sagen: ›Ich kann nicht glauben, dass meinem schönen Jungen so etwas passiert ist.‹«

Jonathan hatte sich in den Kopf geschossen. Er war 28 Jahre alt. Und er hatte beschlossen, seinem Leben an Leslies Geburtstag ein Ende zu setzen.

»Es fühlte sich an, als würde jeder Teil meines Körpers angegriffen«, sagt Leslie. »Ich hatte Schmerzen, körperliche Schmerzen, jede Minute, jeden Tag. Ständige, schreckliche Schmerzen. Es war, als würde ich von innen heraus angegriffen. Im Grunde war ich zunichtegemacht.«

In gewisser Weise hat Leslie ihr Leben stillgelegt. Sie war zwar immer noch für ihre Tochter da und schaffte es auch weiterhin, Klavierunterricht zu geben – in der Tat hatte sie nur dann keine Schmerzen, wenn sie unterrichtete oder spielte –, aber im Endeffekt hatte sie ihr Leben auf Eis gelegt.

»Wegen der Art und Weise, wie Jonathan gelebt und sein Leben beendet hatte, und aufgrund des Zeitpunktes, zu dem er sich dazu entschlossen hatte, glaubte ich, er habe es getan, um mich so sehr zu verletzen, wie er nur konnte. Also hatte ich diese schrecklichen Schuldgefühle und diesen furchtbaren Kummer. Und alles, woran ich denken konnte, war der Tag, an dem er geboren wurde, und wie klein und kostbar er gewesen war und dass er jetzt tot war und ich ihn nicht mehr spüren konnte. Es war einfach so schmerzhaft, dass es mich regelrecht in Stücke gerissen hat.«

Leslie wurde noch von einer anderen Erinnerung heimgesucht: Zwei Jahre vor seinem Tod hatte Jonathan sie gebeten, ihm zu seinem Geburtstag eine kunstvolle, mehrstöckige französische Torte zu machen. »Ich erinnere mich, dass ich sagte: ›Oh nein, das ist zu schwer‹, und dann habe ich es nicht gemacht, sondern stattdessen einen einfachen Kuchen gebacken«, sagt sie. »Jetzt hatte ich schreckliche Schuldgefühle, weil ich die Torte nicht gemacht hatte.«

Fast sechs Jahre nach Jonathans Tod hatten Leslies Schmerzen immer noch nicht nachgelassen. Die Leute sagten ihr, sie müsse darüber hinwegkommen und weiterleben, aber das ergab für sie einfach keinen Sinn.

»Ich dachte: *Nein, das ist nicht das, was ich brauche, weil niemand darüber hinwegkommt*«, sagt Leslie. »Es wird immer da sein, und ich muss einen Weg finden, es überallhin mitzunehmen. Aber darüber kommt man nicht einfach hinweg. Mein Bruder versuchte zum Beispiel ständig, mich ›in Ordnung zu bringen‹ oder zu ›heilen‹, aber das ist nicht passiert, und so wurde auch unsere Beziehung angespannt. Ich fühlte mich so allein und mit niemandem verbunden.«

Am schlimmsten war, dass sie keinerlei Verbindung zu Jonathan spürte.

»Die Leute sprachen davon, dass sie Zeichen von geliebten Menschen erhielten, die gestorben waren, aber ich hatte nie das Gefühl, welche zu bekommen«, sagt Leslie. »Ich konnte nichts fühlen, sehen oder ahnen. Da war nur diese Leere.«

Ein Jahr nachdem Jonathan gestorben war, wurde Tony, Leslies Vater, schwer krank. Leslie stand auch ihm sehr nah, und gegen Ende seines Lebens bat sie ihn um einen Gefallen.

»Ich erzählte ihm, dass ich mir große Sorgen um Jonathan mache, dass es ihm auf der anderen Seite vielleicht nicht gut gehe und er wütend auf mich sei«, sagt Leslie. »Ich wusste, dass mein Vater bald sterben würde, und sagte: ›Dad, wenn du im Himmel ankommst, suche bitte Jonathan und finde eine Möglichkeit, mich wissen zu lassen, dass es ihm gut geht.‹«

Bald darauf starb ihr Vater. Drei Tage später hatte Leslie eine SMS auf ihrem Handy. Es war ein Foto ihres Vaters mit den Worten »Alles in Ordnung« darunter. Leslie überprüfte die Nummer, um zu sehen, wer ihr die SMS geschickt hatte.

Sie war vom Mobiltelefon ihres Vaters geschickt worden.

»Es war beängstigend!«, sagt sie. »Ich meine, dieses Bild meines Vaters existierte nicht einmal auf meinem Handy. Es ist also nicht so, als sei es einfach aus meiner Fotodatei aufgetaucht. Aber wie kam es vom Telefon meines Vaters? Wie konnte mir mein Vater drei Tage nach seinem Tod eine SMS schicken?«

Leslie zeigte die Botschaft anderen Familienmitgliedern, die ebenso verblüfft waren wie sie. Sie fragte, ob jemand Tonys Handy habe, aber niemand hatte es. Niemand hatte eine Ahnung, wo es war. Also ging Leslie zum Haus ihres Vaters und in sein Schlafzimmer, um seine Sachen durchzusehen. »Ich konnte sein Telefon nicht finden«, sagt sie. »Schließlich habe ich unter seinem Bett nachgeschaut, und da war es. Ich schaltete es ein. Es war kaum noch geladen. Irgendwie hatte mir dieses Telefon sein Bild und eine SMS geschickt.«

Leslie fiel keine Erklärung dazu ein. Und auch niemand, den sie kannte, hatte eine Erklärung dafür.

Leslie akzeptierte die Möglichkeit, dass die mysteriöse SMS ihres Vaters eine Art Zeichen war, dass es Jonathan gut ging. Aber das reichte nicht aus, um ihre lähmende Trauer zu lindern.

Fünf Jahre später hatten Leslie und ich unser Reading, in dem ihr Sohn mit aller Kraft durchkam. Mir wurde klar, dass Jonathan nicht zu denen gehörte, die große Probleme damit haben, Zeichen von der anderen Seite zu senden. Er schien sehr kommunikationsbegabt zu sein. Er wirkte *stark*. Das Problem war, dass Leslie immer noch zu sehr von ihrem Kummer erfüllt war, um zu sehen, was vielleicht direkt vor ihr lag.

Eines der ersten Dinge, die Jonathan mich seiner Mutter mitteilen ließ, war etwas, was er am Tag seines Todes versäumt hatte.

»Ihr Sohn hat Ihnen nie alles Gute zum Geburtstag gewünscht, oder?«, fragte ich Leslie.

»Nein, hat er nicht«, antwortete sie.

»Er sagt es jetzt.«

Leslie fing wieder an zu weinen.

»Jonathan zeigt mir, dass er mit der Sucht zu kämpfen hatte und dass er sich umgebracht hat«, sagte ich. »Und er teilt mir mit, dass er jetzt Dinge versteht, die er nicht verstanden hat, als er noch hier war. Er ist jetzt stärker. Er sagt, dass er geheilt ist. Er ist so wunderbar und so vollständig geheilt. Und er möchte Sie wissen lassen, dass nichts davon Ihre Schuld ist. Sie waren der wichtigste Mensch in seinem Leben, und er liebt Sie so sehr.«

Ich konnte hören, welche Wirkung Jonathans Worte auf seine Mutter hatten. Es waren *genau* die Worte, die sie vor allen anderen hören musste. Und in diesem Moment konnte ich fast spüren, wie Leslie begann, einen Teil der Last loszulassen, die sie so lange getragen hatte.

»Er sagt auch, dass es ihm leidtut«, teilte ich Leslie mit. »Es tut ihm sehr leid, was er an Ihrem Geburtstag getan hat. Er möchte Sie wissen lassen, dass er Sie damit nicht verletzen wollte. Er hat es getan, weil er nicht wollte, dass Sie ihn jemals vergessen, und er wollte, dass Sie eine Verbindung zu ihm haben, damit Sie sich immer, immer an ihn erinnern. Und Ihr Geburtstag war diese Verbindung. Es war eher eine Erinnerung, eher eine Möglichkeit, das zu würdigen, was Sie verbindet, nichts, womit er Sie verletzen oder bestrafen wollte. Er möchte, dass Sie das verstehen.«

Leslie atmete tief durch und ließ ihren Tränen freien Lauf. Sie erkannte, dass die Verbindung zu ihrem Sohn, die sie verloren zu haben glaubte, keineswegs unterbrochen war.

Jonathan wollte die dauerhafte Bindung zwischen sich und seiner Mutter bekräftigen und zeigte mir das Zeichen, das sie teilten: einen Baum mit einem Herzen darin. Als ich Leslie davon erzählte, war sie ratlos.

»Nein«, sagte sie, »das ist nicht unser Zeichen. Daran kann ich mich nicht erinnern.«

Aber Jonathan blieb hartnäckig. Er zeigte mir noch einmal das Zeichen: einen Baum und ein Herz. Und dieses Mal zeigte er mir einen Ort, wo ich es finden konnte. Direkt im Vorgarten seiner Mutter.

»Er sagt, dass das Zeichen *heute* bei Ihnen ist«, sagte ich zu Leslie. »Er zeigt mir die Vorderseite Ihres Hauses.«

Während wir noch telefonierten, stand Leslie auf und ging zu ihrer Haustür. Ich konnte ihre Schritte am Telefon hören. Plötzlich blieb sie stehen.

»Oh mein Gott«, sagte sie.

Wie sie mir erklärte, stand in ihrem Vorgarten ein Baum und daneben eine kleine Keramikplastik, die in den Boden gesetzt war.

Die Plastik eines Herzens.

»Plötzlich hat es klick gemacht«, sagt sie jetzt. »Nachdem Jonathan gestorben war, habe ich ihm zu Ehren im Vorgarten einen Baum gepflanzt und das kleine Herz daneben platziert, weil Bäume und Herzen mich immer an Jonathan denken ließen. Ich weiß nicht, warum, es war einfach so. Und dann habe ich es wohl einfach vollkommen vergessen. Bis Jonathan mich nach all den Jahren noch einmal darauf aufmerksam machte.«

Über mich führte Jonathan seine Mutter direkt zu dem heiligen kleinen Raum, den sie für ihn geschaffen hatte, damit er ihr gemeinsames Zeichen erkennen und bestätigen konnte: einen Baum und ein Herz. Es war die ganze Zeit dort gewesen, und Leslie war wahrscheinlich ein paar tausend Male daran vorbeigegangen. Und doch hatte sie es vergessen, Jonathan aber nicht.

Und jetzt erinnerte er sie daran, dankte ihr und ließ sie wissen, dass er immer noch da war, immer noch in ihrem Herzen, so präsent wie der Baum. »Das war ein derart kraftvoller, starker Moment«, sagt Leslie. »Ich hatte nicht mehr das Gefühl, keine Verbindung zu ihm zu haben, sondern wusste, dass er immer noch bei mir war. Und das war für mich der Anfang, um mit meinem Leben weiterzumachen.«

Seit unserem Reading ist Leslie offen für die Zeichen, die ihr Sohn ihr schickt, und spürt dadurch eine tiefe und dauerhafte Bindung zu Jonathan, die ihr geholfen hat, ihr Herz zu heilen. Es gibt Zeiten, in denen sie Jonathans Anwesenheit tatsächlich so *spürt,* als sei er direkt bei ihr. Beispielsweise kam er am Ende eines schwierigen Tages gern ins Schlafzimmer seiner Mutter, ließ sich aufs Fußende ihres Bettes fallen und unterhielt sich fünfzehn Minuten mit ihr – und heute »spüre ich ihn immer noch dort, am Fußende meines Bettes, als würde dort tatsächlich jemand sitzen«, sagt Leslie. »Ich spüre, dass er kommt, und das zeigt mir, dass es ihm gut geht und er auf mich aufpasst.«

Ein weiterer Ort, an dem Leslie die Anwesenheit ihres Sohnes empfindet, ist die Haustür. Bevor er starb, war Jonathan einmal drei Tage lang verschwunden, und Leslie befürchtete, sie würde ihn nie wiedersehen. Dann schaute sie eines Abends auf und sah ihn direkt vor der Haustür stehen. »Es war, als würde er sagen: ›Ich bin nach Hause gekommen‹«, erinnert sich Leslie. »Es war ein sehr kraftvoller Moment, und wir haben uns lange umarmt. Und jetzt habe ich manchmal das Gefühl, dass Jonathan an ebendieser Stelle steht. Manchmal ist es so, als könne ich ihn dort tatsächlich *sehen.* Und es ist, als komme er immer wieder an, immer wieder nach Hause, um mich zu sehen.«

Als Leslie mir erzählte, dass sie Jonathan manchmal »sieht«, fragte ich sie, was sie damit meine. Wenn ich Menschen »sehe«, die verstorben sind, sehe ich sie als winzige Licht- und Energiepunkte auf dem kleinen Bildschirm, der sich in meinem Kopf bildet. Einige außersinnliche Medien, die ich kenne, sehen verstorbene Menschen in ihrer menschlichen Gestalt, als wären sie unter uns. Für Leslie war es etwas anderes – etwas, was sie nur schwer erklären konnte.

»Wissen Sie«, sagt sie schließlich, »es ist, als würde ich ihn mit meinem ›Dritten Auge‹ sehen.«

Ich verstand, was sie meinte. In vielen Kulturen und Religionen gibt es die Vorstellung von einem »Dritten Auge«, das es uns ermöglicht, etwas jenseits der gewöhnlichen Sehfähigkeit wahrzunehmen. Im Grunde ist es eine bildliche Darstellung unserer Fähigkeit, Dinge auf einer höheren oder tieferen Ebene als der üblichen wahrzunehmen. Eine Veränderung unseres Bewusstseins, die uns für neue Erkenntnisse öffnet. Die Fähigkeit, das Unsichtbare um uns herum zu sehen.

Dies ist genau das gleiche Konzept, auf das ich in diesem Buch immer wieder zurückgekommen bin: die Veränderung unseres Bewusstseins, die stattfindet, wenn wir unseren Verstand und unser Herz für Zeichen und Botschaften von der anderen Seite öffnen. Wenn Leslie die Anwesenheit ihres Sohnes in ihrem Zuhause »spürt«, demonstriert sie Hellfühligkeit – die Fähigkeit, etwas mit anderen Mitteln als unseren fünf Sinnen zu fühlen. Wenn Leslie Jonathan am Fußende ihres Bettes »spürt«, spürt sie die subtile Präsenz seiner Lebensenergie und seines Bewusstseins. Wenn Leslie sagt, dass sie Jonathan an der Haustür stehen »sieht«, demonstriert sie auf die gleiche Weise eine Form des Hellsehens, also die Fähigkeit, Dinge mit anderen Mitteln als dem Sehsinn wahrzunehmen.

Ich habe solche Momente selbst erlebt und mit Tausenden von Menschen gesprochen, die sie erlebt haben, und ich kann bestätigen, dass sie zutiefst bedeutungsvoll sind. Diese Verbindungen entstehen. Sie sind nicht eingebildet. Wir spüren sie. Wir sehen unsere Lieben. Wir spüren ihre Anwesenheit. Wir hören ihre Stimmen. Wir erkennen, dass sie immer noch bei uns sind, dass wir sie nicht *verloren* haben.

Und wenn wir diese Momente erleben, sollten wir sie würdigen, darüber sprechen und sie nicht einfach abtun.

Bevor sich Leslie diesen schönen Momenten der Verbundenheit öffnete, war sie fest davon überzeugt, dass sie ihren Sohn verloren hatte – dass er für immer verschwunden war. Aber das war er nicht. Das wird er nie sein. Weil unsere Seelen bestehen bleiben, egal, auf welche Weise wir sterben. Unsere Lebensenergie lebt weiter. Wir bleiben verbunden durch kraftvolle Stränge aus Licht, Liebe und Energie, die frei zwischen uns fließen.

Während unseres Readings erzählte ich Leslie, dass Jonathan auf der anderen Seite eine ziemlich starke Kraft sei. Er hatte ihrem Vater geholfen, ihr über sein Handy eine unglaubliche Botschaft und Bestätigung zu senden, und er hatte irgendwie die Fäden gezogen, um Leslie und mich zusammenzubringen. Er teilte auch mit, wie dankbar er seiner Mutter sei, dass sie sich bereit erklärt hatte, ihn durch die Welt zu begleiten, obwohl sie wusste, dass er nicht lange dort bleiben würde.

»Er sagt, seine Seele sei auf die Erde gekommen, um von Ihnen zu lernen«, sagte ich zu Leslie. »Was Sie ihm beigebracht haben, war bedingungslose Liebe.«

»Seine Botschaft an mich war eine Botschaft der Liebe, Vergebung und Heilung«, sagt Leslie. »Ich war wütend über das, was passiert ist, und das ist ganz natürlich, aber jetzt habe ich das Gefühl, dass es mir besser geht, und ich liebe Jonathan immer noch voll und ganz. Wir haben eine Verbindung, die niemals verschwinden wird, und jetzt, wo ich das weiß, kann ich ein Leben führen, das auf Liebe basiert, nicht auf Angst.

Denn wenn wir in Kontakt sind, empfinde ich nur Liebe für Jonathan.«

Heute feiert Leslie ihren Geburtstag am 1. Mai, mehr als zwei Wochen nach dem 14. April, ihrem eigentlichen Geburtstag. »Dieser Tag ist jetzt Jonathans Tag«, sagt sie. »Es ist ein Tag, an dem wir alles feiern können, was er ist und was er uns gebracht hat. Meine Botschaft an alle, die wie ich in Trauer und Kummer feststecken, lautet: ›Hab keine Angst.‹ Denn wenn du Angst hast, verschließt du dich. Und wenn du dein Herz und deinen Verstand öffnest, kommt reine Liebe und Freude aus dem Universum. Und du erkennst nach und nach, dass deine Lieben immer noch bei dir sind und es keinen Vorwurf, kein Verschulden, keine Wut und keine Schuldgefühle gibt, nur bedingungslose Liebe. Das gibt einem die Freiheit weiterzumachen.«

29

Hingabe

Dieses Buch ist eine Reise zu einer neuen Sichtweise auf unser Leben. Es beginnt damit, unseren Geist für die Möglichkeit zu öffnen, dass uns Zeichen von der anderen Seite gesendet werden. Weiter geht es darum, eine Sprache mitzugestalten, die es unseren Lichtteams erleichtert, uns diese Zeichen zu senden. Von da an erkennen wir, wie kraftvoll und lebensverändernd diese Zeichen sein können. Und dann kommen wir zu dem, was vielleicht der schwierigste Teil der Reise ist: unsere Bereitschaft, dem Universum zu vertrauen. Die Bereitschaft zur *Hingabe.*

Um zu erklären, was ich damit meine, möchte ich eine persönliche Geschichte über eine Zeit erzählen, die für mich und meine Familie schwierig und beängstigend war.

Ich habe, um ehrlich zu sein, zunächst etwas gezögert, das alles öffentlich zu machen, doch dann habe ich mich doch dazu entschlossen, weil es zeigt, wie ich selbst die in diesem Buch beschriebene Reise bewältigt habe, wie ich an den Punkt gekommen bin, dem Universum zu vertrauen, und wie dies meinen Weg nachhaltig verändert hat.

Es ist eine Geschichte der Hingabe.

* * *

Sie beginnt an einem schönen Sommertag am Strand auf Long Island. Ich war mit meinen drei Kindern dort. Ashley, meine Älteste, war vierzehn. Es fehlte an nichts. Meine Kinder waren alle gesund und glücklich und verbrachten einen typischen unbeschwerten Sommer. Ashley stand kurz vor dem Wechsel zur Highschool und war begeistert, aber auch ein bisschen nervös.

Ashley war eine richtig Süße, eine wunderschöne, zärtliche, mitfühlende Seele. Während ihrer gesamten Mittelschulzeit besuchte sie Kurse für Fortgeschrittene, tanzte Ballett und lyrischen Tanz, war hervorragend in Kunst und schaffte es auf die Bestenliste. Es war auch ein Vergnügen, mit ihr zusammen zu sein. Sie war lustig, freundlich, rücksichts- und liebevoll. Sie hat mich kein einziges Mal angelogen, mir nie Widerworte gegeben oder geschimpft. Ich weiß, dass ich voreingenommen bin, aber Ashley war in jeder Hinsicht das ideale Kind.

An jenem Nachmittag am Strand bemerkte ich einen seltsamen Ausschlag auf Ashleys Rücken. Er sah aus wie eine Reihe von sechs dicken, horizontalen Linien, die sich über die Mitte ihres Rückens erstreckten – fast so, als seien sie mit einem Messer eingeritzt worden. Ich fragte sie, ob es wehtue oder jucke, und sie sagte Nein. Trotzdem brachte ich sie zum Arzt.

»Das ist seltsam«, sagte die Ärztin, die sie untersuchte. »Es könnte ein Quallenstich sein.«

Ich sagte der Ärztin, Ashley sei an diesem Tag überhaupt nicht im Wasser gewesen.

»Dann sind es Dehnungsstreifen«, schlussfolgerte die Ärztin. »Machen Sie sich keine Sorgen darüber. Sie werden mit der Zeit verblassen.«

»Sind Sie sicher?«, fragte ich. Ashley war schlank, weshalb ich mich fragte, wie sie Dehnungsstreifen bekommen konnte. Aber die Ärztin hielt an ihrer Diagnose fest, und ich ließ es dabei bewenden. So machen wir das: Wir hören auf Autoritäten.

Sie sagte, ich solle mir keine Sorgen machen, also versuchte ich, mir keine Sorgen zu machen.

Etwa zu dieser Zeit bemerkte ich eine subtile Veränderung in Ashleys Verhalten. Sie bekam plötzlich Angstzustände. Sie schien leicht wütend zu werden. In diesem Sommer waren wir in Disneyland gewesen und hatten auf der Jungle-Cruise-Fahrt etwa fünfzehn Minuten in einem Boot festgesessen, direkt neben einer Tribalszene mit einem Mann samt einem großen Topf mit kochendem Wasser und einem Schrumpfkopf auf einem Stock. Damals war das irgendwie lustig gewesen, aber etwa eine Woche später legte die Angst davor Ashley aus heiterem Himmel regelrecht lahm. Sie konnte nicht aufhören, daran zu denken, und verbrachte zwei Tage im Bett. Die Vorstellung, es könne auf der Welt Kannibalen geben, machte ihr Angst. Ich redete ganz vernünftig mit ihr und beruhigte sie, und schließlich schien sie ihre Angst loszulassen. Ich führte das auf ihre Nervosität vor dem Start in der Highschool zurück.

Doch kaum hatte ihr Unterricht an der neuen Schule begonnen, verwandelte sich Ashley in eine andere Person. Ich meine: in einen ganz anderen Menschen. Sie war unhöflich, mürrisch und respektlos, und zum ersten Mal verschlechterten sich ihre Noten. Sie begann, unter akuter Schlaflosigkeit und Angstanfällen zu leiden, in deren Verlauf sie irgendwann zusammengerollt in einer Decke auf dem Boden lag. Morgens schaffte ich es nicht, sie zur Schule zu bringen, egal, wie sehr ich es versuchte. Garrett und ich beschlossen, Ashley von der Schule zu nehmen und stattdessen Lehrer zu uns nach Hause kommen zu lassen. Wir hatten keine andere Wahl.

Ashley schaffte das Pensum der neunten Klasse, aber als sie zur zehnten Klasse an die Highschool zurückkehrte, ging der Kampf weiter. Sie konnte sich auf nichts konzentrieren, und es schien sie nicht zu kümmern. Zu Hause wickelte sie sich in eine

Decke und lag stundenlang mit geschlossenen Augen oder starrem Blick auf dem Boden. Ihre Angst war so groß, dass sie kaum noch funktionierte und tage-, ja sogar wochenlang die Schule schwänzte. Ich war abwechselnd zu Tode besorgt und wütend auf sie. Wir haben viel gestritten, und das belastete die ganze Familie. Mit meiner Tochter stimmte eindeutig etwas nicht, aber niemand konnte mir sagen, was es war.

Eines Tages musste ich plötzlich an die Memoiren der Schriftstellerin Amy Tan denken, die ich vor vielen Jahren gelesen hatte. Sie tragen den Titel *Die andere Seite des Himmels*. In einem der letzten Kapitel erzählte sie die Geschichte ihres Kampfes gegen die Lyme-Borreliose. Ihre Symptome waren eher psychiatrischer als körperlicher Natur, genau wie bei meiner Tochter. Dass Amys Memoiren in meinem Kopf auftauchten, fühlte sich an wie ein Sog aus dem Universum, und ich vermutete sofort, dass die Borreliose in Ashleys Fall der Übeltäter sein könnte. Ein Teil von mir war bereits davon überzeugt, dass ich den Fall gelöst hatte. Zum ersten Mal seit langer Zeit spürte ich einen Anflug von Hoffnung.

Ich brachte Ashley zur Blutabnahme in die Arztpraxis. Sie führten den Lyme-Screening-Test der Centers for Disease Control and Prevention durch, aber als wir wiederkamen, um die Ergebnisse zu holen, hieß es, sie seien negativ: »Sie hat keine Borreliose.«

Ich war wie betäubt. Ich war mir so sicher gewesen. Aber die Ärztin bestand darauf, dass die Ergebnisse klar seien. Sie schickte uns ohne Diagnose nach Hause. Wir standen wieder am Anfang. Meine Tochter wurde von etwas Heimtückischem und Bösartigem erfasst, und es gab niemanden, an den wir uns wenden konnten, um Antworten zu erhalten. Ich fühlte mich hilflos, hoffnungslos, verloren.

Wir steckten in einer scheinbaren Endlosschleife aus Ashleys Verhalten und unseren Versuchen, darauf zu antworten. Ein paar Monate später ging ich wieder mit ihr zum Arzt, um sie erneut auf Borreliose testen zu lassen, doch das Screening fiel erneut negativ aus. Bis dahin hatte ich viel recherchiert und wusste, dass der erste Lyme-Test nicht immer genau war. Um eine Borreliose auszuschließen, brauchten wir weiterführende Screening-Tests wie den ELISA- oder den Western-Blot-Test. Aber als ich Ashleys Ärztin um diese Tests bat – oder vielmehr anflehte –, sagte sie mir, wir bräuchten sie nicht und sie würde sie nicht anordnen. Als ich Einspruch erhob, bestanden alle vier Ärzte in der Praxis darauf, dass Ashley keine Borreliose habe. Einer von ihnen hat mich sogar ausgelacht.

Zu dieser Zeit litt Ashley unter extremer Schlaflosigkeit. Sie war bis drei oder vier Uhr morgens wach und am nächsten Tag völlig erschöpft. Wir haben dafür gesorgt, dass sie aus medizinischen Gründen von der Teilnahme am Unterricht befreit wurde und sich wieder für ein Heimstudienprogramm anmelden konnte. Es war schrecklich zu sehen, wie meine Tochter, die immer so lebendig, liebevoll und engagiert gewesen war, litt und nicht mehr in der Lage war, wie ein normaler Teenager zu funktionieren und all die Begeisterung, Freude und schönen Momente zu erleben, die das Leben in der Highschool mit sich bringt. Sie hat so viel verpasst. Ich wollte einfach nur, dass es ihr besser ging!

Aber Ashley ging es immer schlechter. Oft wurde sie aus heiterem Himmel wütend und tobte stundenlang. Ihre Wut brach aus wie ein Vulkan. In der Tat wurde sie manchmal so wütend, dass sie aus dem Haus rannte. Eines Morgens tat sie in einem Wutanfall genau das. Es war ziemlich kalt draußen und nieselte, und sie ging ohne Jacke. Ich wusste, dass sie nicht reden wollte, aber ich machte mir Sorgen um ihre Sicherheit und Wärme und fuhr ihr in meinem Auto nach, in der Hoffnung, sie wieder nach Hause locken zu können. Aber sie rannte weiter und duckte sich, und ich verlor sie schnell aus den Augen. Ich fuhr in der Gegend herum und hoffte, sie zu sehen. Es war früh am Morgen, und die Straßen waren menschenleer. Schließlich übergab ich meinen Instinkten die Führung und ließ sie mich (und das Auto) steuern. Da erhaschte ich einen kurzen Blick auf Ashley, die sich hinter einem geschlossenen japanischen Restaurant versteckte. Es gab zwei Zufahrten zum Parkplatz, jeweils eine zu beiden Seiten des Restaurantgebäudes. Ich näherte mich der ersten Einfahrt, entschloss mich aber, daran vorbei und in die zweite Einfahrt zu fahren – in der Hoffnung, Ashley vielleicht aufhalten und veranlassen zu können, zu mir ins Auto zu steigen.

Doch kurz bevor ich von der Hauptstraße abbog, passierte etwas Seltsames. Ein weißer Lieferwagen, der in die entgegengesetzte Richtung fuhr, überquerte den Mittelstreifen und fuhr direkt auf meinen Weg, beschleunigte, riss das Steuer herum und bog in die Einfahrt ein, die Ashley gerade entlanggelaufen war. Der Lieferwagen verschwand hinter dem Restaurant, wohin ich Ashley hatte gehen sehen.

Mein Herz raste. Der Lieferwagen war so schnell und so nah an mich herangefahren, dass wir einen Zusammenstoß nur knapp vermieden hatten, um ein oder zwei Sekunden vielleicht. Und damit nicht genug, der Lieferwagen schien Ashley zu verfolgen. Ich bog schnell in die zweite Einfahrt ein und rechnete damit, dass sie das kurze Stück bis zur zweiten Einfahrt gegangen war, aber von ihr war nichts zu sehen. Das ergab keinen Sinn. Sie konnte nicht einfach verschwunden sein. Ich fuhr um die Rückseite des geschlossenen Restaurants herum und entdeckte sie schließlich zusammengekauert in einer Ecke an der Außenwand des Restaurants. Der weiße Lieferwagen hatte nur wenige Meter von ihr entfernt angehalten. Das Fenster auf der

Fahrerseite war heruntergelassen, und der Fahrer bedeutete Ashley mit einer Handbewegung, näher zu kommen.

»Hey!«, brüllte ich. »Das ist meine Tochter. Was machen Sie da?«

Der Mann in dem Lieferwagen wirkte schockiert, als er mich sah. Es war früher Morgen, das Restaurant war geschlossen, es waren keine anderen Autos unterwegs. Ringsum war alles verlassen.

»Ich habe nur nach dem Weg gefragt«, stammelte er. Dann raste er davon.

In diesem Moment wusste ich ohne jeden Zweifel, dass Ashley getötet worden wäre, wenn sie in den Van gestiegen wäre. Ich wusste es einfach. Hätte ich nicht diesen flüchtigen Blick auf sie erhascht, hätte ich sie verloren. Und ich wusste genau, warum der Fahrer das Risiko eingegangen war, in den Gegenverkehr zu geraten und beinah in mein Auto zu krachen, um direkt hinter ihr abzubiegen. Er hatte sie auch gesehen. Er wusste, dass alle Geschäfte geschlossen waren und der Bereich hinter dem Restaurant verlassen war. Er hatte eine Gelegenheit gesehen, Böses zu tun.

Ashley stieg in mein Auto, und wir fuhren nach Hause. Wir hatten beide Angst. Ich war so durcheinander, dass ich noch nicht einmal auf das Kennzeichen des Lieferwagens geachtet hatte. Wenn ich vorher nicht verstanden hatte, worum es ging, so war es mir jetzt auf jeden Fall klar. Wir haben nicht nur versucht herauszufinden, was mit Ashley los war. Wir haben versucht, ihr Leben zu retten.

Während dieser Tortur habe ich mich bemüht, offen für die andere Seite zu bleiben. Das erschien mir besonders wichtig, weil ich mich so verloren und orientierungslos fühlte und jede Hilfe brauchte, die ich bekommen konnte. Ich war überzeugt, dass mein Lichtteam durchkommen würde. Kein Arzt konnte mir eine Antwort geben, aber vielleicht die andere Seite.

Zu dieser Zeit hatte Ashley ernsthafte Magenprobleme, und wir nahmen einen Gastroenterologen in ihr Ärzteteam auf. Er diagnostizierte ein Reizdarmsyndrom mit Verstopfung und verschrieb ihr Medikamente, die aber nicht zu wirken schienen. Die Situation wurde immer schlimmer.

Kurz nach dem Vorfall mit dem weißen Lieferwagen schaute ich zufällig meinen Facebook-Newsfeed durch, als mir ein Beitrag von jemandem auffiel, mit dem ich zur Highschool gegangen war. Er enthielt die Wörter »plötzliche Persönlichkeitsveränderung«, und es gab einen Link zu etwas namens PANS – pädiatrisches akutes neuropsychiatrisches Syndrom. PANS ist eine Infektionskrankheit, die zu einer Entzündung im Gehirn eines Kindes führen und schwere Ängste und Persönlichkeitsveränderungen verursachen kann. Eine andere Krankheit namens PANDAS hat die gleichen Symptome, wird jedoch durch eine Halsentzündung ausgelöst. Ich richtete mich kerzengerade auf: *Anfang des Jahres war bei Ashley eine Halsentzündung diagnostiziert worden!* PANS und PANDAS, so die Studie, konnten dazu führen, dass zuvor höchst liebenswerte Kinder anfangen, sich zu verhalten, als seien sie besessen. Sie sind sogar als »Besessenheitskrankheiten« bekannt.

Der Link führte mich zu einer der wenigen PANS- und PANDAS-Spezialistinnen an der Ostküste, und ich machte sofort einen Termin. Sie gab Ashley das Antibiotikum Amoxicillin, das einige ihrer schlimmsten Symptome innerhalb von 24 Stunden abmilderte. Ein anderes Antibiotikum, Azithromycin, half sogar noch besser. Aber selbst dann wussten wir nicht sicher, was mit Ashley los war. Nicht alle ihre Symptome stimmten mit denen von PANS oder PANDAS überein, und wir wussten auch nicht genau, welcher zerstörerische Erreger in ihren Körper eingedrungen war. Wir konnten nicht sicher sein, dass die Antibiotika allein sie heilen oder auch nur ihre Symptome sehr lange unter Kontrolle halten würden. Wir suchten immer noch nach einer Antwort. Die Ärztin schickte mich mit einem Paket nach Hause, das einen siebzehnseitigen Artikel über die Krankheit enthielt, den ich in einem ruhigen Moment lesen wollte.

Die Situation wurde immer verzweifelter. Obwohl ich wusste, dass die andere Seite mit mir in diesem Kampf war, brauchte ich mehr Hilfe. Sie hatten mich zu der PANS-Ärztin geführt, aber jetzt brauchte ich mehr Anleitung. Ich sah, wie Ashley sich auflöste und ihre Lebensenergie verlor. *Ich sah, wie die Ashley, die ich kannte, vor meinen Augen verschwand.* Ich musste einen Weg finden, sie zu »reparieren«. Ich musste sie vom Abgrund zurückziehen, denn wenn ich es nicht konnte, wusste ich nicht, wer sonst es könnte.

Als ich eines Morgens stapelweise Arztrechnungen sowie Forschungs- und Testergebnisse durchging, die sich in den letzten drei Jahren im ganzen Haus angesammelt hatten, spürte ich eine besonders starke Verzweiflung. Der Gedanke an alles, was Ashley durchmachen musste, war unerträglich schmerzhaft. Ich ging ins Schlafzimmer und schloss die Tür leise hinter mir. Dann tat ich etwas, was ich seit meiner Kindheit nicht mehr getan hatte – ich ging auf die Knie und betete.

»Hört zu, Gott, Lightteam«, sagte ich laut, »ich brauche wirklich Hilfe.« Sofort spürte ich, wie sich mein Vater auf meinem Bildschirm durchsetzte.

Mein Vater war erst ein paar Wochen davor verstorben. Seitdem war er unglaublich ansprechbar und schickte mir alle möglichen Zeichen. Und jetzt, in diesem dunkelsten Moment, war er wieder für mich da. Ich hob die Hände zur Decke – zu Gott.

»Ich gebe auf«, sagte ich. »Ich kapituliere. Ich brauche dich. Du musst mir zeigen, was mit Ashley nicht stimmt. Ich weiß, dass es mehr gibt als das, was die Ärzte sagen. Ich weiß, dass sie nicht bipolar ist. Du musst mir zeigen, was mit meinem Kind nicht stimmt. Ich gebe auf. Bitte, *bitte,* zeig mir, was da nicht stimmt.«

In dieser Nacht machte ich mich völlig ausgebrannt und erschöpft bettfertig. Ich schaltete das Licht aus und bekam plötzlich einen Download aus dem Universum. Er war ganz klar und konkret.

Das Paket.

Lies, was in dem Paket ist.

Schalte jetzt das Licht ein und lies die Informationen in dem Paket.

Das Paket, das mir die PANS- und PANDAS-Ärztin gegeben hatte, lag auf dem Küchentisch. Ich hatte es vergessen. Ich machte das Licht an, setzte mich an den Küchentisch und holte den langen Artikel heraus, der den Titel »Hidden Invaders« (»Versteckte Eindringlinge«) trug.

Als ich in der Mitte der zweiten Seite angekommen war, erstarrte ich.

Stell dir das Geräusch vor, das ein Auto macht, das mit quietschenden Bremsen zum Stehen kommt, gefolgt von absoluter Stille. So war das. Ein einzelnes Wort sprang regelrecht aus der Seite, als würde es von einem Neonlicht angeleuchtet:

BARTONELLA

»Wir alle wissen, dass die durch Bartonella verursachte Katzenkratzkrankheit bei Patienten zu Wutanfällen und Stimmungsschwankungen führen kann«, las ich. Es war so sachlich geschrieben, aber für mich war es eine gleißende Offenbarung.

Bartonella! Das musste es sein! Ich öffnete meinen Laptop, gab das Wort bei Google ein, und das Erste, was ich sah, war ein Foto. Und als ich es sah, schnappte ich nach Luft und fing an zu weinen. Es war ein Foto desselben Ausschlags, den ich drei Jahre zuvor auf Ashleys Rücken gesehen hatte.

Bartonella, erfuhr ich, ist ein ansteckendes Bakterium. Es kann, wenn es in den Blutkreislauf gelangt, zu heftigen psychiatrischen Wutanfällen und Stimmungsschwankungen führen. Es kann auch zum Wolhynischen Fieber oder zu der bekannteren Katzenkratzkrankheit führen, die dann wiederum eine Enzephalopathie verursachen kann – eine Hirnerkrankung, die bleibende Hirnschäden oder sogar den Tod zur Folge haben kann.

Ich hatte meine Antwort. Ich wusste es mit jeder Faser meines Seins. Ich hätte mein Leben darauf gewettet. Mein Lichtteam hatte mich zur Wahrheit geführt. Ashley hatte Bartonella.

Dann bekam ich einen weiteren Download, der mir genau zeigte, wie und *warum* diese Krankheit sie mit einer solchen Wucht erfasst hatte. Ashley hatte sich einige Jahre zuvor gegen humane Papillomaviren (HPV) impfen lassen. Die andere Seite zeigte mir, dass irgendein Bestandteil dieses speziellen Impfstoffs ihre Zellen geschädigt hatte. Er war buchstäblich in ihre »Zelltüren« eingedrungen und hatte verhindert, dass sie sich schließen und verschließen und Krankheiten abwehren konnten. Das bedeutete, dass alles, was Ashley angriff, gut gedeihen konnte.

Ich blieb bis vier Uhr morgens wach und recherchierte. Als mein Mann aufwachte, erzählte ich ihm, dass die andere Seite mir gezeigt habe, was mit Ashley los war. An diesem Morgen brachte ich sie, bewaffnet mit dem Dokumentenpaket, in die Kinderarztpraxis. Ich hatte sogar das Foto von Ashleys Ausschlag und Artikel aus medizinischen Fachzeitschriften ausgedruckt, in denen bestätigt wurde, dass Bartonella Angstzustände, Wutanfälle und Stimmungsschwankungen verursacht. Ich übergab alles der Ärztin und erklärte, wie die HPV-Impfung Ashleys Zellen geschädigt hatte. Die Ärztin lächelte und schüttelte den Kopf.

»Bei allem Respekt, Ashley hat keine Bartonella«, sagte sie. »Der HPV-Impfstoff ist absolut sicher.«

Dann nahm sie ein medizinisches Buch zur Hand und zeigte mir eine Passage, in der es hieß, Bartonella zeige sich als Ausschlag mit drei Punkten, nicht als Ausschlag von der Art, wie Ashley ihn gehabt hatte. Ich versuchte, ihr die Artikel zu zeigen, die ich gefunden hatte, aber sie winkte ab. Sie lachte sogar ein wenig gönnerhaft und versicherte mir, dass ich mich in Bezug auf Ashley absolut geirrt hätte.

Vor nicht allzu langer Zeit hätte ich mich an diesem Punkt des Gesprächs ihrer Autorität gebeugt und aufgegeben. Aber nun nicht mehr. Dieses Mal hatte ich mein Lichtteam dabei. Sie hatten mir gezeigt, was das Problem war, und ich wusste, dass sie recht hatten. Daher bestand ich darauf, dass die Ärztin Ashleys Blut auf Bartonellen untersuchte.

Die Ärztin stimmte zu, den Test durchzuführen, wahrscheinlich um sich über mich lustig zu machen. Zwei Tage später war das Testergebnis da.

Ashley war Bartonella-negativ.

Ich wusste, dass das nicht stimmen konnte. Die andere Seite hatte mich direkt zu Bartonella als Ursache für Ashleys Leiden geführt. Warum waren die Ergebnisse negativ?

»Es ist mir egal, was die Ergebnisse aussagen«, sagte ich der Ärztin. »Ich weiß, dass sie das hat.«

Ein paar Tage später sprach ich mit meiner Freundin Wendy, bei der Borreliose diagnostiziert worden war. Sie fragte mich nach Ashley, und ich erzählte ihr, was mir die andere Seite über Ashley und Bartonella erzählt hatte. Wendy schnappte nach Luft. Sie erzählte mir, dass Bartonella und Lyme normalerweise Hand in Hand gehen. Es handelt sich um Koinfektionen. Wendy wurde von einem weltbekannten, in Yale ausgebildeten Internisten behandelt, der sich auf zoonotische Infektionen spezialisiert hat: Dr. Steven Phillips aus Wilton, Connecticut. Er war aktiv an der Erforschung dauerhafter Heilungsmöglichkeiten bei der Lyme-Borreliose beteiligt. Als sehr beschäftigter Mann hatte er eine zweijährige Warteliste für neue Patienten. Zwei Jahre Wartezeit waren für Ashley aber zu lang.

»Ich will sehen, was ich tun kann«, sagte Wendy.

Ich wusste, dass sie gute Kontakte hatte und alles tun würde, um mir zu helfen, aber es schien zu viel erhofft. Und doch konnte uns Wendy einen Termin bei Dr. Phillips in zwei Wochen besorgen.

Er las sich Ashleys Krankengeschichte durch und hörte gut zu, als ich ihm erzählte, ich sei sicher, sie habe Bartonella. Er fragte mich, ob bei Ashley kürzlich ein bestimmtes Symptom aufgetreten sei, nämlich RDS-Verstopfung, das ein guter Indikator für Bartonella sei. Mir fiel die Kinnlade herunter. Wie ich oben schon erwähnte, hatte Ashley erst ein paar Monate zuvor damit zu kämpfen gehabt.

»Das ist Bartonella wie aus dem Lehrbuch«, sagte er. »Ich werde sie auch auf Lyme testen. Sie gehen oft Hand in Hand.«

Er ließ diesmal die fortgeschritteneren ELISA- und Western-Blot-Tests für Lyme-Borreliose in den Labors der Stony Brook University durchführen und außerdem einen Spezialtest für Bartonella von Galaxy Diagnostics, einem Labor in North Carolina und der am meisten spezialisierten Einrichtung für diesen Test im ganzen Land.

Als die Ergebnisse kamen, zeigten sie, dass Ashley positiv auf Lyme-Borreliose und hochpositiv auf Bartonella getestet worden war. Die Werte waren in der Tat so hoch, dass der Arzt davon ausging, dass sie Bartonella vermutlich schon seit drei Jahren hatte.

Drei Jahre! Genau die Dauer von Ashleys Martyrium.

Dr. Phillips verordnete Ashley sofort eine Behandlung gegen Lyme-Borreliose und Bartonella und letztendlich gegen die Parasiten, die oft mit diesen Infektionen einhergehen. Die Medikamente, die sie einnehmen musste, hatten ihre eigenen höllischen Nebenwirkungen. Sie hatte starke Schmerzen in den Knochen und Muskeln und einmal sogar das Gefühl, als krabbelten Insekten durch ihren Körper. Aber alle ihre psychiatrischen Symptome verschwanden. Die Antibiotika schienen ihre Angstzustände abzumildern, auch wenn die Erschöpfung und die Benommenheit, die nun die Oberhand gewonnen hatten, einen ständigen Kampf bedeuteten.

Dann intervenierte die andere Seite erneut. Eine weitere liebe Freundin führte uns zu einer zweiten hervorragenden Ärztin, zu Kristine Gedroic in Morristown, New Jersey (eine Ärztin mit drei verschiedenen Zulassungen: Familienmedizin, medizinische Akupunktur und integrative Medizin). Sie hatte den Sohn meiner Freundin von der Lyme-Borreliose geheilt und komplett wiederhergestellt. Ein von Dr. Gedroic durchgeführter Zelltest ergab noch mehr. Doch bevor sie Ashley testete, bat sie mich, Ashleys Krankengeschichte aufzuschreiben – ihre Symptome und was meiner Meinung nach das Problem war. Ich schrieb genau das, was die andere Seite mir gesagt hatte. Dann führte Dr. Gedroic einen zellulären Bluttest durch. Als wir uns mit ihr trafen, um die Ergebnisse zu besprechen, sagte sie mit einem erstaunten Gesichtsausdruck, so etwas habe sie noch nie im Leben gesehen: Was ich aufgeschrieben hatte, entsprach genau dem, was die Tests ergeben hatten. Ashleys Zellen wiesen einen sehr hohen Aluminiumgehalt auf. Und es war eine für einen Impfstoff spezifische Art von Aluminium, nämlich für Gardasil, den Impfstoff, den Ashley gegen HPV bekommen hatte. Die Ärztin erklärte weiter, das in Ashleys Zellen steckende Aluminium habe ihre Mitochondrien geschädigt und die Membranen ihrer Zellwände –

die mir in meinem Download als »Zelltüren« gezeigt worden waren! – dünner gemacht, sodass alle vorhandenen Bakterien und Erreger außer Rand und Band gerieten. Ihre Zellen konnten ihre Türen buchstäblich nicht vor Infektionen verschließen. Ihr Immunsystem konnte nicht mithalten. Die Ärztin verordnete ihr ein IV-Behandlungsprogramm, um die Gesundheit ihrer Zellen wiederherzustellen und gleichzeitig das Aluminium auszuspülen, sowie zahlreiche Kräuter und naturheilkundliche Behandlungen für jede Art von Lyme-Borreliose, Bartonella und parasitärer Infektion.

Es war ein erstaunlicher Moment.

Ashley ging es allmählich besser. Sie machte Fortschritte. Immer öfter sahen wir dasselbe süße, liebevolle Mädchen, das zu verlieren wir so sehr gefürchtet hatten. Auch ihre Müdigkeit, ihre Knochenschmerzen und ihre Benommenheit verschwanden. Ihr Schlafrhythmus regulierte sich.

Vor nicht allzu langer Zeit hat Ashley ihren ACT-Test abgelegt – eine College-Aufnahmeprüfung, die fast sechs Stunden dauert. In den letzten drei Jahren war sie kaum in der Lage, sich länger als ein paar Minuten auf etwas zu konzentrieren, aber sie hat den ACT mit Bravour bestanden.

Jetzt, wo ich dies schreibe, sind wir noch nicht über den Berg. Ashley hat ihre Höhen und Tiefen, und wir alle müssen wachsam bleiben. Aber sie ist unglaublich stark, und ihre Willenskraft ist erstaunlich. Es geht ihr immer besser, und ich bin so stolz zu sehen, wie sie sich wehrt und ihre einzigartigen und besonderen Persönlichkeitsanteile zurückgewinnt. Ich könnte sie wohl kaum mehr lieben und bewundern, als ich es tue, und ich empfinde Demut angesichts der schönen, großzügigen Kraft ihres Geistes. Wir haben noch einen weiten Weg vor uns, aber wir nähern uns dem Ziel. Ich bin mir sicher, dass es Ashley gut gehen wird.

Und ich bin mir sicher, dass mich die andere Seite zu dem führen wird, was ich wissen muss, um dafür zu sorgen, dass es ihr gut geht.

• • •

Manchmal schickt uns die andere Seite Kardinalvögel, Regenbögen und Murmeltiere. In anderen Fällen schickt sie Zeichen, die eher innerer Natur sind: Bauchgefühle, Zugkräfte, Träume, zufällige Gedanken. Ein Sog aus dem Universum in die eine oder andere Richtung.

Ich behaupte nicht, dass die andere Seite immer alles für uns regelt. So funktioniert das Universum nicht. Es gibt Engpässe, die wir nicht umgehen können, wie sehr wir uns auch bemühen, eine Wunde zu heilen, eine Krankheit zu kurieren oder Zerbrochenes zu reparieren. Eltern, die genauso sehr oder sogar noch mehr gekämpft haben als Garrett und ich, haben ihre Kinder trotzdem durch schreckliche Leiden verloren. Es gibt keine Garantie dafür, dass die andere Seite ein Wunder geschehen lässt. Aber wir können sicher sein, dass wir in unseren dunkelsten Momenten nicht allein sind. Wir verfügen über ein Unterstützungssystem. Wir haben Kräfte auf unserer Seite, die wild entschlossen sind, uns zu helfen und zu leiten. Deshalb ist es so wichtig, dass wir stets offen bleiben für die außergewöhnliche Reichweite unserer Lichtteams.

Wenn ich alles in der Retrospektive betrachte und wie einen großen Bauplan darlege, kann ich sehen, wie mich die andere Seite zur richtigen Antwort geführt hat – von Amy Tans Buch über den Facebook-Beitrag bis zu dem PANS-Paket, zu Wendy und Dr. Phillips bis zu Dr. Gedroic. Der Weg war da, damit ich ihn gehen konnte. Es gab Umwege, falsche Abzweigungen und knappe Fehlschläge, aber die andere Seite sorgte dafür, dass ich immer auf der Spur blieb. Das Universum zog mich einfach immer wieder in die richtige Richtung.

Diese Geschichte ist eine Geschichte über die Kraft der Hingabe. Über die Kraft der Hingabe an die andere Seite. Ich glaube, dass etwas wirklich Tiefgreifendes und Lebensveränderndes geschieht, wenn wir voll und ganz auf eine höhere Macht vertrauen. Denn in diesem Moment arbeiten wir nicht nur mit der anderen Seite zusammen, sondern würdigen auch unsere Abhängigkeit von ihr und erkennen unsere Verbundenheit mit ihr an.

Es spielt keine Rolle, wie wir diese höhere Macht nennen. Ich bin lutheranisch aufgewachsen und habe immer an Gott geglaubt. Als ich im Schlafzimmer auf die Knie ging und zu Gott betete, konnte ich mein Lichtteam ebenso spüren wie meinen verstorbenen Vater. Meine Vorstellung von Gott ist heute eine andere als die, die ich als Kind hatte. An diesem Punkt in meinem Leben kann ich sagen, dass sie sich erweitert hat. Das Konzept einer höheren Macht hat in verschiedenen Kulturen und Glaubenssystemen verschiedene Namen – und es gibt viele unterschiedliche Möglichkeiten, es zu würdigen. Die Namen und Rituale sind sehr viel weniger wichtig als die grundlegende Überzeugung, dass eine höhere Macht existiert. Sie ist da, sie liebt uns und steht uns jederzeit und überall zur Verfügung. Aber es ist an uns, offen für sie zu sein, ihr zu vertrauen und uns schließlich auf sie einzulassen und uns ihr hinzugeben.

Die erschütternde Reise meiner Tochter Ashley und damit auch unsere Reise gehört zum Plan des Universums für uns. Wir lernen Lektionen in Liebe und Hoffnung, Glauben und Verbundenheit, und das führt uns zu den Menschen, mit denen wir in unserem Leben verbunden sein sollen.

Keiner von uns ist allein. Kein Leben ist dazu da, allein gelebt zu werden. Keine Existenz ist unwichtig oder bedeutungslos. Wir sind alle miteinander und mit den Kräften des Lichts und der Liebe auf der anderen Seite verbunden. Und über diese

Verbindungen – über diese verbindenden Lichtschnüre zwischen uns – gelangen wir zu geistigem Wohlbefinden und persönlicher Authentizität, die uns sehr viel mächtiger und einflussreicher machen, als wir es ohne sie jemals sein könnten.

Das ist die Kraft der Hingabe an die andere Seite.

Aus meinen Augen

Ich stehe am Meeresufer. Neben mir spreizt eine Jolle
ihre weißen Segel im Wind und macht sich auf
in den blauen Ozean. Sie ist schön und stark.
Ich stehe da und schaue ihr nach, bis sie schließlich wie eine kleine
weiße Wolke dort hängt, wo Meer und Himmel sich mischen.
Dann sagt jemand neben mir: »Sie ist verschwunden.«
Wohin verschwunden?
Aus meinen Augen. Das ist alles. Sie ist mit Mast und Rumpf und
Takelage genauso groß wie damals, als sie von meiner Seite wich.
Und sie ist genauso in der Lage, ihre lebende Fracht zum Zielhafen zu bringen.
Dass sie kleiner wird, liegt an mir – nicht an ihr.
Und genau in dem Moment, in dem jemand sagt: »Sie ist verschwunden«,
sehen andere Augen, wie sie ankommt, und andere Stimmen machen
sich bereit für den freudigen Ruf: »Da kommt sie!«
Das ist Sterben.

Henry von Dyke

TEIL VIER

Im Licht bleiben

Liebe ist die Brücke zwischen dir und allem.

Rumi

Die ganze Welt um uns herum spricht ständig eine geheime Sprache. Diese Sprache hilft uns, einige der verwirrendsten Teile unserer Welt zu verstehen. Sie hilft uns zu verstehen, warum bestimmte Menschen in unser Leben treten. Sie hilft uns, Sinn zu erkennen, wo vorher Dunkelheit oder Verwirrung herrschte. Sie hilft uns, mit Verlusten umzugehen. Sie hilft uns zu wissen, dass wir mehr beschützt und geliebt werden, als wir uns je vorstellen können.

Sie lehrt uns auch, dass wir alle Teil im Lebensgewebe des anderen sind. Wir weben zusammen eine magische Tapisserie aus Sinn, Liebe, Vergebung, Hoffnung und Licht. Wir gehören zusammen. Unsere Beziehungen hier auf der Erde sind von großer Bedeutung, und sie überdauern den physischen Tod. Die Liebe ist das unzertrennbare Band.

Die geheime Sprache des Universums zu verstehen, hilft uns, unseren höchsten Weg zu gehen, und gibt uns die Gewissheit, dass wir nicht allein sind. Niemals.

Und das ist die Wahrheit. Sobald wir unseren Geist und unser Herz für die Wahrnehmung dieser geheimen Sprache öffnen, werden wir sie überall sehen.

Überall.

30

Wie man hell leuchtet

Eine einfache Frage: Woraus besteht ein Stuhl? Nun, ein Stuhl kann aus Holz, Kunststoff, Metall oder einem anderen »festen« Material bestehen.

Gut, aber woraus besteht ein Stuhl *eigentlich?* Woraus ist das Holz? Oder das Plastik oder das Metall?

Alle diese Dinge bestehen aus Materie, und »Materie« ist der wissenschaftliche Begriff für alles, was Masse und Volumen hat – im Grunde alles, was auf dieser Welt Platz einnimmt. Alles, was wir als »physisches Ding« bezeichnen, ist Materie.

Gut, aber woraus besteht *Materie*?

Das ist relativ einfach zu erklären: Alle Materie besteht aus Atomen (gr. *átomos* [unteilbar]).

Atome wiederum bestehen aus Teilchen, die »Protonen«, »Elektronen« und »Neutronen« genannt werden. Protonen und Neutronen bestehen aus noch anderen Teilchen, den sogenannten »Quarks« und »Gluonen«. Möglicherweise gibt es weitere, noch kleinere Teilchen.

Hauptmerkmal *all* dieser Dinge – Materie, Atome, Protonen, Elektronen und Quarks – ist ein und dasselbe, nämlich *Energie.* Denn zwischen diesen Teilchen, die sich sehr schnell bewegen, ist verhältnismäßig viel Platz: Hätte der Atomkern die Größe eines Apfels, heißt es, hätte das Atom einen Durchmesser von 10 Kilometern.

Wissenschaftler, die sich mit Quantenphysik beschäftigen, sind der Ansicht, dass alle Materie Energie ist – dass Atome selbst nichts anderes sind, als ständig wirbelnde Felder aus elektrischer Energie. Albert Einsteins berühmte Gleichung $E = mc^2$ erkennt im Grunde an, dass es keinen wirklichen Unterschied zwischen Materie und Energie gibt. Masse und Energie seien nur unterschiedliche Manifestationen derselben Sache – eine für den Durchschnittsverstand etwas ungewohnte Vorstellung, sagte Einstein im Jahr 1948. Alles, was wir sehen oder uns vorstellen können – mit anderen Worten: das gesamte Universum –, besteht aus Energie.

Stühle zum Beispiel mögen uns fest und unbeweglich vorkommen, aber in Wirklichkeit sind sie aus winzigen Atomen zusammengesetzt, die sich in einem endlosen Energietornado drehen und schwingen. Der Stuhl hat eigentlich keine physische Struktur, da Atome nicht aus physischen Dingen bestehen. Die Struktur des Atoms selbst ist ein unsichtbares Energiefeld.

Das führt zu dem natürlichen Schluss, dass auch wir aus Energie bestehen.

Es passiert wirklich leicht, dass wir diese grundlegende Wahrheit vergessen und uns selbst als rein physische Wesen sehen: Arme, Beine, Augen, Haare. Ein Körper mit einer Seele. Aber die Wahrheit ist umgekehrt: *Wir sind alle Seelen in einem Körper.*

Und unsere Seelen bestehen, genau wie alles andere im Universum, aus Energie.

In der Tat strahlt unser Körper Licht aus. Wissenschaftler konnten beweisen, dass wir in völliger Dunkelheit Biophotonen aussenden. Diese Biophotonen sind mit menschlichen Augen zwar nicht wahrnehmbar, können aber mit empfindlichen Instrumenten gemessen werden. Wir sind im wahrsten Sinne des Wortes Lichtwesen.

Wenn ich mit Menschen über Zeichen spreche, versuche ich zunächst, sie auf ihre eigene Energie aufmerksam zu machen.

Kennen wir, wenn wir mal darüber nachdenken, nicht alle jemanden, der die Energie in einem Raum »verändern« kann, indem er einfach hereinkommt? Kennen wir nicht alle Menschen, deren positive Energie sie praktisch schon ankündigt, bevor sie überhaupt da sind? Und kennen wir nicht alle Personen, deren negative Energie manchmal wie Unrat an uns klebt?

Weil wir aus Energie bestehen, geben wir auch Energie ab. Und die Energie, die wir *abgeben,* kann einen echten und tiefgreifenden Einfluss auf die Energie und das Leben eines anderen Menschen haben. Die Art und Weise, wie wir unsere Energie übertragen, mag für das bloße Auge unsichtbar sein, aber sie ist so real wie ein Händedruck. Wir alle bringen eine besondere Energie in jede Begegnung unseres Lebens.

Und ich möchte, dass alle verstehen, dass *diese Energie eine große Rolle spielt,* nicht nur für uns, sondern für jeden Menschen auf unserem Weg. Sogar unsere Gedanken spielen eine Rolle, denn auch sie sind Energie.

Diese Energie ist so wichtig, weil wir alle auf sehr reale Weise miteinander verbunden sind. Wir sind darauf programmiert, Anschluss zu suchen und uns danach zu sehnen.

Und doch verlieren wir manchmal dieses Gefühl der Verbundenheit. Wir lassen zu, dass bestimmte Vorkommnisse in unserem Leben unsere Energie schwächen. Aber wir können unsere Energie kontrollieren. Wir können uns in sie einwählen. Das tun wir, indem wir sie *verändern.*

Um unsere Energie verändern zu können, müssen wir uns stärker bewusst machen, wie wir mit ihr umgehen und sie projizieren. Hier eine einfache Möglichkeit, dies in die Tat umzusetzen: Versuche einmal, dir morgen beim Aufwachen vorzunehmen, zehn verschiedene Menschen anzulächeln. Das ist alles. Lächle sie einfach an. Die Person, die dir eine Tür aufhält. Deinen Chef. Die Rezeptionistin im Fitnessstudio. Den Mann, der deinen Kaffee zubereitet. Schenk ihnen einfach ein breites Lächeln und beobachte, wie dieses Lächeln die Energie zwischen euch verändert. Beachte, welchen Einfluss es auf *ihre* Energie hat und auch auf deine eigene.

Übe dich darin, solche »Energieverschiebungen« zu erzeugen, und achte darauf, wie du dich dabei fühlst. Wenn ein Autofahrer dir signalisiert, dass er auf deine Spur wechseln möchte, winke ihm zu. Wenn jemand im Feinkostladen verärgert und überfordert wirkt, schenk ihm ein freundliches Wort. Wenn du eine Mutter siehst, deren Kind in einem Geschäft einen Wutanfall hat, lächle ihr beruhigend zu.

So verändern wir unsere Energie Schritt für Schritt zum Positiven. Es ist eine Möglichkeit, den großen Segen unserer gegenseitigen Verbundenheit zu würdigen. Und wenn wir dies tun, wenn wir unsere Energie verändern, werden wir empfänglicher, sowohl für die Energie anderer als auch für die Energie des Universums. Je mehr wir unsere Energie »öffnen«, desto wahrscheinlicher sind wir offen für alles, einschließlich der schönen Zeichen von der anderen Seite.

Denn wir verbessern unser Leben dadurch, dass wir unsere Energie erhöhen.

Es gibt praktische Maßnahmen, die wir alle ergreifen können, um uns auf eine höhere körperliche, geistige und spirituelle Ebene zu begeben – an einen Ort, an dem wir besser um kraftvolle Zeichen bitten und diese empfangen können. Schauen wir uns nun einige dieser praktischen Maßnahmen an.

DIE BEDEUTUNG DER KUNST

In diesem Buch geht es nicht nur um unsere Verbindung zur anderen Seite. Es geht auch um unsere Verbindung zueinander hier auf der Erde. Und eine der großartigsten Möglichkeiten, diese Verbindung zu würdigen und gemeinsam zu wachsen, ist die Kunst.

Im Laufe der Geschichte haben Gesellschaften in Zeiten großer Kunst die größten Fortschritte gemacht. Man denke nur an die Renaissance, eine Explosion des Wachstums und der Erfindungen, die im sogenannten Quattrocento (15. Jahrhundert) in Florenz begann. Ich glaube, das liegt daran, dass *Kunst unsere Energie verändert.* Kunst öffnet uns für neue Ideen, neue Möglichkeiten, neue Kräfte. Große Kunstwerke haben eine besondere Pracht und Lebendigkeit, und diese schöne Ausstrahlung kann unsere Energie verändern. Kunstwerke haben und vermitteln noch *Jahrhunderte* nach ihrer Entstehung eine ganz besondere Energie. Musik und bildende Kunst können Menschen in einigen Fällen auf eine Weise heilen und wiederherstellen, wie es nicht einmal die Medizin vermag. Tatsächlich gibt es eine psychologische Richtung der Heilung durch Kunst, die »Kunsttherapie« genannt wird. Überlege, wie wir uns fühlen, wenn wir ein Lied hören, das uns bewegt. Der bloße Akt des Zuhörens verändert unsere Energie. Oft reicht es schon, daran zu *denken*, dass wir Musik hören, die wir lieben, um uns zu begeistern und uns ein glückliches und lebendiges Gefühl zu geben. Wenn wir uns mit Kunst beschäftigen, tauchen wir in den Lichtfluss des Universums ein.

Ich glaube auch, dass alle Künstler, wenn sie ihre Kunst schaffen, Verbindung mit einem Lichtteam auf der anderen Seite aufnehmen und mit ihm zusammenarbeiten. Beispielsweise hat J. K. Rowling, die Autorin der »Harry-Potter«-Bücher, in einem Interview gesagt, die ursprüngliche Idee für den jungen Zauberer – eigentlich für fast die ganze Geschichte und Mythologie ihrer sieben »Harry-Potter«-Romane – sei ihr blitzschnell in den Sinn gekommen, als sie einmal in einem Zug zwischen Manchester und London feststeckte.

»Als mir die Idee zu ›Harry Potter‹ kam«, sagte sie, »hatte ich keinen Stift und war zu schüchtern, jemanden im Zug um einen zu bitten, was mich damals frustrierte. Aber wenn ich zurückblicke, war es das Beste für mich. Ich hatte die vollen vier Stunden im Zug, um mir sämtliche Ideen für das erste Buch auszudenken.«

Was für eine erstaunliche Sache! So eine magische, folgenreiche Idee »kommt« einem einfach in den Sinn! Aber hier ist der Clou: Auch wenn J. K. Rowling einen Download aus dem Universum erhielt, aufgrund dessen sie Harry Potter erschuf, musste sie dennoch ihren Teil dazu beitragen. Kunst ist immer Zusammenarbeit.

Kein Künstler arbeitet jemals allein.

Die gesamte Kunst ist eine Kooperation zwischen uns, die wir sie hier schaffen, und denen, die uns von der anderen Seite kreatives Licht, Inspiration und Energie schicken.

Ich erinnere mich, dass ich meine Kinder um Mitternacht zum Release eines der »Harry-Potter«-Bücher in einen Buchladen begleitet habe. Es war eine *unglaubliche* Szene. Dutzende Menschen in »Harry-Potter«-Kostümen schwenkten Zauberstäbe und sprühten vor Aufregung und Vorfreude. Auf der Straße vor dem Buchladen herrschte so viel Freude, Lebendigkeit und positive Energie, dass mir tatsächlich die Tränen kamen. Ich dachte: *Schau, wie J. K. Rowling uns alle zusammengebracht hat! Schau dir all das Glück und die Fröhlichkeit an! Und diese Szene spielt sich auf der ganzen Welt ab, in Tausenden von Buchhandlungen in Dutzenden von Ländern! Schau, wie uns das alle eint! Was für ein magischer Moment der Verbundenheit!*

Doch trotz dieser wirklich beeindruckenden Demonstration der Macht der Kunst schätzen wir sie als Gesellschaft nicht so sehr, wie wir sollten. Es besteht beispielsweise Konsens darüber, dass

Kinder Sportunterricht bekommen sollten, weil wir den Zusammenhang zwischen körperlicher Verfassung und einem gesunden Leben anerkennen. Aber Kunst? Der Kunstunterricht wird vielfach arg vernachlässigt.

Das ist ein Fehler. Kunst ist eine Möglichkeit, die kollektive Geschichte der gesamten Menschheit zu erzählen, aber sie ist auch eine der kraftvollsten Chancen, miteinander in Kontakt zu kommen. Uns diese Verbindung vorzuenthalten, ist kurzsichtig und kostspielig. Kunst zu vernachlässigen, bedeutet, uns all des Lichts, der Energie und der Brillanz eines Künstlers oder einer Zeit zu berauben, denn ein großes Kunstwerk ist wie ein Tor zu dieser Zeit und Energie, selbst wenn es vor Jahrhunderten geschaffen wurde. Warum sollten wir uns von einem so nachhaltig positiven Licht und einer solchen Energie abschneiden wollen? Warum sollten wir uns nicht daran beteiligen wollen, unsere eigene Geschichte zu erzählen?

Die Energie und die Schwingung von Kunst haben eine tiefgreifende Wirkung auf uns alle und versetzen uns in einen Zustand der höheren Empfänglichkeit für Zeichen und Ideen. Wenn wir uns entscheiden, diese Kraft zu nutzen, werden wir belohnt. Vielleicht schaffen wir das, indem wir eine Landschaft malen. Vielleicht ist es Bildhauerei oder das Klavierspiel. Vielleicht genügt es, in ein Museum zu gehen, Musik zu hören oder ein Gedicht zu lesen. Kunst in all ihren Formen ist eine Art Dialog zwischen uns und der Gesamtheit der Existenz in Vergangenheit, Gegenwart und Zukunft. *Wir bringen unser Leben auf eine höhere Ebene, indem wir unsere Energie steigern.*

Kunst kann auch unser Herz und unseren Geist öffnen. Das Musical »Hamilton« von Lin-Manuel Miranda beispielsweise bietet uns eine lebendige Möglichkeit, unsere Geschichte neu zu betrachten, und lädt uns gleichzeitig ein zu erkunden, welche Art von Vermächtnis wir hinterlassen möchten. Es stellt uns ganz grundlegende Fragen – sowohl auf der individuellen als auch auf der kollektiven Ebene. Einer seiner Songs heißt zum Beispiel »Wer lebt, wer stirbt, wer schreibt Geschichte?« …

Mein ganzes Leben lang hatte ich eine tiefe Verbindung zur Kunst. Musik war für mich schon immer sehr wichtig. Mein Vater und ich kommunizierten, indem wir gemeinsam Lieder sangen. Ich gebe zu, dass ich nicht die beste Sängerin der Welt bin (ich würde gern als jemand mit einer wunderschönen, himmlischen Stimme zurückkehren), aber ich singe immer noch für mein Leben gern. Der Akt des Singens – die Schwingung, die Schallwellen – ist für mich magisch. Es verwandelt mich. Meiner Singstimme mangelt es vielleicht an Tonhöhe und Klang, aber das bedeutet nicht, dass sie meine Energie nicht in positive Bahnen lenken kann!

Neben der Musik ist es mir auch wichtig, Kunst zu kaufen und auszustellen, die mich wirklich anspricht und inspiriert. Ich spüre die Energie des jeweiligen Künstlers in allen Werken und auch wie sie eine kraftvolle Verbindung zu Ideen, Forschergeist und Schönheit schaffen.

Probier es selbst aus. Versuch es, wenn du niedergeschlagen bist. Geh ins Museum, ins Kino oder ins Theater. Sing ein Lied oder lies ein Gedicht. Öffne dich für die Lebendigkeit und den Glanz des Austauschs. Ich wette, du wirst die Veränderung in deiner Energie spüren.

Wir alle haben das große und schöne Geschenk der Kunst erhalten, und wir sollten mit diesem Geschenk achtsam umgehen. Dann kann und wird Kunst unsere Energie und unser Leben verändern.

DANKBARKEIT

Da wir alle aus Energie bestehen, strahlen wir auch Energie ab. Wir senden Schwingungen aus – die Schwingung elektrischer Wellen. Die andere Seite zeigt uns, dass die zwei höchsten und reinsten Schwingungen, die wir als Menschen erreichen können, Liebe und Dankbarkeit sind.

Pessimistische Menschen sind Energiemagneten. Sie neigen dazu, nur die negative Energie um sich herum wahrzunehmen. Experimente haben jedoch gezeigt, dass man die Energie von Pessimisten innerhalb weniger Wochen vom Negativen ins Positive verändern kann, wenn man sie bittet, sich hinzusetzen und eine einfache Dankbarkeitsliste zu erstellen – mit ein oder zwei (oder zehn) Dingen, für die sie jeden Tag aufrichtig dankbar sind. (Studien haben gezeigt, dass eine solche Übung zur Gewohnheit wird, wenn sie an 21 aufeinanderfolgenden Tagen durchgeführt wird.)

Sheryl Sandberg, COO von Facebook, hat über die transformative Wirkung von Dankbarkeit geschrieben und gesprochen. Im Jahr 2015 starb ihr Mann David – Vater ihrer zwei kleinen Kinder – überraschend an einem Herzinfarkt, als er auf dem Laufband trainierte. Sein Tod erschütterte sie bis ins Mark. In den dunkelsten Momenten ihrer Depression schlug ihr eine befreundete Psychologin vor, etwas zu versuchen, was gegen ihre eigene Intuition ging.

Sie schlug ihr vor, darüber nachzudenken, wie viel schlimmer alles hätte sein können, sagte Sheryl Sandberg 2016 in einer Antrittsrede an der University of California in Berkeley. »›Schlimmer?‹, sagte ich. ›Ist das dein Ernst? Was könnte schlimmer sein?‹«

Die Antwort ihrer Freundin: »Dave hätte diese Arrhythmien haben können, als er das Auto mit deinen Kindern drin fuhr.«

Sheryl Sandbergs Reaktion war ein einziges Wort: »Wow.«

In diesem Moment verspürte sie eine, wie sie es nannte, überwältigende Dankbarkeit, dass sie ihre Kinder noch hatte. Und diese Dankbarkeit, erklärte sie, nahm etwas von ihrer Trauer. Zu Dankbarkeit und Wertschätzung zu gelangen, sei der Schlüssel zur Resilienz … und seine Segnungen zu zählen, könne die eigenen Segnungen tatsächlich *vermehren.*

Durch dieses eine mentale »Manöver« – sich auf das zu konzentrieren, wofür sie dankbar war, statt über die Tragödie des Todes ihres Mannes nachzudenken – gelang es ihr, das zu tun, was sie für unmöglich gehalten hatte: ihre Trauer zu lindern, wenn auch nur für eine Weile. Sie hat ihre Energie zum Positiven verändert. Das klingt einfach, weil es einfach ist. Die einfache Erfahrung, Dankbarkeit zu empfinden, verändert unsere Energie spürbar.

Negative Gedanken sind wie stinkender Müll, der in unser Energiefeld geworfen wird (einige Stücke sind größer und stinkender als andere). Man stelle sich nun positive Gedanken als schöne Blumen vor, die uns umgeben. Nach einer Weile sitzen wir entweder auf einer stinkenden Energiedeponie oder auf einer duftenden Wiese. Es ist leicht zu entscheiden, in welchem Energiefeld wir sein wollen, denn wir entscheiden – und kontrollieren –, worauf wir unsere Gedanken richten. Wir entscheiden, welche Gedanken wir weiterdenken.

Also, probier es aus. Mach eine Dankbarkeitsliste. Fang mit einer Sache am Tag an. Mach dann weiter. Schreib jeden Tag etwas Neues auf. Denke an die 21-Tage-Regel, die dir helfen wird, dies zur Gewohnheit werden zu lassen. Am 22. Tag solltest du nach dem Aufwachen *automatisch* nach Dingen suchen, für die du dankbar sein kannst, anstatt nach solchen, mit denen du dich schlecht fühlst.

GEDANKEN SPIELEN EINE GROSSE ROLLE

Diese Vorstellung wird bewiesen von dem, was oben über Dankbarkeit gesagt wurde, denn das Gleiche gilt für all unsere Gedanken: Sie spielen eine große Rolle für unsere Lebensqualität.

Gedanken können erfreulich oder beängstigend sein, denn sie führen zu Handlungen. Handeln führt zu Veränderung, und Veränderung ist unglaublich mächtig. Vielleicht haben wir Angst vor unserer eigenen Macht, die Richtung unseres Lebens zu ändern. Und weil das so ist, lassen wir manchmal zu, dass negative Gedanken uns daran hindern, etwas zu verändern oder voranzukommen. Wir reden uns ein: »Ich bin so dumm« oder »Ich werde nie glücklich sein«, und diese Gedanken werden zu unserer Realität. Der Subtext in unserem Kopf – unsere Gedanken – wird zu unserer eigentlichen Wahrheit.

Aber das *ist nicht* die Wahrheit. Es sind nur Gedanken. Und wir können lernen, sie zu verändern und auf eine höhere Ebene zu bringen.

Wie können wir diese schreckliche, negative Stimme in unserem Kopf ausblenden, die uns so gern sagt, wie wertlos, verloren oder wenig liebenswert wir seien?

Das können wir nicht. Wir können diese Stimme nicht zum Schweigen bringen. Aber wir können *ihr widersprechen.*

Und so wird es funktionieren: Der erste und wichtigste Schritt besteht darin, aufmerksam wahrzunehmen, wann diese negative Stimme auftaucht. Wenn du aufwachst und die Stimme sagt: »Oje, heute wird so ein schrecklicher Tag«, und du diesen Gedanken einfach in der Luft hängen lässt, während du dich auf den Weg zur Arbeit machst, dann hast du dein Energieniveau für diesen Tag bereits im Voraus festgelegt. Du hast diesen negativen Gedanken als Wahrheit akzeptiert.

Aber er *ist nicht* die Wahrheit. Wenn du also das nächste Mal diese negative Stimme hörst, identifiziere sie und widersprich ihr sofort. Sag: »Nein, eigentlich ist der heutige Tag ein Geschenk. Gerade jetzt, in dieser Sekunde, am Leben zu sein, ist ein unglaubliches Geschenk. Ich bin auf eine besondere Weise mit allen Dingen im Universum verbunden, meine Präsenz hat Kraft und Magie, und heute werde ich diese Verbindung und alles, wozu ich fähig bin, auf wunderbare Weise erkunden. Heute wird ein wunderbarer Tag sein.«

Das war's! Das ist alles, was du tun musst. Nur indem du das denkst, nur indem du das sagst, hast du schon deine Energie verändert. So einfach und kraftvoll ist die Energie der Gedanken. Achte also auf die negative Stimme, vergiss nicht, ihr zu widersprechen, und sei dir bewusst, wie sich deine Energie dadurch verändert.

MANIFESTIEREN

Ich bin so fasziniert vom Thema »Manifestieren«, dass ich ein ganzes Buch darüber schreiben könnte. Aber im Moment möchte ich nur meinen Glauben an die unglaubliche Macht des Manifestierens mit dir teilen – den Glauben daran, dass wir unsere Energie nutzen, besitzen und lenken können, um eine Zukunft zu schaffen, die unserer würdig ist. Und hier ist eine wichtige Tatsache, derer wir uns stets bewusst sein sollten: Wir sind immer in einem Zustand der gemeinsamen Schöpfung mit dem Universum!

Nun, zu sagen, dass etwas manifest ist, bedeutet, dass es klar und wahr ist. Nicht, dass es klar und wahr sein *wird,* sondern *bereits jetzt so ist.* Mit »manifestieren« meine ich, dass wir offen und achtsam sind für das Gespräch mit dem Universum über unsere

Zukunft und darüber, was unsere wahre Zukunft ist. Dieses Gespräch muss *konkret* sein. Wir müssen unser gesamtes Verständnis des Lebensweges darlegen, den wir gehen wollen. Das Gespräch muss außerdem so geführt werden, *als sei der Wunsch bereits in Erfüllung gegangen,* also in der Vergangenheitsform. Weil wir mit dem Universum nicht über das sprechen, wovon wir *hoffen,* dass es passieren wird.

Wir sprechen mit dem Universum über das, wovon wir *wissen,* dass es passieren wird.

Früher war ich dem Manifestieren gegenüber skeptisch. Dann habe ich meine eigene direkte und sehr kraftvolle Erfahrung damit gemacht. Etwa ein Jahr bevor ich mein erstes Buch schrieb – bevor ich überhaupt daran dachte, ein Buch zu schreiben –, bat mich eine Freundin, mit ihr einen Kurs zum Manifestieren zu besuchen. Sie ließ sich gerade scheiden und wollte eine positive Veränderung in ihrem Leben herbeiführen. Ich wusste nicht wirklich viel über das Manifestieren, aber ich wollte eine gute, unterstützende Freundin sein. Also stimmte ich zu.

In dem Kurs ließ uns der Dozent stapelweise Zeitschriften durchblättern und Bilder und Wörter ausschneiden, die widerspiegelten, wie unsere Zukunft aussehen sollte, oder die uns einfach berührten. Im nächsten Kurs sollten wir die Bilder auf ein Blatt Papier kleben und so unsere ganz persönlichen »Vision Boards« erstellen. Wir wurden gebeten, diese Bilder nicht mit Wunschdenken anzugehen, sondern vielmehr mit Dankbarkeit – als sei uns das alles bereits zuteilgeworden.

Das Ganze kam mir lächerlich vor, aber ich machte trotzdem mit und ertappte mich dabei, wie ich ein paar ziemlich ausgefallene und unwahrscheinliche Motive auswählte. Eines der ersten Dinge, die ich unbedingt ausschneiden wollte, war die Phrase »*New-York-Times*-Bestsellerautorin«. Es war verrückt, unsinnig. Ich hatte nicht vor, ein Buch zu schreiben! Aber ich habe es trotzdem gewählt, um es auf mein Vision Board zu kleben. Ich erinnere mich sogar an den Gedanken, der sich in meinen Kopf zu mogeln versuchte, während ich es ausschnitt: *Was? Wer glaubst du, dass du bist, um das werden zu können? Hahaha.*

Ich habe es nie in den zweiten Kurs geschafft, in dem wir unsere Vision Boards erstellen sollten. Stattdessen steckte ich die ausgeschnittenen Wörter und Bilder in einen Umschlag und legte ihn in eine Schublade.

Ein Jahr später. Ich war noch Englischlehrerin an der Highschool und hatte gerade Flurdienst, als ich einen Download aus dem Universum bekam: Ich würde ein Buch schreiben über meine Vorstellung, wie wir mit der anderen Seite und untereinander verbunden sind. Das war kein Vorschlag. Es war eine Anweisung. Für mich war es beschlossene Sache. Nur 24 Stunden nach dem Download kam ich durch reinen Zufall mit einer Reihe von Leuten in Kontakt, darunter eine Literaturagentin und ein Schreibpartner. Kurz darauf erhielt ich einen Autorenvertrag vom Verlag.

Und schließlich wurde mein Buch *The Light Between Us (Das Licht zwischen uns)* ein *New-York-Times*-Bestseller. Ich hatte manifestiert, was auf mein Vision Board kommen sollte.

Ich erinnere mich, dass ich, kurz nachdem das Buch auf die Bestsellerliste kam, zufällig das Cover irgendwo entdeckte und staunte, was ich da las. Wenn wir offen sind für das Manifestieren, also dafür, gemeinsam mit dem Universum etwas zu erschaffen, träumt das Universum oft einen noch größeren Traum für uns als wir für uns selbst.

Ich möchte dich ermutigen, offen zu sein für ein Gespräch mit dem Universum über deine Zukunft.

Schritt eins ist Überlegen. Wir identifizieren die Bereiche unseres Lebens, die wir zum Besseren verändern wollen, und legen fest, *wie* sie sich ändern sollen. Als Nächstes kommt die Visualisierung. Besorg dir Zeitschriften, die deine Energie widerspiegeln, nimm eine Schere und schneide die Wörter, Sätze und Bilder aus, zu denen du dich hingezogen fühlst. Kleb sie dann auf ein Blatt Papier. Häng dieses Poster an einem Ort auf, wo du es jeden Tag sehen kannst. Mach ein Foto davon und nimm es als Hintergrundbild für dein Handy oder deinen Computer!

Jetzt kommen wir zum Schreiben. Untersuchungen haben gezeigt, dass Menschen, die ihre Ziele aufschreiben, sie viel eher erreichen, als wenn sie es nicht täten. Und das gilt auch, wenn es ums Manifestieren geht. Setz dich also hin und schreib einen Brief an das Universum. Schreib den Brief so, als sei das, was du manifestieren möchtest, bereits da. Schreib: »Vielen Dank, dass Sie mir dieses neue und sicherere Auto bis Mai oder früher liefern.« Oder: »Vielen Dank für die Beförderung und dafür, dass ich mich bis zum 1. Oktober oder früher in meinem Job erfüllt und wertgeschätzt fühle.« (Anmerkung: Beim Zeitrahmen sagst du immer »oder früher« und bei Geld immer »oder mehr«, damit das Universum das Gewünschte gemeinsam mit dir erschaffen und es dir in einem göttlicheren Zeitrahmen oder auf eine Weise bringen kann, die du dir überhaupt nicht vorstellen kannst.) Schreib den Brief so, als sei das von dir Gewünschte bereits klare und wahre Realität! Bring deine Dankbarkeit zum Ausdruck, als sei dein Wunsch bereits in Erfüllung gegangen. Sei so konkret und detailliert wie möglich. Das klingt vielleicht ein bisschen albern oder simpel, aber ich würde es nicht weitergeben, wenn ich nicht daran glauben würde – und wenn ich keine persönliche Erfahrung mit der unglaublichen Kraft des Manifestierens gemacht hätte. Geschriebenes hat eine Energie, die weitreichend und unbestreitbar ist.

Nächster Schritt: Tausch dich mit einem Freund oder mehreren Freundinnen darüber aus, was du manifestieren willst.

Das Manifestieren mit zwei oder mehr Leuten verstärkt das zu Manifestierende! Ich finde, wenn kleine Gruppen von Menschen zusammenkommen, können erstaunliche Dinge passieren, einfach weil wir alle ein paar Minuten lang unsere Gedanken auf ein und dasselbe konzentrieren. Wir *bündeln* unsere Energie. Diese Erfahrung mit anderen zu teilen, verstärkt die Kraft des Manifestierens, weil unsere kollektiven Gedanken besonders mächtig sind.

Und schließlich der schwierigste Schritt – der, mit dem alle zu kämpfen haben: loslassen.

Überlass es dem Universum. Versuch nicht, das »Wie« bis ins kleinste Detail zu steuern. Ich weiß, das klingt kontraintuitiv, denn wie kann etwas passieren, wenn wir nicht *dafür sorgen,* dass es geschieht? Aber ich habe gesehen, dass das Universum *es für uns herausfinden wird,* wenn wir wirklich offen sind für diesen Austausch. Und weil uns das Universum mit sehr viel mehr überraschen kann, als wir uns überhaupt vorstellen können, müssen wir darauf vertrauen, dass es alles irgendwie möglich macht. Es ist wichtig, dass wir dieses schöpferische Zusammenspiel würdigen.

Hier ein Beispiel: Angenommen, du willst ein Drehbuch schreiben und an eine Produktionsfirma verkaufen. Wie manifestierst du das? Nun, setz dich hin, werde dir in Gedanken klar darüber, stell dir vor, wie es geschieht, und schreib dann den entsprechenden Brief ans Universum. Bedanke dich bei ihm dafür, dass es zugelassen hat, dass du der- oder diejenige bist, der/die diese wunderschöne Geschichte schreibt, dafür, dass du das perfekte Zuhause mit dem perfekten Büro gefunden hast, und dafür, dass du deine erstaunliche schriftstellerische Begabung entdecken und dieses Drehbuch nutzen kannst, um dich und deinen Platz in der Welt hervorzuheben. Gib das Datum an, bis zu dem dies alles geschehen soll (»oder früher«).

Und *vertraue* dann darauf, dass das Universum dies alles möglich macht.

Irgendwann musst du dich anstrengen und das Drehbuch schreiben – aber du musst auch darauf vertrauen, dass dich das Universum auf den richtigen Weg führt.

Wenn wir uns immer vor Augen halten, wie der Prozess des Manifestierens unsere Energie auf reale und positive Weise verändert, können wir uns auf eine höhere und empfänglichere Ebene erheben. Manifestieren kann in allen Bereichen unseres Lebens wirken – von Romantik und Karriere und Geld bis hin zu unserer Art zu wohnen und der Familie, die wir gründen.

REISEN

Energie ist nicht nur in uns, sondern auch an den Orten, an denen wir leben und zusammenkommen. Und weil wir alle verschieden sind, ist auch die Energie jedes Ortes anders. Wenn wir reisen, nehmen wir diese Energie auf, und zwar auf eine Weise, die einen Wandel bewirken kann. Reisen gibt uns neue Energie und stärkt unser Gefühl der Verbundenheit mit der Welt. Diese Energie, diese Verbindungen bleiben bei uns und erheben uns, auch wenn wir wieder weg sind.

Reisen ist sehr viel bereichernder, als ich es in Worte fassen kann. Während meines Studiums verbrachte ich ein Auslandsjahr an der Universität Oxford in England – eine Erfahrung, die mich völlig verändert hat. Meine Zeit in Oxford erfüllte mich mit der Energie Tausender Gelehrter und Künstler, die vor mir dort gewesen waren, und prägte ganz konkret das, was ich werden wollte: eine Lehrerin.

Wir waren alle schon einmal an Orten, die eine »großartige Energie« hatten – ein Restaurant, ein Campingplatz, eine

Universitätsstadt oder Ähnliches. Ein Platz, an dem alles lebendiger, bestimmter und beschwingter zu sein schien. Nun, diese »großartige Energie« ist real und wartet auf uns.

Ich möchte dich ermutigen, darauf zu achten, wie du dich fühlst, wenn du an einem solchen Ort bist. Achte darauf, wie sich seine Energie auf deine Energie auswirkt. Achte auf die Einzigartigkeit dieser neuen Umgebung, sei es ein Museum, eine Bibliothek oder ein Park, und darauf, wie sie deine eigene Energie verändert.

NEGATIVE IONEN

Negative Ionen, das klingt wie etwas, was wir vermeiden sollten, aber das genaue Gegenteil ist der Fall. Negative Ionen sind gut für uns!

Ein Ion ist ein Atom oder Molekül, das durch Abgabe (Entzug) oder Anlagerung (Gewinn) von einem oder mehreren Elektronen entsteht. Ein negatives Ion (Anion) entsteht durch einen Elektronengewinn. Diese Ionen werden von natürlichen Kräften wie Luft, Wasser und Sonnenlicht erzeugt. An Orten mit einer hohen Konzentration an negativen Ionen können wir sie tatsächlich spüren. Ein Beispiel ist das besondere Gefühl in der Luft nach einem Regenschauer. Ein anderes ist das plötzliche Gefühl der Ruhe, das uns in der Nähe sanft fließender Gewässer oder des Meeres überkommt. Oder die Wärme, die wir nicht nur auf unserer Haut, sondern auch in unserem Inneren spüren, wenn wir im Sonnenlicht baden. Viele der wunderbaren, überraschenden und unerklärlichen Energieschübe, die wir manchmal an bestimmten Orten spüren, sind das Werk negativer Ionen.

Aus praktischer und wissenschaftlicher Sicht befreien negative Ionen die Luft tatsächlich von Gerüchen, Bakterien, Pollen,

Schimmelpilzsporen und anderen Partikeln. Man denke nur einmal daran, wie frisch und sauber wir uns fühlen, wenn wir duschen. Das liegt daran, dass die Duschen in unseren Häusern natürliche Erzeuger negativer Ionen sind. Regenschauer bewirken das Gleiche, weshalb wir froh sein können, falls wir in einen geraten. Wenn wir beispielsweise zu den Niagarafällen reisen und uns in ihren mächtigen Sprühnebel stellen, können wir einen *gewaltigen* Schwall negativer Ionen abbekommen. Der Aufenthalt am Strand, auf einem Boot im Meer, auf einem Steg in der Bucht oder am Ufer eines Sees kann unsere Energie verändern. Allein in der Nähe eines Springbrunnens zu stehen, kann eine positive Wirkung auf uns haben.

Auch Bäume geben negative Ionen ab und versorgen uns mit dieser Energie. Das gilt besonders für Kiefern. Eine Wanderung durch den Wald ist eine fantastische Möglichkeit, unsere Energie zu klären und neue Kraft zu tanken. Ich versuche, jedes Jahr einen Ausflug in die Adirondack Mountains zu machen, einfach weil ich mich zu den prächtigen Bäumen und den schönen Seen hingezogen fühle. Der Wirbel aus negativen Ionen erfüllt mich mit einer wunderbaren, erneuernden Energie.

Wir denken nicht viel über negative Ionen nach, aber sie sind eine einfache Möglichkeit, uns selbst und unsere Energie auf ein höheres Niveau zu bringen. Ich will es mal so sagen: Wir tragen unsere Energie mit uns herum, so wie unsere Kleidung den Schmutz trägt, dem wir möglicherweise ausgesetzt waren. Wenn unsere Kleidung schmutzig wird, ziehen wir sie aus und waschen sie oder geben sie in die Reinigung. Doch wenn unsere Energie negativ ist, tun wir vielleicht gar nichts, um sie zu reinigen. Es kann also sein, dass wir diesen »energetischen Schmutz« tagelang mit uns herumtragen.

Negative Ionen reinigen uns. In einigen Bürogebäuden in Europa werden schon negative Ionen durch das Lüftungssystem geleitet, was dazu führt, dass die Menschen, die dort arbeiten, weniger Krankheitstage haben und sich wohler fühlen. Man kann sogar tragbare Ionisierungsgeräte für den Einsatz in Häusern und Autos kaufen. Es gibt jedoch einfachere Möglichkeiten, negative Ionen in unser Leben zu lassen. Mach einen Spaziergang durch den Wald. Spring ins Meer. Oder achte beim Duschen einfach darauf, wie das Wasser läuft und spritzt. *Konzentriere dich* auf das Wasser. Allein dieser einfache Akt der Achtsamkeit kann sehr belebend sein und unsere Energie auf überraschende Weise verändern.

RÄUCHERN

Der alte Brauch, Kräuter im Rahmen von Gebets- und Reinigungszeremonien zu verbrennen, wird als *»Smudging«* oder »Räuchern« bezeichnet und noch heute praktiziert. In vielen Kulturen wird das Verbrennen von Kräutern als Reinigungsmethode eingesetzt, so auch bei den amerikanischen Ureinwohnern. Doch auch wenn das Smudging bis in prähistorische Zeiten zurückreicht und sich über Zeit und Zivilisationen erhalten hat, steckt mehr dahinter als alte Weisheiten und Stammesaberglaube. Wissenschaftliche Experimente haben gezeigt, dass der Rauch verbrannter Pflanzenteile, etwa von getrocknetem Salbei, schädliche Bakterien aus der Umgebungsluft beseitigt. Die Dämpfe wirken als Luftreiniger, was die Funktion von Lunge, Haut und Gehirn unterstützen kann. Die Vorteile des Räucherns liegen also auf der Hand.

Es reinigt die Luft von Negativem und kann genau den gleichen Effekt auf unsere Energie haben. Wenn wir dabei unsere Gedanken auf etwas konzentrieren, wirkt der Rauch wie ein Reinigungsmittel. Er kann unsere Energie tatsächlich säubern. Oft tragen wir die »Patina« von Menschen mit uns herum, mit denen wir in Kontakt gekommen sind und deren Energie vielleicht negativ ist. Daher ist es gut, die eigene Energie regelmäßig zu reinigen, und Räuchern ist eine großartige Möglichkeit, dies zu tun.

Darüber hinaus handelt es sich hier um etwas, was wir ganz einfach zu Hause ausprobieren können. Recherchiere ein wenig und finde heraus, was für dich funktioniert. Im (Online)handel gibt es sogar Bündel aus getrockneten Kräutern, die mit Schnüren zusammengebunden sind und *»Smudge Sticks«* oder »Räucherbündel« genannt werden. Ich habe getrockneten Salbei verbrannt – ein Kraut, dessen Name sich vom lateinischen Wort *salvare* für »heilen« ableiten lässt – und festgestellt, dass er sich hervorragend eignet, um negative Energie zu beseitigen und meine eigene Energie zum Positiven zu verändern.

Manchmal können uns kleine Rituale wie dieses daran erinnern, unsere Energie konsequent zu reinigen, zu klären und zu würdigen.

BEWEGUNG

Jede maßvolle körperliche Aktivität, die unsere kinetische Energie freisetzt, ist eine weitere großartige Möglichkeit, sich positiv zu verändern und auf eine höhere Ebene zu bringen. Wir sind alle Lichtwesen, die in physische Körper »gestopft« wurden. Manchmal kann das ein wenig unangenehm werden, und unsere Energie kann sich ansammeln und stecken bleiben. Bewegung hilft uns, unsere Energie freizusetzen und uns in Schwung zu bringen. Laufen, tanzen oder Sport treiben – all das trägt dazu bei, negative Energien loszuwerden und unsere Seele neu zu beleben.

Bestimmte Aktivitäten wie Yoga gehen noch einen Schritt weiter. Sie kombinieren Bewegung mit einem allmählichen Aufstieg in einen halbmeditativen Zustand, beides kraftvolle Energiewandler. Yoga bringt auch das ins Gleichgewicht, was ich unser BMS nenne – das Dreieck aus Körper *(body)*, denkendem Geist *(mind)* und Seele *(soul)*.

Die Kunst der Akupunktur und das Klopfen auf die Meridianpunkte bewirken Ähnliches, indem sie die Energiepunkte in unserem Körper ansprechen und die betreffende Energie freisetzen und klären.

Die Idee dahinter ist, Wege zu finden, um freudvolle Bewegung in unser Leben zu bringen, unsere Energie zu kultivieren und uns in empfänglichere Zustände zu erheben. Der Einsatz von Bewegung ist ein wunderbares Mittel, um im Gleichgewicht zu bleiben und Energie freizusetzen!

NAHRUNG

Etwas anderes, worauf wir wirklich achten müssen, ist die Nahrung, die wir zu uns nehmen. Wenn wir darüber nachdenken, ist Essen eigentlich das Intimste, was wir alle hier auf der Erde tun. Es bedeutet, etwas in unseren Körper aufzunehmen und zu einem Teil von uns zu machen. Leider denken viele von uns nicht groß darüber nach, was sie essen oder wie sie sich dabei fühlen.

Infolgedessen nehmen wir große Mengen an Zucker, Konservierungsstoffen, Chemikalien, Koffein und anderen Substanzen zu uns, die unseren Körper langsam zerstören und zu einem inneren Ungleichgewicht führen. Einige von uns sind sich jedoch bewusster, wie negativ sich schlechte Essgewohnheiten auf unser Energieniveau auswirken können. Deshalb nehmen wir uns immer wieder vor, besser und gesünder zu essen. Wir erkennen, dass wir unsere Energie verändern, wenn wir unsere

Essgewohnheiten modifizieren. Und wenn wir unsere Energie verändern, wandeln wir uns. Wir verändern unser Leben.

Ich möchte niemanden belehren, aber ich glaube wirklich, dass es sehr wichtig ist, sich bewusster zu machen, was man isst. Wir sollten gesündere und weniger verarbeitete Lebensmittel zu uns nehmen. Wenn wir entsprechend motiviert sind, können wir (falls wir es noch nicht getan haben) sogar ausprobieren, wie es ist, nur nährende Lebensmittel zu essen – solche, die nicht mit der negativen Energie von etwas Getötetem verbunden sind. Wenn du ein Fleischesser bist, kannst du ja mal darüber nachdenken, so etwas wie den *Meatless Monday* einzuhalten. Versuche einfach, dich an einem Tag in der Woche rein pflanzlich zu ernähren. Schau, wie es dir dabei geht.

Wie wir uns ernähren, ist natürlich eine absolut persönliche Entscheidung, und ich bin nicht hier, um irgendjemanden zu verurteilen. Ich bin einfach davon überzeugt: Je mehr wir darauf achten, was wir unserem Körper zuführen, desto dankbarer werden wir für unsere Mahlzeiten sein, und desto mehr können wir unseren Körper und die Energie wertschätzen, die wir ihm geben.

Im Laufe der Jahre sind mir die Gefahren der Lebensmittelindustrie immer bewusster geworden, unter anderem durch die Dokumentarfilme »What the Health?« und »Gabel statt Skalpell«. Ich habe mich auch von dem leiten lassen, was ich von der anderen Seite erfahren habe. Ich rate uns allen, uns besser zu informieren und uns bewusster zu machen, was wir essen und warum wir uns für bestimmte Lebensmittel entscheiden.

SCHLAF

Wenn der Akku unseres Handys leer ist, laden wir es auf, indem wir es an eine Stromquelle anschließen. Das Gleiche geschieht, wenn wir schlafen: Wir lassen unseren physischen Körper ruhen und heilen und verbinden unsere Seele gleichzeitig mit der Energie der anderen Seite.

Wir alle haben eine tiefe seelische Verbindung zur anderen Seite, zu unserer wahren Heimat. Aber unsere Seele muss diese Verbindung immer wieder aufladen und mit neuer Energie versorgen. Das geschieht im Schlaf. Schlaf ist ein veränderter Bewusstseinszustand, in dem unser Gehirn nicht mit Reizen überflutet wird und unser Körper seine lebenswichtigen Systeme wieder auffüllen kann.

Schlafen bedeutet aber auch, dass wir uns mit der anderen Seite verbinden. Dann haben wir lebendige Träume voller Symbolik und Bedeutung – Träume, die, wie bereits erwähnt, Zeichen von der anderen Seite enthalten können. Wenn wir schlafen, haben unsere Lichtteams die Möglichkeit, uns die Antworten zu geben, die wir brauchen. Haben wir nicht alle schon einmal gesagt: »Lass mich eine Nacht darüber schlafen«? Wir sagen das nicht ohne Grund. Wenn wir schlafen, nehmen wir Kontakt mit unseren Lichtteams auf, und diese haben eine größere Chance, uns die Zeichen und Hinweise zu geben, die wir brauchen, um unseren höchsten Weg zu finden. Denk mal darüber nach. Ich wette, es gab Zeiten, da hattest du ein Problem, das dich sehr beschäftigt hat, und eines Morgens bist du mit großer Klarheit darüber aufgewacht.

Während wir schlafen, besuchen uns unsere Lieben im Traum. Das liegt daran, dass die Filter unseres Gehirns im Schlaf ausgeschaltet sind, was direkte Kontakte möglich macht. Diese Traumbesuche sind oft sehr kraftvoll und lebendig. Sie fühlen sich eher an wie Erlebnisse und bleiben uns oft noch lange nach dem Aufwachen in Erinnerung.

So schwer es auch fällt: Achte auf deinen Schlaf. Versuche, so viel wie möglich davon zu bekommen. Die National Sleep Foundation in Washington zum Beispiel schätzt, dass Erwachsene durchschnittlich sieben bis neun Stunden Schlaf pro Tag brauchen (Jugendliche acht bis zehn Stunden). Es ist ein Ziel, das wir wohl nicht immer erreichen, aber je näher wir ihm kommen, desto besser – vor allem, wenn wir unsere Energie verändern und aufnahmefähiger für die andere Seite werden wollen.

GEBET

Durch die vielen Readings, die ich gemacht habe, und durch das Beobachten und Erleben auf meinem eigenen Weg habe ich die unglaubliche Kraft und Bedeutung des Gebets erkannt. Jedes Mal, wenn wir unsere Gedanken bewusst auf die andere Seite richten, ist das ein Gebet. Und immer wenn wir beten, hört uns die andere Seite – *immer*. Das Gebet ist ein intimes Gespräch.

Wir können allein beten oder mit anderen, laut oder leise, formell oder informell. Das Gebet ist nicht auf Gotteshäuser beschränkt. Es steht uns immer zur Verfügung, zu jeder Tages- und Nachtzeit, wann immer und wo immer wir sind. Es kann ein kurzes, stilles Gebet um Kraft sein, bevor man sich einer schwierigen Situation stellt, ein Gebet der Hoffnung oder Heilung für einen Freund, ein Gebet, um Klarheit über eine Situation zu gewinnen, oder ein Gebet der Vergebung. Es gibt keine richtige oder falsche Art zu beten. Das Gebet ist ein unmittelbarer Quell des Lichts und der Verbindung, auf die wir jederzeit zugreifen können. Und es macht uns immer stark.

Wenn ich bete, richte ich meine Gedanken auf die Energie Gottes – und auch auf meine geistigen Führer und Lieben auf der anderen Seite. Der einfache Akt des Betens verbindet dich mit etwas, was größer ist als du selbst. Er verbindet dich mit einer großen Kette aus Licht, Liebe und Verbundenheit. Bei Readings dankt die andere Seite den Klienten in der Tat oft für ihre Gebete. Wenn wir beten, ist das wie schöne Musik für sie. Beten stärkt und verbindet uns, immer. Also bete. Und bete eindringlich. Und wisse, dass du immer gehört wirst.

MEDITATION

Wenn ich Readings für andere mache, falle ich in einen Zustand der Stille und inneren Achtsamkeit, in dem das Bewusstsein meines eigenen Ichs dahinschmilzt und ich der anderen Seite zuhöre. Wie ich in diesem Buch schon betont habe, muss man kein Medium sein, um in einen solchen Seinszustand zu gelangen. Jeder kann ihn durch Meditation erreichen.

Meditation ist eine Übung, die uns helfen soll, auf eine höhere Ebene des spirituellen Bewusstseins zu gelangen. Man kann auch sagen, dass wir uns an einen Ort zurückziehen, an dem wir vollständig verstehen können, was in der Gegenwart und *nur* in der Gegenwart geschieht. Sehr viele Studien haben die Vorteile der Meditation in der einen oder anderen Form nachgewiesen. Sie reduziert Stress, vertreibt Depressionen, macht uns weniger reizbar und reaktiv und verbessert die Schlafqualität, um nur einige Vorteile zu nennen. Andere Studien haben gezeigt, dass sich Meditationskurse bei Schülern ausgesprochen positiv auf ihre Gesundheit und Leistungsfähigkeit auswirken. Seine Heiligkeit der Dalai Lama hat einmal gesagt: »Wenn jedes achtjährige Kind auf der Welt meditieren lernt, wird es innerhalb einer

Generation keine Gewalt mehr auf der Welt geben.« Das ist eine ziemlich starke Aussage von einem sehr weisen Mann.

Eine Berühmtheit, Goldie Hawn, hat diese Idee aufgegriffen. Ihr philanthropisches Programm »Mindup« hilft Kindern von der Vorschule bis zur achten Klasse, meditieren zu lernen, sowohl um Stress abzubauen, als auch um ihre familiären Beziehungen zu verbessern.

Natürlich ist Meditation eine sehr nützliche Praxis, aber ich weiß auch, dass sie ein wenig einschüchternd sein kann. Ich höre viele Menschen sagen: »Oh, ich kann nicht meditieren, weil meine Gedanken überall umherschweifen«, »Ich habe keine Zeit zum Meditieren« oder »Ich weiß nicht, wie man meditiert« … Und sicherlich sind lange Meditationen nicht jedermanns Sache. Ich habe einmal an einem dreitägigen Meditations- und Schweige-Retreat teilgenommen und fand es, ehrlich gesagt, sehr herausfordernd. Ich bekam immer wieder übersinnliche und mediale Downloads für den Dozenten und die anderen Kursteilnehmer.

Aber ich habe die Erfahrung gemacht, dass eine zehn- oder eine nur dreiminütige Meditation die gleiche positive Wirkung haben kann wie eine dreistündige Sitzung. Auch wissenschaftliche Studien haben gezeigt, dass eine siebenminütige Meditation genauso wohltuend sein kann wie eine längere. Und diese kürzeren Meditationen passen am besten zu meiner Energie.

Und wie meditieren wir? Müssen wir im Lotussitz sitzen? Brauchen wir ein Mantra? Müssen wir chanten?

Nein, nein und nochmals nein. Meditieren kann so einfach sein, wie mit dem Finger den Puls zu fühlen oder sich auf die Atmung zu konzentrieren. Beim Meditieren geht es darum, einen Moment wahrer Achtsamkeit zu erreichen und zu genießen. Es geht darum, ganz *präsent* zu sein. Es geht eher um Reflexion als um Reaktion, also zu lernen, sich weniger von der Umwelt triggern zu lassen und mehr zu reflektieren. Und wir brauchen gar nicht viele Tricks oder Techniken, um das zu erreichen. Im Grunde geht es bei der Meditation darum, die Augen zu schließen, still zu werden und ganz im Moment zu sein. Es gibt sogar eine Gehmeditation, bei der man die ganze Zeit in Bewegung ist.

Natürlich kann der Nutzen der Meditation umso größer sein, je intensiver wir uns damit beschäftigen. Wir können zunächst ein Buch über Meditation lesen, an einem Anfängerkurs teilnehmen oder eine Meditations-App herunterladen.

Eine meiner Lieblingsmeditationen stammt von dem großen spirituellen Denker Deepak Chopra. Vor einigen Jahren hat er auf einer Veranstaltung, auf der auch ich sprach, einen Vortrag gehalten, und ich erlebte, wie er die sechshundert erfahrenen und hartgesottenen Fachleute im Raum durch eine bemerkenswerte fünfminütige Mediation führte. Soweit ich mich erinnere, forderte Deepak uns dazu auf, die Augen zu schließen, die Spitzen von Daumen und Zeigefinger zusammenzulegen und uns eine Minute lang auf unsere Atmung zu konzentrieren – tief durch die Nase ein- und durch den Mund auszuatmen. Dann sollten wir in Gedanken einen Satz bilden: »Ich heiße … und bin von Beruf …« Er forderte uns auf, diesen Satz langsam in Gedanken zu wiederholen und uns darauf zu konzentrieren, wie er uns zu erkennen hilft, wer wir sind.

Dann sollten wir den Satz wiederholen, aber den letzten Teil weglassen, also nur unseren Vor- und Nachnamen verwenden: »Ich bin …« Wieder forderte er uns auf, uns darüber klarzuwerden, wie auch dies uns definiert.

Dann bat er uns, den Satz zu wiederholen, aber unseren Nachnamen wegzulassen: »Ich bin …«

Anschließend sollten wir unseren Namen ganz weglassen und einfach »Ich bin« sagen.

Schließlich sollten wir nur »Ich« sagen.

Auf diese Weise haben wir uns alle sanft weg von den Fesseln unseres lauten, egozentrischen Lebens und hin zu einer einfacheren und eher elementaren Auffassung von unserem Platz in der Welt bewegt – als Wesen aus Licht und Energie, die mit dem ganzen anderen Licht und der Energie im Universum verbunden sind.

Ich war erstaunt über die Einfachheit und die Kraft von Deepaks Meditation. Diese fünf Minuten haben meine Energie auf eine sehr tiefgreifende und nachhaltige Weise verändert. Sie beeinflussten meine Einstellung zum Rest des Tages und sogar zum Rest der Woche. Sie veränderten auch die kollektive Energie im Raum. Bevor wir diese einfache Meditation gemacht haben, war die Energie aufgeladen und etwas hektisch. Aber nach fünf Minuten Meditation konnte ich spüren, wie die Energie aller zusammenfloss und wie eine riesige Welle über den Boden schwappte.

Meditation ist auch unsere Art, uns auf die andere Seite einzustimmen und ihr zuzuhören. Deepak Chopra hat es so beschrieben: Beten bedeutet, unsere Gedanken auf Gott/das Universum zu richten. Meditation bedeutet, einfach zuzuhören. Es ist nicht ungewöhnlich, dass wir während der Meditation Informationen von der anderen Seite herunterladen, denn sie schafft einen wunderbaren Raum, in dem wir einfach »zuhören« können.

Das ist die Magie der Meditation. Sie ist eine der effizientesten Möglichkeiten, unsere Energie zu verändern, auf Botschaften aus dem Universum und von unseren Lichtteams zu hören und ein bedeutsameres Leben zu führen. Raum für Meditation in unserem Tagesablauf zu schaffen, kann mehr Klarheit und Sinn in unser Leben bringen und es gleichzeitig verändern.

• • •

Alle in diesem Kapitel vorgestellten Konzepte können unsere Energie dramatisch zum Besseren verändern. Es handelt sich um einfache, praktische Methoden, die es uns ermöglichen, klarer zu denken, unser Energieniveau zu erhöhen und offener zu sein für Botschaften von der anderen Seite. Auf diese Weise erkennen wir an, dass wir alle Seelen in Körpern sind, die aus Licht und Energie bestehen, und dass das Wiederherstellen und Erneuern dieser Seele-Körper-Verbindung Einfluss darauf hat, wie unser denkender Geist funktioniert, und damit auch auf die Entscheidungen, die wir treffen.

Ich glaube, dass die Erde eine Schule ist und dass wir alle Schüler sind. Und ich glaube, dass wir hier sind, um ständig zu lernen, wie wir uns selbst entwickeln können, wie wir anderen Seelen helfen und wie wir unser kraftvolles Licht und unsere Energie mit der Welt teilen können. Wir alle lernen eine kollektive Lektion der Liebe.

Die Methoden, die in diesem Kapitel besprochenen wurden, können jedem Einzelnen von uns helfen, sein hellstes Licht erstrahlen zu lassen und ganz offen für die Verbindung mit unseren Lichtteams und untereinander zu sein.

Wenn wir für diese Lektionen ebenso offen sind wie für die sanften Anweisungen unserer Lichtteams, werden wir die beste Version unserer selbst.

31

Shine on

Wenn es ein Thema gibt, das sich durch jede Geschichte in diesem Buch zieht, dann, dass *wir alle miteinander verbunden sind.* Wir sind alle miteinander verwoben, um die magische Erfahrung des Daseins zu schaffen. Keiner von uns ist allein, einsam oder unwichtig. Wir sind alle Teil von etwas, was viel größer ist als wir selbst, aber gleichzeitig alle unsere individuellen Energien umfasst. Wir gehören zueinander. Wir sind für immer miteinander verbunden, und diese Verbindungen sind beeindruckender und mächtiger, als wir uns vorstellen können.

Auf den Seiten dieses Buches habe ich einige Beispiele für Zeichen zusammengetragen, die uns von der anderen Seite geschickt wurden, um diese Botschaft der Liebe und Verbundenheit zu übermitteln. Aber ich hätte leicht noch tausend weitere mitteilen können. Es vergeht kaum ein Tag, an dem ich nicht von einer bemerkenswerten Erfahrung mit einem Zeichen höre oder selbst eines erlebe. Die Signs sind überall, jeden Tag. Ich kann nicht anders, als sie wahrzunehmen.

Für uns alle als Kollektiv wünsche ich mir, dass wir anfangen, die Zeichen und Botschaften, die wir erhalten, zu bemerken und darüber zu sprechen, um so die Geschichten unserer gegenseitigen Verbundenheit zu feiern, zu würdigen und weiterzugeben.

Manchmal tun wir das.

Beweise für die Geheimsprache habe ich sogar am unwahrscheinlichsten aller Orte gefunden – auf Twitter (alias »X«). Ich erinnere mich, dass ich eines Tages durch meinen Twitter-Account scrollte und im Feed der »Tonight Show Starring Jimmy Fallon« Beweise dafür sah, dass sich die Geheimsprache offenbarte.

An dem Tag, an dem Jimmy Fallon nach einer Pause wegen des Todes seiner Mutter in die Show zurückkehrte, war Produzent Mike DiCenzo auf Twitter.

Beim Aufwärmen vor der Aufzeichnung der Sendung teilte Jimmy eine besondere Erinnerung an seine Mutter mit dem Studiopublikum. Er erinnerte sich daran, dass er als kleiner Junge ein geheimes Signal mit seiner Mutter hatte. »Sie hat dreimal meine Hand gedrückt und ›Ich liebe dich‹ gesagt«, sagte Jimmy. »Ich habe zurückgedrückt: ›Ich liebe dich auch.‹ Letzte Woche war ich im Krankenhaus. Ich nahm ihre Hand, drückte sie und sagte: ›Ich liebe dich.‹ Ich wusste einfach, dass wir in Schwierigkeiten waren.«

Auf Twitter erklärte sein Produzent, dass die Sängerin Taylor Swift an diesem Abend nicht für die Show gebucht war, die Crew aber etwas Besonderes für Jimmy machen wollte. Und da Taylor für »Saturday Night Live« in der Stadt war, fragten sie sie, ob sie als Gast in der Show auftreten wolle.

»Sie hat zugesagt, ohne zu zögern«, twitterte DiCenzo.

In der Show beschloss Taylor, ein Lied mit dem Titel »New Year's Day« zu singen, das sie noch nie zuvor gesungen hatte.

»Plötzlich singt sie die Zeile ›You squeeze my hand three times in the back of the taxi‹«, twitterte DiCenzo. »Mir blieb fast die Luft weg. Tränen. Ich glaube, im Publikum fingen alle an zu schluchzen. Ich konnte Jimmy als Silhouette sehen, wie er an seinem Schreibtisch saß und sich mit einem Taschentuch die Augen wischte. Wir waren so berührt. Was für ein wunderschöner Zufall in einer wunderschönen Aufführung. ›Hold on to the memories, they will hold on to you‹, sang Taylor.«

Nach dem Song ging Taylor vom Klavier fort in Jimmys Arme und drückte ihn fest an sich.

Mike DiCenzo beschrieb Taylors Song als »wunderschönen Zufall«. Aber es war alles andere als Zufall. Es war die geheime Sprache des Universums, die sich im nationalen Fernsehen offenbarte. Es war Jimmy Fallons Mutter, die ihrem Sohn eine Liebesbotschaft überbrachte, die ihn wissen ließ, dass sie immer noch bei ihm war, dass sie immer noch seine Hand drückte, und die ihn ermutigte, seine Erinnerungen zu bewahren.

Und dafür hat sie sich Taylor Swift ausgesucht.

Wirklich magisch.

Nicht nur im Fernsehen können Hinweise auf Zeichen und eine Geheimsprache auftauchen. Manchmal findet man sie vielleicht direkt nebenan.

Zumindest traf das auf meine Schwester Christine zu, deren Nachbarin Kathleen eines Tages bei ihr anrief und sie bat, mir eine Geschichte zu erzählen. Kathleen hatte mein Buch *Das Licht zwischen uns* gelesen, in dem ich zum ersten Mal darüber schrieb, wie uns geliebte Menschen, die verstorben sind, Zeichen senden können. Kathleen – deren Mutter kürzlich gestorben war – wollte Beweise dafür.

Kathleens irisch-amerikanische Eltern hatten sie in einem großen, liebevollen Zuhause in der Bronx aufgezogen, und sie blieb ihr ganzes Leben lang sehr eng mit ihren Eltern verbunden. Als ihre Mutter letztes Jahr starb, hatte Kathleen sehr mit ihrer Trauer zu kämpfen gehabt, besonders an Feiertagen, an denen traditionell alle Familienmitglieder zusammenkamen. Als Kathleen beschloss, mit offenem Verstand und offenem Herzen eine neue Zeichensprache für sich und ihre Mutter zu schaffen, dachte sie lange und gründlich darüber nach, worum sie bitten sollte. Und sie hat sich das perfekte Zeichen ausgedacht: irisches Sodabrot. Ihre Mutter hatte früher immer irisches Sodabrot gebacken und an Freunde und Nachbarn verteilt.

Und jetzt kommt's: Es war noch lange nicht St. Patrick's Day, eine Zeit, in der man sehr viel wahrscheinlicher auf irisches Sodabrot stößt. Kathleen hatte ihre Mutter vor eine ziemliche Herausforderung gestellt. Würde sie sich darauf einlassen? Würde die Geheimsprache funktionieren?

An diesem Abend scrollte Kathleen durch ihren Facebook-Feed. Und dort stieß sie auf den Post einer Nachbarin mit einem Foto von etwas, was ihr sehr bekannt vorkam.

Kathleen antwortete auf den Beitrag und fragte ihre Nachbarin: »Ist das irisches Sodabrot? Es sieht sehr lecker aus!«

»Ja, das ist irisches Sodabrot!«, antwortete ihre Nachbarin. »Ich hebe ein Stück für dich auf!«

Da war es! Ihre Mutter hatte es geschafft, irisches Sodabrot direkt auf ihren Computerbildschirm zu zaubern! »Ich stand regelrecht unter Schock«, sagt Kathleen. »Ich war so beeindruckt von dem, was meine Mutter getan hat, um zu mir durchzudringen.«

Am nächsten Tag ging Kathleen ihre Post holen. Sie sah eine Schachtel in ihrem Briefkasten und öffnete sie. In der Schachtel lag ein großes, schönes Stück irisches Sodabrot.

»Ich hätte nicht gedacht, dass meine Nachbarin mir tatsächlich ein Stück schicken würde. Ich dachte, das sei nur so ein Spruch gewesen«, sagt Kathleen. »Aber da war es, direkt in meinem Briefkasten.«

Kathleen ging rein, setzte sich zu dem kleinen Yorkie-Terrier ihrer Mutter (den sie nach deren Tod übernommen hatte), schenkte sich eine Tasse vom Lieblingstee ihrer Mutter ein und genoss das köstliche Stück irisches Sodabrot. Sie wusste, was das bedeutete. Es bedeutete, dass ihre Mutter immer noch bei ihr war. Daran hatte Kathleen jetzt keinen Zweifel mehr!

Ich liebe es, wenn mir andere ihre Geschichten über Zeichen erzählen. Das kann jederzeit geschehen. Und es geschah eines Abends, als mein Mann und ich mit unseren guten Freunden Paul und Pam essen gingen.

Ihr kleiner Sohn Griffin war vor mehr als zwanzig Jahren auf tragische Weise gestorben. Dennoch wusste ich, dass Griffin ein Teil ihrer Familie blieb. Er ist immer in ihren Gedanken und Herzen. Dann erzählte uns Paul beim Abendessen eine Geschichte.

Gleich nach Griffins Tod nahmen Paul und seine Familie an einem Gottesdienst teil und kamen anschließend nach Hause, um Schiwa einzuhalten – die traditionelle siebentägige Trauerzeit, die jüdischer Brauch ist. Paul bemerkte eine Gottesanbeterin, die sich direkt an die Küchentür klammerte. Seltsamerweise schien sie ihn fast anzuschauen. Er tat es ab, aber am nächsten Tag und auch am übernächsten sah er sie an derselben Stelle. Die Gottesanbeterin blieb bis zum Ende der Trauerwoche bei Paul und seiner Familie. Dann verschwand sie auf mysteriöse Weise.

Obwohl Gottesanbeterinnen eher selten sind und es sogar noch seltener vorkommt, dass man eine entdeckt, passierte etwas Interessantes mit Paul und seiner Familie. Es schien, als würden sie verfolgt. »Immer wenn meine Familie zusammen ist, wir einen besonderen Moment haben oder über etwas Wichtiges sprechen, taucht eine Gottesanbeterin auf«, sagt Paul. »Es ist ein Dauerthema in unserem Leben. Und wann immer wir eine sehen, sagen wir: ›Oh, hallo, Griffin.‹« Bei der Party, die nach der Hochzeit seines Neffen im Freien stattfand, entdeckte Paul eine Gottesanbeterin direkt neben sich auf dem Sofa, auf dem er mit seiner Familie saß. Am Geburtstag seines jüngsten Sohnes sah er eine an einem Vorhang in seinem Haus. Auf einer Reise nach Italien fand er eine weitere am Tor zu seinem Hotel.

Eines Tages saß Paul in seinem Büro in Midtown Manhattan und sprach mit jemandem am Telefon über eine schwierige Entscheidung, die er gerade nach langem Ringen getroffen hatte. Er hatte das Gefühl, das Richtige getan zu haben, fand aber auch, dass er wirklich ein wenig Bestätigung gebrauchen konnte. In diesem Moment schaute er aus dem Fenster seines Büros, und da klammerte sich an der Außenseite des Glases eine Gottesanbeterin fest und schaute ihn direkt an. Das wäre an sich schon erstaunlich genug gewesen, aber was es noch unglaublicher machte, war, dass sich Pauls Büro im 28. Stock befand!

»Gottesanbeterinnen tauchen einfach auf und hängen herum, als sei das keine große Sache«, sagt Paul. »Ich saß mit einem wirklich guten Freund auf einer Parkbank, als eine kam und sich direkt zwischen uns setzte. Ich streckte meine Hand aus, sie krabbelte hinein, und ich hielt sie eine Weile. Mein Freund sagte: ›Das ist verrückt.‹ Ich sagte: ›Nein, ist es nicht. Es ist Griffin.‹«

Was mich besonders glücklich macht, ist, dass Paul seine Geschichte ohne Probleme beim Abendessen und einem Glas Wein erzählen kann – und gleichzeitig die Schönheit und den Sinn darin erkennt. Griffins Zeichen wird laut und deutlich empfangen.

Ich lerne wirklich gern neue Leute kennen, und wenn das der Fall ist, teile ich gern Geschichten mit ihnen. Das gilt überall, wo ich hinkomme, vor allem dann, wenn mich ein Fremder fragt, was ich beruflich mache. Manche Menschen haben eine so unglaublich herzliche und positive Energie, und es ist ein echter Segen, sie kennenzulernen. Dies trifft jedenfalls auf eine Krankenschwester namens Kelly zu, die mit einer von Ashleys Ärztinnen zusammenarbeitet.

Als ich ihr erzählte, dass ich ein übersinnliches Medium bin, sagte sie mir, dass ihre Mutter, mit der sie ein sehr enges Verhältnis gehabt hatte, gestorben ist, als Kelly erst neunzehn Jahre alt war.

»Meine Güte, ich wünschte, ich könne sicher sein, dass sie immer um mich, immer noch bei mir ist«, sagte sie. »Ich wünschte, sie hätte die Gelegenheit gehabt, meine Tochter kennenzulernen. Ich vermisse sie so sehr.«

Ich sagte ihr, dass ihre Mutter durchaus in ihrer Nähe war, sie beobachtete und nicht nur von ihrer Tochter wusste, sondern auch auf sie aufpasste. Ich sagte ihr, dass sie kein mediales Medium benötige, um sich dies bestätigen zu lassen. Sie solle lediglich um ein Zeichen bitten.

»Machen Sie es konkret«, sagte ich. »Bitten Sie sie, Ihnen ein Zeichen zu schicken, damit Sie wissen, dass sie da ist, alles beobachtet und über alles Bescheid weiß, was in Ihrem Leben passiert ist. Und nachdem Sie sie gebeten haben, das Zeichen zu schicken, vertrauen Sie darauf, dass Sie es auch bekommen. Sagen Sie: ›Universum, ich bin bereit, eine Botschaft von meiner Mutter zu erhalten.‹ Sie werden sehen – das Zeichen wird kommen.« Ich sagte, das könne manchmal eine Weile dauern. Also sollte sie geduldig sein, denn die andere Seite würde alles daransetzen, es möglich zu machen.

An diesem Abend ließ Kelly im Auto auf der Heimfahrt alles raus. »Ich fuhr und schrie: ›Universum, ich bin bereit!‹«, erzählte sie mir später. »Aber dann fiel mir kein gutes Zeichen ein. Nichts fühlte sich richtig an. Es dauerte noch zwei Wochen, bis ich das richtige Zeichen fand.«

Eines Tages kam Kelly eine glückliche Erinnerung daran, wie ihre Eltern sie an Halloween mitgenommen hatten, als sie drei Jahre alt war. Sie hat sogar ein Foto davon gefunden. »Meine Eltern waren als Raggedy Ann und Andy verkleidet«, sagt sie, »und ich beschloss, dass das mein Zeichen werden sollte. Es war auch passend, denn der Name meiner Mutter ist Ann, und mein Vater, der ebenfalls verstorben ist, heißt Andy. Also bat ich meine Mutter, mir Raggedy Ann zu schicken. Aber ich habe niemandem verraten, was mein Zeichen war. Ich habe es für mich behalten.«

Kelly wartete geduldig auf ihr Zeichen. Zwei Wochen später betrat sie den Speisesaal ihrer Klinik und unterhielt sich mit einer Kollegin namens Mary Ann.

»Mary Ann erwähnte, dass ihre Nachbarin gestorben sei, und fing an, mir von ihr zu erzählen. Das ging eine Weile, und ich hörte zu, aber irgendwie nur halb«, sagt Kelly. »Dann erwähnte sie beiläufig, dass der Name ihrer Nachbarin Ann war und der ihres Mannes Andy und dass alle sie immer Raggedy Ann und Andy genannt hatten.«

Kelly erstarrte. »Ich war geschockt. Ich drehte ihr ein wenig den Rücken zu, damit sie nicht sehen konnte, dass ich weinte. Kaum war sie gegangen, brach ich in Tränen aus. Ich meine, niemand redet mehr über Raggedy Ann und Andy. Sie stammen aus einer anderen Zeit. Aber sie nannte ihre Namen, und ich hatte absolut keinen Zweifel, dass es meine Mutter war, die mir ein Zeichen schickte, weil es so direkt und klar war. Es war meine Mutter, die mir sagte: ›Ich bin hier, ich bin bei dir, ich bin Teil von allem, was du tust.‹ Es war so aufregend. Ich hatte das Gefühl, in der Lotterie gewonnen zu haben.«

Workshops zu geben und öffentliche Vorträge zu halten, gehört zu meinen Lieblingsbeschäftigungen. Auch wenn ich vor einer größeren Gruppe spreche, fühle ich mich persönlich mit der Energie jeder einzelnen Person in dieser Gruppe verbunden. Es ist wirklich wunderbar, wenn Menschen, die mir über den Weg laufen, diese Verbundenheit auch spüren und sich melden, um ihre Geschichten zu erzählen.

Kürzlich folgte Ted, der an einer großen Veranstaltung von mir teilgenommen hatte, meinem Vorschlag, sein Lichtteam um ein ganz bestimmtes Zeichen zu bitten. »Ich fühlte mich beruflich immer ein wenig festgefahren, hatte Zweifel und war unsicher«, schrieb mir Ted in einer E-Mail. »Also planten meine Verlobte und ich eine Reise nach Kalifornien, um unsere Karrieremöglichkeiten zu erweitern. Da erinnerte ich mich an Ihren Rat und beschloss, es auszuprobieren. Ich versuchte, an etwas Bestimmtes zu denken, und ohne wirklichen Grund fiel mir plötzlich ein Baseballspieler der Yankees ein: Bernie Williams. Er war nicht einmal mein Lieblings-Yankee, aber ich war schon immer ein Fan gewesen. Ich habe meine Geistführer gebeten, mir ihn als Zeichen dafür zu senden, dass die Reise eine gute Idee und ich auf dem richtigen Weg war.«

Eines Abends, bevor er und seine Verlobte abreisen wollten, suchte Ted in seinem Zimmer nach Papier, um eine Valentinstagkarte zu basteln. Er fand ein altes Notizbuch, das er seit Jahren nicht mehr angerührt hatte. »Ich wollte eine Seite herausreißen, und dabei fiel etwas heraus«, sagt Ted. »Es war eine Baseballkarte von Sammy Sosa. Ich dachte: ›Nun, das ist seltsam. Es ist nicht Bernie Williams, aber vielleicht war das das Beste, was meine Geistführer tun konnten.‹« Ted legte das Notizbuch weg und wollte gerade aus dem Zimmer gehen, als er aus dem Augenwinkel etwas anderes auf dem Boden liegen sah. »Ich hatte es nicht gesehen und bin mir nicht einmal sicher, wie ich es übersehen konnte, aber ich hob es auf. Es war eine weitere Baseballkarte«, sagt er, »und diese Karte war von Bernie Williams.«

Eine alte Baseballkarte, die aus einem Notizbuch fällt. Manche werden sagen, das sei alles gewesen. Aber für Ted war es sehr viel mehr. »Es war das erstaunlichste Zeichen«, sagt er, »und es hat mir so sehr geholfen. Es verhalf mir nicht nur zu der Gewissheit, dass ich mit der Entscheidung, meine Karrieremöglichkeiten zu erweitern, auf dem höchsten Weg war, sondern auch, dass ich ein Lichtteam hatte, das mich auf dem ganzen Weg unterstützte!«

Manchmal stoße ich in Büchern auf Geschichten, die Hinweise auf Zeichen und die Geheimsprache enthalten. Und ich meine nicht Bücher, die von Hellsehern oder Medien geschrieben wurden, sondern »ganz normale« Bücher. Es stellte sich heraus, dass eine dieser Geschichten eines der profundesten und kraftvollsten Zeichen beschrieb, von dem ich je gehört habe.

Es hat etwas mit Dr. Neil Spector zu tun, der Onkologe und Krebsforscher an der Duke University war und in seinem Buch *Gone in a Heartbeat: A Physician's Search for True Healing* die Geschichte seiner Zeichen erzählte. Ich habe das Buch gekauft, weil es die Memoiren eines Arztes sind, der herausfand, dass er eine nicht diagnostizierte Lyme-Borreliose hatte. Die Lyme-Borreliose blieb lange unbehandelt, sodass sie sein Herz schädigte. Ich war von seinem Buch so berührt, dass ich mich an Dr. Spector wandte und ihn fragte, ob ich seine Geschichte hier erzählen könne, und er stimmte freundlicherweise zu.

Neil war ein vollkommen gesunder, sportlicher Mann Anfang dreißig. Eines Tages bekam er aus heiterem Himmel seltsame Herzanfälle.

»Mein Herz fing an, dreißig Sekunden oder länger mit einer Frequenz von zweihundert Schlägen pro Minute zu rasen«, erinnerte sich Neil. »Als Arzt wusste ich, dass hier etwas nicht stimmte, aber wir konnten es einfach nicht diagnostizieren. In den nächsten vier Jahren hatte ich Tausende solcher Anfälle und war außerdem oft extrem müde. Während ich früher 16 Kilometer am Tag an sechs Tagen in der Woche gelaufen war, war ich nun praktisch nicht mehr in der Lage, mehr als 10 Meter zu gehen, ohne mich völlig erschöpft zu fühlen.«

Schließlich wurde bei ihm ein AV-Block dritten Grades diagnostiziert, und ihm wurden ein Herzschrittmacher und ein Defibrillator in die Brust implantiert. Aber etwas an der Diagnose fühlte sich nicht richtig an, und nach einigen Jahren bekam er Probleme beim Bergaufgehen. Während eines routinemäßigen Krankenhausaufenthalts, bei dem er auf Infektionen untersucht wurde, hatte er das Gefühl, dass mit seinem Herzen etwas ganz und gar nicht stimmte. Als Onkologe waren ihm Krankheiten und ihre Auswirkungen auf den Körper nicht fremd. »Ich hatte das Gefühl zu sterben.« Das medizinische Personal war alarmiert. Sie riefen seine Frau an und baten sie, so schnell wie möglich ins Krankenhaus zu kommen.

Etwas stimmte *ganz und gar* nicht. Die Ärzte schätzten, dass Neil nur noch 10 Prozent seiner normalen Herzfunktion hatte.

»Ich hätte wirklich sterben sollen«, sagte er. »Ich hatte ein schwer geschädigtes Herz und einen kaum messbaren Blutdruck. Die Überlebenschancen waren sehr gering.«

Er hat den Anfall überstanden, aber in den nächsten Tagen »lag ich buchstäblich im Sterben. Meine Organe versagten, und mein Herz pumpte kaum noch. Es war, als würde man versuchen, an einem völlig windstillen Tag zu segeln«. Ein Arzt sagte ihm, er sei innerhalb von drei Tagen tot, wenn er keine Herztransplantation bekäme. »Das war in der Tat der friedlichste Moment meines ganzen Lebens, weil ich wusste, dass es für mich nicht an der Zeit war zu sterben. Wenn ich hätte sterben sollen, wäre ich gestorben.«

Unglaublicherweise stand innerhalb von 36 Stunden ein Herz für eine Transplantation zur Verfügung. Nach zwölfstündiger Operation wurde die Transplantation als Erfolg gewertet. Am nächsten Tag »kam meine kleine Tochter Celeste in mein Krankenzimmer, und ich sagte zu ihr: ›Weißt du, wir können es nicht einfach Papas neues Herz nennen. Lass uns einen Namen finden.‹

Und Celeste sagte: ›Ich weiß! Heavenly Precious. Es ist ein kostbares Geschenk, und es ist vom Himmel gekommen. Nennen wir es also Heavenly Precious.‹«

Und so nannten sie es.

Nach den Richtlinien muss der Empfänger eines Spendertransplantats ein Jahr warten, bevor er die Familie des Spenders kontaktiert. Als diese Wartezeit verstrichen war, schickte Neil einen Brief an die Familie des anonymen Spenders, in dem er sich bedankte. »Ich habe die Tage abgezählt«, sagt er. »Ich empfand eine enorme Verpflichtung, ihnen für ihr Opfer zu danken und dafür, dass sie mir buchstäblich das Leben geschenkt haben.« Er schrieb einen sehr emotionalen Brief. Es dauerte sechs Monate, bis eine Antwort eintraf, aber schließlich war er da: der Brief von der Familie seines Herzspenders. Er kam vom verwitweten Ehemann seiner Spenderin. Neils Herz hatte einer Frau namens Vicky gehört.

»Er war unglaublich bewegend«, sagte Neil. »Zunächst einmal schrieb er, er freue sich sehr, dass das Herz seiner Frau mir helfen könne, anderen Menschen auch weiterhin als Arzt zu helfen. Aber dann, am Ende des Briefes, schrieb er, er habe Freudentränen geweint, als er von dem Namen hörte, den meine Tochter für das Herz seiner Frau gefunden hatte: *Heavenly Precious*. Er war so begeistert, weil er seine Frau während ihrer gesamten Ehe mit ihrem Spitznamen *Precious* (›Schatz‹) angesprochen hatte.«

Precious!

Neil war fassungslos. Er las den Brief weiter. »Der Ehemann schrieb, dass er, als er den Namen erfuhr, den meine Tochter dem Herzen gab, das Gefühl hatte, es sei seine Frau, die über unsere Tochter kommunizierte, um ihm mitzuteilen, dass es ihr gut ging und dass seine Precious jetzt eine *Heavenly Precious* war.«

Was sagt man dazu? Wie hoch sind die Chancen? *Heavenly Precious*. Schatz im Himmel. Konnte das reiner Zufall sein? Oder würde ein Mann der Wissenschaft darin ein Zeichen von der anderen Seite sehen?

»Ich glaube an die Wissenschaft«, antwortete Neil. »Aber ich glaube auch an Dinge, die wir nicht beweisen können.«

In der Tat hatte Neil als Arzt, der sich um Patienten kümmerte, die dem Tod sehr nah sind, eine einzigartige Sichtweise auf unseren Weg aus diesem Leben. »Ich habe so viel von meinen Patienten gelernt und davon, wie sie ihre Reise annehmen«, sagt er. »Ich habe immer geglaubt, dass Körper und Seele zwei verschiedene Dinge sind. Und bei meinen kranken Patienten habe ich gesehen, wie die Schönheit ihrer Seelen in den Momenten zum Vorschein kam, in denen ihr Körper verwüstet wurde. In ihren Augen, in ihrer Energie, in ihrer ganzen Freundlichkeit und Liebe. Ich habe gesehen, wie eine Art Licht von ihnen ausging, und das hat mich in der Überzeugung bestärkt, dass es etwas jenseits unseres physischen Körpers gibt – dass wir nicht unser Körper sind. Wir sind vielmehr unsere Seele.

Was wir über das Universum wissen, passt in einen Fingerhut. So nehme ich das Leben an, als jemand, der nicht alle Antworten kennt.«

Getrennt und unabhängig von unserem physischen Körper glaubte er: »Wir sind alle energetische Wesen. Es gibt Menschen, die sehr empfänglich sind für diese Energie und für unsere kollektive Energie. Vielleicht haben wir alle diese Fähigkeit, aber wir bleiben im physischen Hier und Jetzt gefangen – in so was wie ›Das Auto macht komische Geräusche‹ oder ›Die Hypothek ist fällig‹ oder was auch immer. Wir konzentrieren uns darauf und wenden uns von der Energie anderer und unserer kollektiven Energie ab.«

Wenn wir stattdessen offen bleiben für diese Energie – für die Art und Weise, wie unser Leben und unsere Energie mit dem Leben und der Energie anderer verbunden sind –, können wir uns weniger mit unserem physischen Körper und mehr mit unserem spirituellen Selbst identifizieren. »Ich habe so viel visuelle Bestätigung dafür erhalten, dass wir mehr sind als unser physischer Körper, und das zu wissen, hat mir einen solchen Frieden gebracht«, sagte Neil.

Indem er anerkannte, dass wir alle Energie sind und unsere Energie mit der kollektiven Energie aller Wesen verbunden ist, brachte Dr. Spector seine Spiritualität mit seiner Wissenschaft in Einklang. Und in diesem bemerkenswerten Energiefluss zwischen uns allen entstehen wundersame Momente unerklärlicher und lebensbejahender Verbindung.

Dr. Spector starb im Juni 2020 im Alter von 63 Jahren.

An seinem letzten Tag auf der Erde erwachte der visionäre Erfinder Thomas Edison aus dem Koma. Er schlug die Augen auf und schaute nach oben. In seinem Gesicht spiegelte sich so etwas wie Ehrfurcht wider. Dann sprach er zum ersten Mal seit langer Zeit und sagte sechs Worte: »It is very beautiful over there.« (»Es ist sehr schön dort drüben.«)

Fast genau achtzig Jahre später lag ein weiterer Visionär, Steve Jobs, auf dem Sterbebett. Kurz bevor er starb, schaute er seine Schwester Patty, seine Kinder und seine Lebensgefährtin Laurene liebevoll an. Dann schaute er an ihnen allen vorbei an einen Ort, den nur er sehen konnte, und sprach *seine* sechs letzten Worte: »Oh wow. Oh wow. Oh wow.«

In dem Moment, in dem sie starben, in dem ihre Lieben auf der anderen Seite herbeieilten, um ihre Seelen zu begrüßen, und das umfassende Licht der gesamten Schöpfung sie überflutete, fanden sie die Worte, um das schiere Wunder dessen auszudrücken, was uns in unserem wahren Zuhause auf der anderen Seite erwartet. In einem Augenblick erlebten sie, wie wirklich miteinander vernetzt, wie wahrlich durch Liebe und Licht verbunden wir alle sind. Und diese Offenbarung war einfach umwerfend.

Hier auf der Erde kann es eine Weile dauern, bis wir die universelle Wahrheit akzeptieren, dass wir zusammengehören und füreinander verantwortlich sind. Aber deshalb sind wir hier – um gemeinsam Lektionen zu lernen. Die Erde ist eine Schule, in der wir alle gemeinsam eine Lektion in Sachen Liebe lernen.

Durch meine Readings habe ich gelernt, dass uns diese Wahrheit sofort klar wird, wenn wir im Sterben liegen – genau wie es bei Thomas Edison und Steve Jobs der Fall war. Ich kann diese Erfahrung am besten beschreiben, indem ich sie als »sofortigen Download der Wahrheit« bezeichne.

Wenn wir im Sterben liegen, haben wir in einer Millisekunde sofort Zugriff auf die gesamte Lebenserfahrung jeder anderen Person. Denk mal darüber nach. Ich meine, es ist für uns hier auf der Erde fast unvorstellbar, im Nu alles über einen Menschen zu wissen. Aber genau das passiert auf der anderen Seite, wo wir keine physischen Körper mehr haben und auf telepathische Weise kommunizieren, von Bewusstsein zu Bewusstsein. Denn was trennt uns von anderen, wenn wir unseren Körper nicht mehr haben? Was unterscheidet unsere Erfahrungen von ihren?

Nichts.

Wie ich in Tausenden meiner Readings gesehen habe, erfolgt diese Übertragung augenblicklich und vollständig. Wenn wir sterben, verstehen wir vollkommen, dass wir immer mit allen anderen verbunden waren und immer an der Reise aller durch die Zeit teilgenommen haben.

Wir erkennen, dass wir als Wesen aus Licht und Energie alle mit demselben gewaltigen Strom der Liebe verbunden sind, der das Universum antreibt und allem einen Sinn gibt.

Im Moment jedoch muss jeder von uns diese Wahrheit in seinem eigenen Tempo lernen. Und offen für Zeichen von der anderen Seite zu sein, bringt uns dieser schönen Wahrheit erheblich näher.

• • •

Die Momente der Verbundenheit, die die Menschen erlebt haben, von denen in diesem Buch die Rede ist, kannst auch du erleben – und wahrscheinlich erlebst du sie bereits. Dies ist kein exklusiver Club. Die lebensverändernde Kraft der Zeichen von der anderen Seite steht uns allen zur Verfügung. Sie ist Teil des wunderschönen Pakets, mit dem jeder von uns geboren wird.

Wir übermitteln uns ständig irgendwelche Botschaften. Wir sind alle Medien. Ob wir uns dessen bewusst sind oder nicht, es gibt Zeiten, in denen wir alle als Boten für die andere Seite fungieren – als »Engel auf Erden«, wenn man so will. Nicht nur einige von uns, sondern wir *alle*. Jeder von uns ist sowohl für andere Menschen von großer Bedeutung als auch für das Universum – ein Universum, das uns immer zu unserem besten und hellsten Leben führt.

Warum?

Weil wir alle von Geburt an dessen würdig sind.

Jeder von uns wird mit der großen Gabe des Lichts geboren – mit der strahlenden Kraft unserer Liebe, Energie und Einzigartigkeit. Jeder von uns wird mit der Fähigkeit geboren, dieses Licht in der Welt leuchten zu lassen und anderen dabei zu helfen, ihren eigenen Lebensweg zu beschreiten. Jeder von uns wird mit seinen eigenen, ganz einzigartigen Fähigkeiten und Eigenschaften geboren, die zur universellen Lebenskraft beitragen. Jeder von uns wird mit der Fähigkeit geboren, etwas Bedeutsames in der Welt zu bewirken, unabhängig davon, wer wir sind oder was wir tun. Dafür müssen wir keine Petitionen einreichen, darauf brauchen wir nicht zu hoffen. Es ist unser Geburtsrecht. Wir alle haben es. *Es ist das, was uns zu dem macht, was wir sind.* Doch auch wenn wir mit diesem erstaunlichen Geschenk geboren werden, liegt es an uns, es auszupacken. Es liegt an uns, unser Licht freizulegen und es hell in die Welt strahlen zu lassen.

Strahle hell und strahle weiter. Shine brightly, and shine on.

Hier kommen die Zeichen und Botschaften von der anderen Seite ins Spiel. Wenn wir unser Herz und unseren Geist für den Empfang von Zeichen öffnen, können wir unser Lichtgeschenk auspacken, denn diese Zeichen offenbaren die Wahrheit des Universums: dass keiner von uns allein ist, dass wir alle im selben Boot sitzen, dass wir auf entsprechende Weise miteinander vernetzt sind. Alle in diesem Buch beschriebenen Zeichen und Botschaften machen diese Wahrheit anschaulich.

Wenn wir anfangen, diese Zeichen anzunehmen und zu würdigen, kommen wir dem Erkennen des Weges zu wahrer Stärke, wahrem Erfolg und wahrem Glück im Leben näher. Wir entdecken unser einzigartiges Licht, strahlen es aus und nutzen dieses Licht, um andere auf ihrem Lebensweg zu inspirieren und zu unterstützen. Letztendlich steigen wir alle gemeinsam auf.

• • •

Ich möchte noch von einem letzten Erlebnis berichten, das mir diese Botschaft sehr deutlich vor Augen geführt hat.

Es geht um meinen Sohn Hayden, der in der sechsten Klasse ist und in der Schulband Trompete spielt. Eines Abends stand ein Konzert an, und Hayden wurde angewiesen, eine bestimmte Uniform zu tragen: schwarze Schuhe, schwarze Hose, weißes Hemd und Krawatte. Aber Hayden ist gegen Uniformen. Genau genommen ist er gegen vieles, weil er eigensinnig, einzigartig und unabhängig ist. Am Abend des Konzerts bestand er darauf, seine roten Turnschuhe zu tragen und keine Krawatte umzubinden. Wir diskutierten hin und her, aber am Ende gab ich nach, und er trug seine roten Turnschuhe und keine Krawatte.

Garrett und ich ließen uns in der Aula nieder, ohne wirklich zu wissen, was uns erwarten würde. Dann kamen die Kinder heraus (alle bis auf eines in ihren passenden Outfits) und spielten ein wunderschönes Lied mit afrikanischen Rhythmen. Ich war, ehrlich gesagt, völlig geplättet. Einige Kinder spielten Klarinetten, und eine Zeit lang erfüllte der schöne Klang der Klarinetten den Saal. Dann wichen die Klarinetten den Flöten und danach wiederum die Flöten dem Schlagzeug.

Anschließend spielten Hayden und seine Trompeterkollegen ihre Instrumente, und auch sie waren so gut. Und dann kamen alle Klänge zusammen, alle spielten gleichzeitig, und das Ergebnis war atemberaubend – eine wahre Sinfonie aus unterschiedlichen Klängen, Bewegungen und Melodien, die alle miteinander verschmolzen, um etwas sehr viel Größeres, Kühneres und Schöneres zu schaffen, als jedes einzelne Instrument hervorbringen konnte. Hayden dabei zuzusehen, wie er in seinen roten Turnschuhen Trompete spielte, und zu hören, wie er so wunderbar mit seinen Bandkollegen zusammenwirkte, um etwas derart Großartiges zu schaffen, rührte mich zu Tränen.

Als ich der Musik lauschte, hatte ich einen Download aus dem Universum: *Wir sind alle verschiedene Instrumente. Wir spielen unsere eigenen schönen Noten, und es ist unsere Aufgabe, sie so gut wie möglich zu spielen. Aber wenn wir alle zusammen spielen, erschaffen wir eine großartige Sinfonie, die uns alle erhebt und unserer jeweils individuellen Rolle einen Sinn gibt.* Nur gemeinsam können wir etwas erschaffen, das größer ist als wir selbst, etwas wirklich Erstaunliches.

Und so kam genau hier, in der Aula einer Schule, die Schönheit unserer Verbundenheit zum Vorschein. Wenn wir alle unser Bestes geben, wenn wir alle unseren höchsten Lebensweg wählen, können wir gemeinsam etwas Schönes schaffen. Aber wir alle müssen unsere Noten üben. Wir sind alle hier, um die gleichen Lektionen zu lernen: Liebe, Vergebung und Akzeptanz. Wenn wir gemeinsam üben, wenn wir uns gegenseitig beim Lernen helfen, werden wir entdecken, wie wir die Welt um uns herum auf magische Weise verändern und bereichern können.

Die Zeichen sind da. Die Botschaften sind da. Schmetterlinge und Libellen und Kolibris und Spielkarten und Regenbögen und Sodabrot und Bäume mit Herzen – sie sind alle da und warten darauf, dass wir sie sehen. Unsere Lieben auf der anderen Seite arbeiten beständig daran, uns zum Glück zu führen, und unsere Lichtteams unternehmen alles, um uns auf unseren höchsten Weg zu bringen. All dies geschieht jeden Tag um uns herum. Es liegt an uns, offen dafür zu sein – und *achtsam* durch die Welt zu gehen.

Denn wenn wir achtsam sind, werden wir Dinge sehen, die wir vorher nicht sehen konnten. Und wenn wir sie erst einmal gesehen haben, werden wir sie nie wieder vergessen können – und auch nicht wollen.

Dank

Dieses Buch entstand dank der Liebe, Unterstützung, Anstrengung und des Lichts so vieler Menschen hier und auf der anderen Seite. Es sind zu viele, um sie aufzulisten, aber hier ist ein Anfang:

Alex Tresniowski – Deine Geduld, Freundlichkeit, Hingabe, endlose Unterstützung und dein künstlerisches Können haben dazu beigetragen, dass dieses Buch entstanden ist. Du bist ein Licht auf dieser Welt, mit einem der gütigsten Herzen, die ich kenne! Ich bin dir so dankbar!

Jennifer Rudolph Walsh – Ich bin immer noch beeindruckt und inspiriert von der Kraft des Lichts, das du in der Welt bist, und von allem, was du tust und erschaffst. Du lässt wundersame Dinge geschehen, und ich bin so gesegnet, dass das Universum mir erlaubt hat, dir über den Weg zu laufen und mich von dir leiten zu lassen. Du bist ein Rockstar in jeder Hinsicht – die großartigste Agentin, Freundin und Lehrerin, die ich mir jemals erhoffen konnte!

Julie Grau – Ich bin so glücklich, dass du mich nicht nur mit deinem außergewöhnlichen Lektorat beschenkt hast, sondern auch mit deiner außergewöhnlichen Freundschaft. Deine Energie ist so sehr ein Teil dieses Buches.

Vielen Dank für deine Geduld, Unterstützung, Liebe und Führung. Ich bin so dankbar, wieder mit dir auf dieser Reise gewesen zu sein.

Linda Osvald – Mom, du bist mein Ein und Alles. Du bist die erste Person, der ich Neuigkeiten mitteilen möchte, und eine Quelle unendlicher, bedingungsloser Liebe und Unterstützung für mich. Ich liebe dich mehr, als ich in Worte fassen könnte. In jeder Phase meines Lebens hast du mir geholfen, zu wachsen und mich aufzurichten, indem du mich durch dein Beispiel inspiriert und mir gezeigt hast, dass ich alles tun und erreichen kann. Alles, was ich bin – alles, was ich geworden bin –, verdanke ich deiner Liebe und deinem Licht: dem, was du bist. Es vergeht kein Tag, an dem ich nicht merke, wie gesegnet ich bin und was für ein Glück ich habe, deine Tochter zu sein.

John Osvald – Dad, danke für all die Liebe und die fortlaufenden Nachrichten. Ich weiß, es ist schön, wo du bist.

Marianna Entrup – Für die ganze Art und Weise, wie du geholfen und dich eingebracht hast. Vielen Dank, dass du immer da bist und ein so wichtiger Teil unserer Familie.

Ann Wood – Es ist mir eine Ehre, eine so starke und elegante Frau als meine Tante zu haben!

Christine Osvald-Mruz – Meine wundervolle Schwester: danke, dass du ein so zentraler und wichtiger Teil meines Lebens bist. Du bist so unglaublich, so rücksichtsvoll und immer eine so gute Freundin. Dich zur Schwester zu haben, ist ein großes Geschenk.

John William Osvald – Mein großartiger Bruder: Dein Sinn für Humor und dein Engagement im Leben sind aufbauend und inspirierend. Vielen Dank, dass du ein Mensch bist, dem ich mich anvertrauen und an den ich mich wenden kann – und dass du immer einen Weg findest, in jeder Situation Freude zu wecken.

Garrett – Die ganze Schönheit, die in mein Leben gekommen ist, hat mit deinem Licht zu tun. Danke, dass du ein Mann mit Charakter, innerer Stärke und Integrität bist. Danke, dass du immer und in jeder Hinsicht für mich da warst. Unsere gemeinsame Reise durchs Leben – die Elternschaft und alles dazwischen – sowie alles, was sie uns gebracht hat, ist der größte Schatz meines Herzens.

Ashley – Es ist ein Privileg zu beobachten, wie du wächst und deine Energie entfaltest. Ich freue mich darauf, all die außergewöhnlichen Dinge zu sehen, die du auf dieser Welt entdecken und erschaffen wirst. Du bist eine Kraft, die ihresgleichen sucht.

Hayden – Mein kleiner Bubba: Dein Witz und deine Einsicht sind beeindruckend und kraftvoll. Aber dein liebevolles Herz ist dein größter Schatz. Möge sein Licht dich weiterhin leiten bei allem, was du tust und in diese Welt bringst.

Juliet – Mein Sonnenschein und meine Lichtbringerin: Du bringst Freude und Freundlichkeit, wohin du auch gehst. Möge die Liebe, die du gibst, immer zu dir zurückkehren. Du strahlst so hell.

An meine Freunde (ihr wisst, wen ich meine) –
Danke, dass ihr so ein unglaublicher Segen in meinem Leben seid, dass ihr immer für mich da seid und euer Lachen mitbringt.

An Whitney Frick – Danke, dass Sie auf so lichtvolle und enthusiastische Weise geholfen haben, dieses Buch auf den Weg zu bringen. Ich bin dankbar für dieses Geschenk.

An mein Team von Penguin Random House –
Vielen Dank für eure Energie und euer Licht.
Dieses Buch wäre ohne die gemeinsamen Bemühungen von Sally Marvin, Karen Fink, Rose Fox, Mengfei Chen, Jessica Bonet, Greg Mollica und Evan Camfield – und natürlich Julie Grau und Whitney Frick – nicht zustande gekommen.

An alle, die zu den Geschichten in diesem Buch beigetragen haben (einige wurden in den Kapiteln namentlich erwähnt, die Namen einiger wurden aus Datenschutzgründen geändert, einige leben hier auf der Erde, einige auf der anderen Seite) –
Es war mir eine Ehre, an dieser Reise teilhaben zu dürfen. Liebe ist ewig bindend und stärker als alles andere, sogar als der Tod. Die Geschichten, die ihr erzählt habt, sind ein Beweis dafür.

Und an mein Lichtteam –
Ich vertraue stets auf eure Führung und Liebe.

Über die Autorin

Laura Lynne Jackson ist Lehrerin, Vortragsrednerin und ein außersinnliches Medium. Sie arbeitet derzeit als zertifiziertes *Windbridge*-Forschungsmedium mit dem *Windbridge Research Center* zusammen und ist auch ein zertifiziertes Medium der *Forever Family Foundation.* Sie ist Autorin des *New York Times*-Bestsellers »The Light Between Us« (»Das Licht zwischen uns«) und lebt mit ihrem Mann und ihren drei Kindern auf Long Island.

lauralynnejackson.com
X (ehem. Twitter): @lauralynjackson
Instagram: @lauralynnejackson
Laura Lynne Jackson ist auf Facebook.

Laura Lynne Jackson

Die Seele ist unsterblich

Ein Ausnahme-Medium erforscht die Geheimnisse der menschlichen Existenz: Seit ihrer Kindheit verfügt Laura Lynne Jackson über die außergewöhnliche Gabe, mit Verstorbenen Kontakt aufzunehmen und mit ihnen zu kommunizieren. Die Botschaften und Antworten, die das weltbekannte Medium aus dem Jenseits empfängt, vermitteln völlig neue Perspektiven auf unser Leben und helfen, unsere ureigene Bestimmung auf dieser Erde zu verwirklichen. Ein faszinierendes Buch, das uns die Augen dafür öffnet, dass unsere Seele unsterblich ist und dass wir auch über den Tod hinaus mit unseren Lieben verbunden bleiben.

ISBN 978-3-4537-0361-2

Leseproben unter **www.heyne.de**

HEYNE